오순절교회의 역사와 신학

오순절 운동에서 신사도 운동까지

김신호 지음

서로사랑

오순절교회의 역사와 신학

1판 1쇄 발행 _ 2018년 7월 6일

지은이 _ 김신호

펴낸이 _ 이상준
펴낸곳 _ 서로사랑(알파코리아 출판 사역기관)

만든이 _ 이정자, 이소연, 박미선
이메일 _ publication@alphakorea.org

등록번호 _ 제21-657-1
등록일자 _ 1994년 10월 31일

주소 _ 서울시 서초구 방배중앙로16 완원빌딩 5층
전화 _ (02)586-9211~3
팩스 _ (02)586-9215
홈페이지 _ www.alphakorea.org

차례

오순절 교회의 역사와 신학

서론

이 책은 오순절교회(한국에서는 순복음교회로 알려져 있다)의 역사와 신학에 관한 것이다. 현대 오순절 운동은 1906년 미국 로스앤젤레스 아주사 거리(Azusa Street)에서 태동했는데, 시작부터 기존 개신교회들에 의해 많은 오해와 비판을 받아 왔고, 심지어 이단·사이비 정죄에 시달리기도 했다. 오늘날에도 정통 교회들은 오순절교회에 대해 의심스러운 눈초리를 보내고 있다.

한국 교회의 경우 그 정도가 더 심하다. 장로교가 주도권을 잡고 있는 한국 교회에서 오순절교회는 미운 오리 새끼였다. 한국 교회는 초창기부터 근본주의 내지는 개혁주의 성향의 장로교회가 중심 세력이 되면서 특히 성령의 은사들에 대해서 부정적인 견해가 주를 이루었다. 은사 중지론을 주장하는 개혁주의 신학자 및 목회자들은 방언, 신유, 예언 등과 같은 특별 은사들을 사도 시대 혹은 초대 교회에서만 나타난 것으로, 그 이후로는 중단된 것으로 해석한다. 은사는 초대 교회에만 나타났던 것으로 오늘날에는 나타날 수 없다는 것이다.

은사 중지론적 입장을 가진 그룹은 당연히 오늘날에도 은사가 지속된다는 주장을 가진 그룹을 비성경적인 이단·사이비 집단으로 몰아갈 수밖에 없다. 세대주의적 입장을 가진 개혁주의자들은 오늘날에도 은사가 나타난다고 믿는 오순절 운동을 하나님의 말씀을 떠나 비성경적 신비 체험 및 은사만을 추구하는 열광주의자 내지는 광신자들로 몰아세웠다. 오늘날 은사가 중지되었다고 믿는 사람들은 오순절 운동의 참된 실체를 제대로 파악하지도 않은 채 몇몇 현상들만 보고 성급한 비난을 가했다. '오순절교회에는 신학이 없다', '오순절 운동은 축복을 추구하는 무당 종교다', '오순절교회는 성경보다는 신비 체험만을 강조하는 광신자 집단이다', '오순절교회는 가난하고 무식한 자들의 종교다'.

심지어 몇몇 극단적 보수주의자들은 현대 오순절 운동의 신학적 주창자인 찰스 파함(Charles Parham, 1873~1929)의 성령세례 및 방언 신학은 성령의 역사가 아닌 사탄의 영에 의해 사주 받은 것이라는 비판을 가하고 있다. 파함은 사탄의 영에 사로잡혀 이단 교리를 신봉한 사람이었다는 것이다. 그들은 오순절 운동의 창시자를 일방적으로 이단으로 매도하면서 결국 오순절교회를 사이비·이단으로 몰아갔다.[1] 장로교 통합 측도 1983년 여의도순복음교회의 조용기 목사를 이단으로 규정해서 순복음교회는 오랫동안 힘든 시간을 보내야만 했다.

불행히도 오순절교회는 성령의 충만을 강조하면서 대형 교회로 성장하고 교인 수가 크게 늘기는 했지만, 양질의 오순절 신학자들을 양성해 내지 못했고, 타 교단들에 비해 신학적 수준이 크

---

1) 정이철, 《신사도 운동에 빠진 교회》(서울: 새물결플러스, 2012), p. 14.

게 떨어진다는 평가를 받아 왔다. 사정이 그렇다 보니, 정통 교회 소속의 신학자들이 오순절 운동에 대한 연구를 주도해 왔고, 그 결과로 인해 정통 교회의 신학적 입장에서 오순절 운동을 해석하는 과정 가운데 많은 오해와 편견이 생겨났다.[2]

기존의 오순절 운동에 대한 평가가 부정적인 것 일색이었던 반면, 근래에 접어들면서 오순절 운동에 대한 평가에 큰 변화가 일어나기 시작했다. 이런 흐름을 주도한 학자들 중 한 명이 하버드대학의 하비 콕스(Hervey Cox) 교수다. 그는 1960년대 미국 사회 및 교회에 급속히 확산되던 세속주의에 의해 기독교를 비롯한 종교들이 종말을 맞을 것이라 예언한 《세속도시》(문예출판사 역간)[3]를 출판했다. '세속화'란 합리성, 이성, 과학주의를 추종하는 현대인들이 초자연적 신앙을 거부하면서 종교가 사라지는 현상이다. "전통적 개신교회들이 세속주의의 거센 물결 속에 빠지면서 교회 특유의 영성을 잃게 되었고, 교인들은 교회를 떠나고 있기에 종교는 몰락할 것이다." 정통 교회들은 전형적인 기독교의 가르침으로부터 멀어지고 교회는 쇠퇴해서 기독교의 시대는 끝날 것이라는 것이다. 이러한 그의 해석은 당시 급격히 교인들을 잃어가고 있는 기독교에 대한 사망 진단이었다.

---

2) 대표적인 저서들로는 옥한흠, 《현대교회와 성령운동》(서울: 엠마오서적, 1984); 서광선, 《한국 교회 성령운동의 현상과 구조: 순복음 중앙교회를 중심으로》(서울: 대화출판사, 1987); Boo Woong Yoo, *Korean Pentecostalism: Its History and Theology*(Frankfurt am Main: Peter Lang, 1988) 등이 있다.
3) Harvey Cox, *Secular City: Secularization and Urbanization in Theological Perspective*(New York: MacMillan Company, 1965).

그러던 그가 30년 만인 1995년《영성 음악 여성》(동연 역간)⁴⁾을 출판하면서 30년 전의 그의 판단이 잘못되었음을 시인했다. 그는 입장을 완전히 선회해 1960년대 사망 선고를 받았던 하나님은 오늘날에도 여전히 활발하게 역사하고 계신다고 주장했다. 그의 예상대로 기독교는 쇠퇴해서 사망에 이른 것이 아니라, 오히려 오늘날 교회는 또 다른 대각성 속에 있다. 특별히 콕스는 오순절교회 및 은사주의 운동에 주목했고, 이 운동의 폭발적 성장에 힘입어 기독교가 부활했음을 인정했다. 이제는 세속주의가 아닌, 오순절주의가 주도하는 시대가 도래했다.

이를 증명이라도 하듯, 전 세계적으로 개신교 정통 교회들은 쇠퇴를 경험하고 있지만, 오순절교회는 급속한 성장을 누리고 있다. 독일의 오순절 신학자인 홀렌베거(Walter Hollenweger) 박사는 세계 기독교의 추이를 보면서 유럽에서는 기독교 인구가 급속히 감소하고 있지만 '유색 인종, 오순절주의, 제3세계'에서는 기독교가 급격히 성장해서 기독교의 중심축이 이동할 것임을 전망했다.⁵⁾ 이전 기독교의 중심은 유럽과 북미였으나, 오늘날에는 남미, 아프리카, 아시아 등에서 기독교가 성장하고 있으며, 특히 오순절교회가 큰 부흥을 주도하고 있다.

---

4) Harvey Cox, *Fire from Heaven: The Rise of Pentecostal Spirituality and the Reshaping of Religion in the Twenty-First Century*(Reading, Mass.: Addison-Wesley, 1994).

5) Walter Hollenweger, *The Pentecostals: The Charismatic Movement in the Churches*(London: SCM press, 1972).

한국 교회에 알려진 것 이상으로 오순절교회의 성장 및 규모는 대단하다. 오늘날 오순절교회는 로마가톨릭교회를 제외하면 개신교에서 가장 큰 교단이다. 전 세계에 약 22억 명 정도의 그리스도인들이 있는 것으로 추산되는데, 그중 로마가톨릭교회(동방정교회 포함)의 신자들이 약 11억 명 정도로 기독교회들 중 가장 큰 교단이며, 약 8억 명으로 추정되는 개신교 신자들 중 약 2억 8천만 명 정도가 오순절교회 교인이다.[6]

　　1906년에 시작해 110년 정도의 짧은 역사를 가진 오순절교회가 급성장해서 루터란교회나 영국국교회(성공회), 장로교, 침례교 등을 제치고 가장 큰 개신교 교단이 된 것은 놀라운 사실이 아닐 수 없다. 오순절교회는 1965년경 약 5천만 명의 신자들이 있었는데, 1980년대에 접어들어 1억 명의 신자들을 보유함으로 당시 세계에서 가장 큰 개신교회였던 영국국교회를 앞지르면서 가톨릭교회 다음으로 큰 기독교 세력이 되었다.[7]

　　이러한 오순절 운동의 부흥으로 인해 오순절 운동에 대한 평가가 크게 달라지고 있다. 한때 오순절교회를 '개신교회의 연고 속에 빠진 파리' 정도로 혹평했던 프린스신학대학 총장인 맥케이(John Alexander Mackay)는 오순절 운동 및 은사주의 운동에 대한 입장을 선회해 '이 시대에 가장 영향력 있고 중요한 운동'으로 평가하고 있다.[8] 미래 전망 신학자인 필립 젠킨스는 기독교의 미

6) http://www.pewforum.org/2011/12/19/global-christianity-exec/
7) Vinson Synan, The Holiness-Pentecostal Tradition: Charismatic Movements in the Twentieth Century(Grand Rapids, MI: W. B. Eerdmans, 1997), ix.

래는 오순절 및 독립 교회들에 의해 주도될 것이라 예언한다.[9] 영국의 신학자 맥그라스는 20세기 초에 등장한 오순절 운동을 16세기의 종교 개혁에 비준할 만큼 중요한 사건으로 분류해 오순절교회의 등장을 '두 번째 종교 개혁' 혹은 '새로운 종교 개혁'으로 평가한다.[10] 오순절 신학자인 빈슨 사이난은 오순절 운동을 제3의 전통이라 일컫는다. 제1의 기독교 전통인 로마가톨릭교회는 초대 교회와 중세 교회를 거치면서 오랜 정통성을 확립했고 성례전 중심의 신앙을 독려했다. 종교 개혁을 통해 태동한 개신교회는 제2의 전통으로 오직 예수(Solus Christus), 오직 믿음(Sola Fide), 오직 성경(Sola Scriptura)을 모토로 하고 있다. 제3의 전통이 된 오순절교회는 오랫동안 옷장 속에 갇힌 신데렐라였던 성령의 현재적 사역과 은사를 강조하면서 많은 기독 운동들 중의 하나가 아닌, 명실상부한 기독교 전통이 되었다.[11]

현대교회사에서 오순절 운동 및 신오순절 운동이 차지하는 영향력은 가히 절대적이라 할 수 있다. 이렇게 급성장한 오순절 운동의 영향력에 비해 한 가지 안타까운 점은 오순절주의에 대한 역사적, 신학적 연구가 미비하다는 것이다. 심지어 오순절 운동

---

8) John Alexander Mackay, *Christian Reality and Appearance*(Richmond, VA: John Knox Press, 1969), pp. 88~89.

9) Philip Jenkins, *The Next Christendom: The Coming of Global Christianity*(New York: Oxford University Press, 2002).

10) 알리스터 맥그라스, 《기독교, 그 위험한 사상의 역사》(서울: 국제제자훈련원, 2009), pp. 699~700.

11) Vinson Synan, *The Holiness-Pentecostal Tradition*, ix.

의 현황에 대해서도 정확한 연구 및 분석이 나오고 있지 않다. 이는 지역적 특성과도 밀접한 관련이 있는데, 오순절 운동이 아프리카, 남미, 중국을 비롯한 아시아 등에서 융성한 데 반해 제3세계의 사정에 밝지 않은 유럽과 북미의 오순절 신학자들이 연구를 주도하고 있다. 제3세계의 오순절 운동에 대한 현장 연구가 제대로 진행되지 않는 것이 현실이다.[12]

간혹 오순절 운동을 광의의 개념으로 해석해 모든 성령 운동이나 부흥 운동을 오순절 운동에 포함시키는 경우가 있다.[13] 그러나 나는 성령 운동과 오순절 운동을 구별하려 한다. 오순절 운동이란 성령세례는 중생과는 구별된 경험이며 성령세례의 증거는 방언임을 믿는 그룹으로 국한하고자 한다. 중생과는 다른 제2의 축복을 강조하는 전통은 존 웨슬리의 감리교를 거쳐 미국의 성결 운동으로 연결되었다. 대각성 운동 및 캠프 집회 등을 통해 종교적 경험을 강조하는 새로운 종교적 풍토가 미국 교회에서 나타났다.

현대 오순절 운동은 1901년 찰스 파함이 성령세례의 1차적 증거가 방언이라 주장하면서 태동했다. 파함의 제자였던 윌리엄 시모어가 1906년 로스앤젤레스 아주사 미션에서 3년 반 동안 매일 오순절 집회를 열면서 오순절 운동은 미국과 전 세계로 확장되었다.

오순절 그룹은 크게 존 웨슬리의 성화를 제2의 축복으로 받아

---

12) 알리스터 맥그라스, 《기독교, 그 위험한 사상의 역사》, p. 24.
13) 박명수, 《근대 복음주의의 주요 흐름》(서울: 대한기독교서회, 1998), p. 219.

들이는 웨슬리안 오순절교회와 이 세상에서 성화의 가능성을 부정하는 개혁주의적 오순절교회로 양분된다. 웨슬리안 오순절 운동은 축복의 3단계(중생, 성화, 성령세례)를 강조하는 오중복음(신유, 전천년설)의 신학을 발전시켰다. 반면 개혁주의적 오순절교회는 웨슬리안파의 성화를 빼 버리고 중생, 성령세례, 신유, 전천년설의 사중복음을 지지한다.

나는 여러 해 동안 신학교에서 오순절 운동의 역사와 신학에 대해 강의하면서 그때마다 학생들에게 "여의도순복음교회는 오중복음을 강조하는 웨슬리안파에 속하는가, 아니면 개혁주의의 사중복음파에 속하는가?"를 질문했다. 그러면 대부분의 학생들은 여의도순복음교회가 오중복음을 강조하기에 웨슬리안파에 속한다고 대답한다. 그러나 여의도순복음교회는 중생, 성령세례, 신유, 재림의 사중복음을 지지하는 개혁주의파에 속한다. 개혁주의파 오순절 교단인 미국 하나님의 성회는 한국에 사중복음을 전수했고, 조용기 목사는 한국전쟁 이후 피폐했던 상황에 한국적 신학인 축복의 복음을 가미함으로 오중복음을 창출해 냈다. 조목사의 오중복음은 개혁주의적 오순절 그룹의 사중복음을 한국적 상황에서 토착화한 것으로 해석할 수 있다.

나는 이 책에서 전통적 오순절 운동에 대해 다룬 이후 1960년대에 태동한 신오순절 운동에 대해 다루고자 한다. 오늘날 한국교회에 많은 관심과 함께 논란을 불러일으켰던 빈야드 운동과 토론토 블레싱을 언급한 이후 신사도 운동을 분석해 보고자 한다. 오순절 운동의 역사를 다룬 이후 오순절 운동의 핵심 신학들을 오중복음을 중심으로 설명하고자 한다. 그리고 오순절 신학을 다룸에 있어, 주로 개혁주의와 오순절주의의 신학적 공통점 및 차이점을 중심으로 전개하고자 한다. 부디 이 책이 오순절교회의 역사와 신학을 이해하고 오순절 운동에 대한 편견과 오해가 해소되는 데 작은 밑거름이 되기를 소망한다.

오순절 교회의

역사와 신학

제1장

초대 교회 및
중세 교회의 성령 운동

교회는 예수님이 승천하신 이후, 오순절 날 마가의 다락방에 성령의 강림하심(행 2장 참조)으로 태동했다. 성령은 교회의 탄생에 깊이 간여하셨을 뿐만 아니라 교회의 역사를 통해 지속적으로 역사하셨다. 예수님은 십자가에서 죽으셨으나 부활하심으로 인간의 삶을 파괴하는 죄, 죽음, 질병, 악한 영의 권세를 꺾으셨다. "믿는 자들에게는 이런 표적이 따르리니 곧 그들이 내 이름으로 귀신을 쫓아내며 새 방언을 말하며 뱀을 집어 올리며 무슨 독을 마실지라도 해를 받지 아니하며 병든 사람에게 손을 얹은즉 나으리라"(막 16:17~18)는 말씀은 열두 제자에게만 주어진 것이 아니라 모든 시대의 교회들에게 주신 하나님의 약속이다.

초대 교회는 표적과 기사가 넘쳤다. "사람마다 두려워하는데 사도들로 말미암아 기사와 표적이 많이 나타나니"(행 2:43). 사도행전을 보면 성령세례 및 은사들이 초대 교회 내에 광범위하게 받아들여졌음을 알 수 있다. 베드로가 사마리아에 복음을 전파할 때 성령이 그들에게 임재하셨고(행 8장 참조), 베드로가 로마인인 고넬료 가정에 복음을 전할 때와(행 10장 참조) 바울이 에베소에서 안수하며 기도할 때에도 성령이 임했다(행 19장 참조).

로마 제국이 이스라엘을 통치하던 시기에 태동했던 교회는 황제를 신으로 추앙하던 로마 정부로부터 엄청난 박해를 받았다. 그러나 초대 교회 교인들은 순교의 위협 속에서도 성령의 인도하심에 따라 움직였고, 성령의 능력에 의해 복음을 전파했다. 그 결과 신약 교회에서는 성령의 임재하심과 은사 및 능력이 강하게 나타났다. '병자를 고치고 귀신을 쫓으라'는 예수님의 말씀에 순종해서 신유와 축사 사역이 활발히 일어나, 하나님의 복음이 전파되는 곳에서 병자들이 고침을 받고 귀신들이 쫓김을 당했다. 300년 동안 초대 교회는 핍박과 고난을 겪었으나, 오순절적 능력과 성령의 은사를 나타냄으로 복음이 참된 소식임을 증거했다.[14]

조지 몬터규(George Montague) 교수는 성령세례 및 은사들이 오순절 사건 이후 8세기까지 교회 의식의 한 부분을 차지하면서 지속되었다고 평가한다.[15] 초대 교회는 야고보서 5장 14~16절[16] 말씀에 의지해 환자를 위해 기름을 바르는 종유의식을 행하면서 기도했고, 그 결과로 많은 치유가 일어났다. 사도들의 제자였던 초대 교부들은 초대 교회에 성령의 역사와 은사들이 활발하게 나타났음을 기록으로 남겼다. 그들은 예수님의 십자가 대속에는 죄로

---

14) 빈슨 사이난, 《20세기 성령 운동의 현주소》(서울: 예인, 1995), p. 48.
15) Kilian McDonnell and George Montague, *The Rites of Initiation and Baptism in the Holy Spirit: Evidence from the First Eight Centuries*(Collegeville, Minn: Liturgical Press, 2000).
16) "너희 중에 병든 자가 있느냐 그는 교회의 장로들을 청할 것이요 그들은 주의 이름으로 기름을 바르며 그를 위하여 기도할지니라 믿음의 기도는 병든 자를 구원하리니 주께서 그를 일으키시리라 혹시 죄를 범하였을지라도 사하심을 받으리라 그러므로 너희 죄를 서로 고백하며 병이 낫기를 위하여 서로 기도하라 의인의 간구는 역사하는 힘이 큼이니라"

부터의 해방과 함께 질병으로부터의 치유와 악한 영적 존재들에 대한 승리가 포함되어 있다고 믿었다. 신자는 성령의 충만으로 방언을 말하고, 몸과 마음의 질병을 고칠 수 있는 능력을 부여받았으며, 귀신을 물리칠 수 있다는 것이다.[17]

1~2세기에 쓰인 《Shepherd of Hermas》(헤르마스의 목자)는 당시 귀신 들림 현상들이 많았고 교회가 축사를 활발히 행했다고 기록하고 있다. 신자들은 그리스도의 부활이야말로 악의 세력에 대해 승리했음을 보여 주는 증거로 믿었고, 성령의 능력에 힘입어 병고침과 귀신 쫓음을 행했다.[18] 교회 교부들인 폴리캅, 저스틴, 클레멘트, 히폴리투스 등은 그들의 저술에 교회의 일원이 되는 과정으로 세례 교육을 받고, 축사를 받은 후에야 세례를 받았다고 기록한다. 축사가 세례와 같이 교회의 공식적인 의식과 함께 행해졌다.[19]

2세기 초 안디옥(Antioch)의 감독이었던 이그나티우스(Ignatius, 35~115)는 '성령의 역사에 대해 확실히 인식하고 있던 능력이 충만한 지도자'로, 성령에 사로잡혀 설교했고 복음을 전파했다. 그의 사역을 통해 병이 고침을 받고 기적과 예언 등의 능력이 나타났다.[20]

---

17) Morton Kelsey, *Healing and Christianity*(Minneapolis: Augsburg Books, 1995), pp. 117, 128.
18) William Barclay, *And He had Compassion*(Valley Forge, Penn: Judson Press, 1976), pp. 23~24.
19) 필립 샤프, 《스위스 종교개혁(교회사 전집 8)》(서울: 크리스챤다이제스트, 2004), p. 313.

변증가 저스틴(Justin Martyr, 100~165)은 "성령의 은사를 가진 남자와 여자들을 볼 수 있다"는 기록을 남겼는데, 이는 2세기에도 교회 내에 성령의 은사들이 활발히 나타났음을 증명한다. 세상은 눈에 보이는 물질세계와 눈에 보이지 않는 영적 세계가 상호 작용을 하고 있다. 그는 각종 성령의 은사들과 악한 영적 존재들에 대한 자세한 기록을 남겼다. 그리스도인들은 성령의 능력을 힘입어 귀신 들린 자들로부터 활발하게 귀신을 쫓아냈다. 귀신이 들리거나, 아파서 무당을 찾아가거나 주문과 약을 사용해도 고침을 받지 못했던 사람들이 교회로 찾아와 고침을 받았다. "전 세계에 수많은 귀신 들린 사람들이 있는데, 많은 그리스도인들이 예수 그리스도의 이름으로 귀신을 쫓아냈다 … 다른 (종교의) 축사자들은 고칠 수 없었기 때문에 그리스도인들이 귀신 들린 자들로부터 귀신을 쫓아내어 그들의 병을 고쳤다." [21]

폴리캅의 제자이자 리용의 감독인 이레니우스(Irenaeus, 140~202?)는 당시 신자들이 예언을 하고 환상을 보며, 예수의 이름으로 귀신을 쫓아내고, 성령의 능력으로 육체적 연약함과 병을 고쳤다고 기록했다. "예수께서 고통당하시고 죽으셨지만, 그가 살아나심으로 생명을 주셨고, 우리의 연약함을 치료하셨다." [22]

---

20) Henry B. Swete, *The Holy Spirit in the Ancient Church*(London: Macmillan and Co., 1912), p. 14.
21) Justin Martyr, "Apology II", *The Ante-Nicene Fathers*, Vol. 5, Allan Manzies ed.,(Grand Radpis, MI: Wm. B. Eerdmans Publishing Co., 1978), pp. 6, 240.
22) Irenaeus, Fragment from the Lost Writings of Irenaeus 52.

그는 예수님을 따르는 자라면 누구든지 기적을 행하는 능력이 있다고 믿었는데, 특히 신유는 하나님의 능력을 직접 보여 주는 귀한 은사다. 신자들이 손을 얹고 안수 기도할 때 많은 병자들이 나음을 입었다. 귀신들은 예수 믿는 자들을 알아보았고, 사람들은 악한 영으로부터 해방되면서 병 고침과 깨끗함을 받았다. 심지어 교회가 죽은 자를 위해 금식하며 기도할 때, 죽은 자가 부활하는 기적이 나타났다.

또한 신자들은 성령의 말하게 하심을 따라 방언을 했다. "우리는 교회 안의 많은 형제들이 성령의 말하게 하심을 따라 예언의 은사를 소유하고 모든 언어들로 기도하는 것을 듣는다."[23] 비록 당시 신자들이 로마 정부로부터 핍박받고 순교당하는 엄청난 박해가 있었지만, 악한 영으로부터 해방되고 병 고침을 받은 많은 사람들은 교회의 신자가 되었고, 역동적인 성령의 역사로 인해 교회는 부흥할 수 있었다.[24]

터툴리안(Tertullian, 160~225)은 3세기 초경에도 계시의 은사가 활발하게 나타났고, 교회가 귀신을 쫓아내고 병자를 고치는 사역을 활발히 펼쳤다고 말했다. 교회는 많은 영적 은사들로 가득 찼고, 사람들은 교회에 나와 육체적·정신적 질병에서 치유되었다. "악령에 의해 바닥에 쓰러진 수도사는 그의 고통에서 놓임을 받았다 … 많은 사람들이 마귀로부터 놓임을 받고, 병으로부터 고

---

23) Michael Harper, *The Twentieth Century Pentecostal Revival*(Plainfield, NJ: Logos International, 1971), p. 17.
24) Irenaues, Against Heresies, II Ch. ⅩⅩⅩⅡ 4~5.

침을 받았다. 심지어 황제의 아버지인 세베루스도 기름부음에 의해 고침을 받은 후, 그가 죽을 때까지 (그리스도인들을) 그의 궁전에 두었다." 그는 죽은 자가 살아난 기적도 기록으로 남겼다. "악령에 의해 땅바닥에 쓰러질 뻔한 어떤 상인은 그의 고통에서 벗어났다. 그 옆에 있던 다른 사람과 한 소년도 악령으로부터 풀려났다. 얼마나 많은 사람들이 악령들로부터 해방 받아 병 고침을 받았는지 모른다."[25]

오리겐(Origen, 185~253)은 《켈수스를 논박함》(새물결 역간)에 그가 직접 본 신유의 기적을 기록으로 남겼다. "그들은 귀신을 쫓아냈고, 수많은 신유를 행했으며, 미래를 보았다. 예수님의 이름으로 많은 질병들이 고침을 받았다."[26] 그리스도인들은 정신질환, 미침 증세 등을 가진 사람들을 기도로 고쳤고, 예수 그리스도의 이름으로 병자 속에 있던 더러운 귀신들을 쫓아냈다. 다른 종교나 이단들은 귀신을 쫓지 못하는 데 반해 그리스도인들은 귀신을 쫓아내고 온갖 종류의 질병들을 고쳤다. 당시 신자들은 방언을 말했는데, 그는 이를 요엘 2장 28절의 성취로 해석했다.

터툴리안의 제자인 키프리안(Cyprian, 200~258)은 교회에 환상과 예언 등과 같은 성령의 은사들이 활발히 나타난다는 기록을 남겼다. 그는 '예수님은 승리자'라고 선포하면서 불치병을 고치고 귀신들을 쫓아냈다. 신유를 행함은 하나님의 은혜 안에 거하고 그

---

25) Tertullian, Ad Scapulam, p. 4.
26) Origen, Against Celsus Ⅰ, pp. 46~47.

분으로부터 능력을 공급받을 때만 가능하며, 환자들 또한 믿음을 가져야 한다. 그는 교회가 기도에 집중함으로 능력을 받아 신유의 역사를 일으켜야 함을 강조했다.[27]

3세기에 접어들면서 교회는 신앙이 깊은 평신도를 뽑아 훈련시켜 그들로 하여금 귀신을 쫓고 신유의 사역을 담당하게 했다. 특히 교회는 신유를 행하는 사람들을 불러 교육시키면서 그 은사가 하나님으로부터 온 것인지에 대한 철저한 검증을 거쳐 장로로 안수했다. 장로로 안수를 받은 은사자들은 사제로 안수 받을 필요도 없이 곧 공적인 신유 사역을 담당했다. 이들의 숫자가 많아져 나중에는 사제들의 수를 능가할 정도였다. 교회는 기적이나 신유 등의 능력이 나타나는 사람을 성인(saint)으로 추대했다. 목회자들은 병자를 심방해야 할 의무가 있었고, 그들은 귀신을 쫓고 병이 낫도록 기도에 전념했다.[28] 초대 교회는 병든 자를 고치며, 귀신을 쫓아내고, 죽은 사람을 살리는 기적을 통해 큰 부흥을 경험했다.

몬타누스(Montanus, 126~180)

초대 교회는 2세기 후반에 접어들자 성령의 인도하심이나 초자연적 역사보다는 교권주의 및 세속화를 강조하기 시작했다. 감독에게 교회를 치리할 수 있는 권위가 부여되면서 감독을 중심으

---

27) Cyprian, Epistle 75, p. 15.
28) Hippolytus Easton, The Apostolic Tradition of Hippolytus I, p. 15.

로 한 제도적 교회로 발전했다. 안디옥의 감독 이그나티우스는
'감독이 있는 곳에 교회가 있고 감독이 없는 곳에는 교회가 없
다'는 주장을 하면서 감독 중심의 제도적 교회를 추구했다. 교회
는 안일한 교리주의 및 형식주의에 빠지면서 신앙적 역동성을 잃
어 갔고, 기적적 은사들이 현저히 감소하기 시작했다.

소아시아 프리기아(Phrygia)에서 태어난 몬타누스는 당시 교회
가 초대 교회의 역동성과 성령의 충만함을 잃어버렸다고 생각했
다. 그는 영적 은사들의 현재성을 믿으며 성령의 임재와 권세를
따라가는 순수 교회를 추구했다. 그는 교회를 성령의 교회와 감
독의 교회로 구별하면서 감독의 권위에 의지하는 교회보다는 성
령의 카리스마적 권위에 의존하는 교회가 되어야 함을 강조했다.
교회는 성령이 인도하시는 공동체이기에 사도적 계승이나 교권
에 의해서 운영되어서는 안 되며, 성령의 충만함을 받은 사람이
교회의 지도자가 되어야 한다는 것이다. 그는 성령에 대해 강조
함으로 감독의 권한하에 조직화된 교권주의 및 교리화로 경직되
어 있던 교회를 비판했다.

160년경 몬타누스는 성령 시대의 도래를 선포하면서 성령을
받아야 함을 강조했다. 그는 자신을 성령의 계시와 감동을 받은
성령의 도구요, 대변자로 생각했다. 또한 예언의 은사를 주시는
성령의 역사를 강조했고, 자신이 성령의 감동에 사로잡혀 계시를
받고 예언을 하며 방언으로 기도했다. 그는 성령의 충만을 받은
사람이라면 성별의 구분 없이 교회에서 지도력을 발휘할 수 있다
고 주장했다. 실제로 몬타누스의 사후, 그가 성령의 대변인으로

지명했던 여사제 프리스카(Prisca)와 막시밀라(Maximilla)가 공동체를 이끌어 갔다.[29)]

몬타누스는 보혜사 성령이 그들에게 임한 것을 세상 종말이 임박했음을 알리는 징표로 받아들였고, 교회는 깨어 있어 주님의 재림을 대비할 것을 강조했다. 그는 자신이 머물고 있던 프리기아에 예수님이 재림하실 것이고 지상에서의 천년왕국이 시작될 것이라는 예언을 했다. 긴박한 종말에 대비해 그리스도인은 거룩함과 신실함을 지켜야 한다며 그는 재혼을 금하는 엄격한 윤리적 생활과 금식 및 금욕 생활을 장려했다. 당시는 로마 제국에 의해 기독교가 공식적으로 핍박받고 있던 상황이었다. 175년, 새 칙령으로 소아시아에서 관리직을 맡고 있는 그리스도인들에 대한 체포와 사형이 공표되었다. 당시 교회는 순교를 비합리적인 자살 행위로 규정한 반면, 그는 박해를 피하지 말고 그리스도에 대한 신앙을 공개적으로 고백하고 순교를 기쁘게 받아들이라고 가르쳤다.[30)]

몬타누스의 주장은 당시 제도화되어 가던 교회의 권위, 전통, 구조, 의식, 가르침 등과 상반된 것이 많았다. 감독을 중심으로 한 계급 제도를 강화하고 있던 공교회는 그가 교회의 교권과 감독의 권위를 비판하고 도전함으로 교회의 결속과 통일성을 위협한다고 보았다. 직제와 전통을 중시하는 정통 교회로서 성령의

---

29) 하워드 A. 스나이더, 《교회사에 나타난 성령의 역사》(부천: 정연사, 2010), pp. 16, 19.
30) ibid., pp. 19~20, 25.

충만을 앞세우면서 기존의 질서를 뒤흔드는 예언자의 돌출 행동
은 감독의 지위와 권한을 약화시킨다고 보았다. 몬타누스는 자신
이 받은 계시를 성경의 권위와 동등한 위치에 두고 방언과 예언,
체험을 강조했다. 이러한 그의 강조점은 비기독교적으로 평가받
았다.[31] 또한 엄격한 남성 중심의 성직 제도에 근거해 여사제들에
게 지도적 역할을 부여하는 것과 여성에 의해 베풀어지는 성찬식
과 세례식은 교회의 전통에 어긋난다는 결정을 내렸다. 결국 공
교회는 177년 몬타누스파를 이단으로 정죄했고, 230년 이코니움
(Iconium) 총회는 몬타니즘 신자들의 세례를 부정함으로 사실상
출교시켰다.[32] 기독교 역사를 통해 기존 교권 제도를 반대하면서
성령의 인도하심을 강조하고 여성과 평신도의 역할을 강조하는
단체들의 대부분은 교회의 주된 흐름에 편입되지 못하고 이단으
로 정죄되었다.

　　몬타누스가 종말론을 비롯해 열광적이고 급진적인 문제점들
을 가지고 있는 것은 확실하다. 그러나 그들이 이단인지에 대해
서는 많은 논란이 있다. '삼위일체'(Trinity)란 용어를 만든 터툴리
안은 몬타누스 운동이 성령에 초점을 맞추고 있으며 성결을 강조
하는 것에 동의해 이 개혁 운동에 가담했다. 감리교의 창시자인
존 웨슬리는 몬타누스에 대한 신학적 연구를 한 이후, 당시 '가장
진정한 그리스도인들 중 한 명' 이라는 역사적 재평가를 내렸다.

---

31) ibid., p. 23.
32) ibid., p. 24.

"내가 오랫동안 의심했지만 이제는 2~3세기의 몬타누스파가 진정한 성경적 그리스도인들이었다는 사실에 대한 완전한 확신을 가지게 되었다."[33] 현대에 들어서도 여러 신학자들에 의해 몬타누스파에 대한 재해석이 등장하고 있다.

몬타니즘은 당시 감독의 권위에 심각한 도전을 주면서 계급주의, 제도주의, 세속주의, 남성중심주의에 대해 반발한 운동이다. 기독교 역사학자 프렌드(W. H. C. Frend)는 "예언, 금욕주의, 순교 등 몬타니즘에 전형적으로 나타나는 이런 현상들은 모두 A.D. 2세기의 기독교 전통에 속한다"고 규정한다.[34] 역사학자 칼 호이시(Karl Heussi)는 몬타누스를 '최초의 교회 개혁자'로 평가하며, 하워드 스나이더도 몬타누스를 사도 교회의 기적과 예언, 은사의 지속성을 주장한 '카리스마 운동의 효시'로 해석한다.[35] 현대 여성 신학자들도 몬타누스가 여성의 사제직과 지도적 역할을 중시했음을 긍정적으로 평가하고 있다. 그리고 알리스터도 몬타누스파의 이단성에 대한 연구 끝에 프리기아의 지방색이 강하기는 하지만 정통 기독교에 속한 것으로 해석한다.[36] 몬타누스파는 초대 교회의

33) John Wesley, "The Real Character of Montanus", Thomas Jackson, ed., *The Works of John Wesley*(London: John Mason, 1829), 11:47. John Wesley, "Sermons on Several Occasions II", T. Jackson ed.,(London, 1825), p. 209. Reginald Ward and Richard Heitzenrater, eds., *The Works of John Wesley volume 18: Journals and Diary I*(Nashville: Abingdon Press, 1988), 20:356.
34) W. H. C. Frend, *The Rise of Christianity*(Philadelphia: Fortress, 1984), p. 254. 하워드 A. 스나이더, 《교회사에 나타난 성령의 역사》, p. 19.
35) Christine Trevett, *Montanism: Gender, Authority, and the New Prophecy*(Cambridge: Cambridge University Press, 1996), pp. 77~150. 하워드 A. 스나이더, 《교회사에 나타난 성령의 역사》.

은사 운동을 회복하려고 시도한 갱신 운동이며, 그들의 성령에 대한 강조는 오순절적 형태를 취하고 있다.

콘스탄티누스 황제의 기독교 공인

네 개 지역으로 나뉘어 있던 로마를 통일한 콘스탄티누스 황제(Constantine The Great, 272~337)로 인해 기독교에 큰 변화가 일어났다. 그가 313년 기독교를 공인함으로 로마 정부의 기독교에 대한 공식적인 박해는 중단되었고, 기독교는 로마 제국의 국교가 되었다. 이로 인해 로마가 다스리고 있던 넓은 지역은 기독교를 받아들였다. 이 공로로 콘스탄티누스 황제는 '제13의 사도'라는 칭호까지 얻게 되었다.

그러나 기독교가 국교가 되자 교회는 정부 기관의 부서들 중 하나가 되어 국가 행정의 통제를 받게 되었다. 이제 종교적·영적 문제는 정치적 입장에서 다뤄졌다. 황제가 교회에 출석하자 사람들은 순수한 종교적 목적보다는 정치적·경제적 목적을 가지고 교회로 몰려들었다. 성령의 능력과 전도에 의해 복음이 전파되기보다는 국가의 강제력에 의해 사람들은 선택의 여지 없이 교회에 출석해야 했다. 핍박받고 가난했던 목회자직은 국가의 고위 공무원이 되어 정부로부터 사택과 월급을 받으면서 점점 권력자로 변모해 갔다. 청빈의 삶은 사라지고 성직자는 부와 명예를 부여받

---

36) 알리스터 맥그라스, 《그들은 어떻게 이단이 되었는가》(서울: 포이에마, 2011), p. 116.

는 직위로 탈바꿈했다. 모든 신자들이 적극적으로 교회의 사역에 참여하던 모습은 사라지고 성직자 중심의 교회가 되었다. 남성이 기득권을 가진 교권 제도에서 평신도와 여성들은 침묵을 강요받았다. '성령이 계신 곳에 교회가 있다'는 개념은 '감독이 있는 곳에 교회가 있다'로 바뀌었다. 성령이 계시던 자리에 교권주의, 세속주의, 전통주의, 율법주의, 형식주의가 자리 잡았다. 이전에 핍박을 받던 교회는 정치와 야합하면서 교권화 및 제도화되었고, 이제는 이교도들을 핍박하는 교회로 변신했다.

점차 교회는 국가 기관으로 조직화되면서 성령의 생동력을 잃어 갔고, 성령의 초자연적 현상들을 배제하기 시작했다. 교회에서 성령의 은사들이 현저히 감소하면서 기적과 능력은 사라졌다. 교회는 질서와 규율을 강조하면서 성령의 역동적 역사와 은사들을 영적 혼란으로 이해했다.

특히 교황제를 중심으로 움직였던 중세 교회는 정치와 야합함으로 극도로 세속화되었다. 가톨릭의 직제는 국가의 계급 구조를 따라 철저한 계급제를 가지게 되었다. 중세 스콜라 철학은 신을 직접 만나는 경험보다는 신을 이론적으로 설명하는 이성적 신학이 주를 이루었다. 토마스 아퀴나스(Thomas Aquinas)는 초자연적인 하나님보다는 자연에 계시된 하나님을 유추해야 함을 강조했다. 하나님과의 직접적인 만남이나 성령의 초자연적 은사들은 무시되고, 하나님에 대한 사색을 강조하면서 신앙은 점점 철학적·이성적 개념으로 바뀌었다.

은사 중지론의 등장

몬타누스파에 대한 정통 교회의 거부는 성령의 계시와 은사가 사도 시대 이후로 끝났다는 확신으로 이어졌다.[37] 어거스틴 (Augustine, 354~430)은 신약에 기록된 기적들은 초대 교회에서 실제로 일어났다고 인정했으나 오늘날에는 계속되지 않는다는 은사 중지론을 주장했다. 하나님의 기적은 이전에 한 번만 있었던 일로, 그 이후로는 역사 속에서 완전히 사라졌기에 이제는 교회에서 어떤 기적도 일어날 수 없다는 것이다. "왜 초대 교회와 같은 놀라운 기적들이 오늘날에는 일어나지 않는가? 이 질문에 나는 이렇게 대답한다. 세상에 아직 믿음이 증거되지 못했던 초대 교회는 전 세계 사람들로 하여금 기독교 신앙을 갖게 하기 위해 특별히 여러 은사와 기적들이 필요했던 것이다." 어거스틴은 398년 신약 27권에 대한 정경화 작업에 가담하면서 마지막 계시인 성경이 완성된 이후로 더 이상의 기적은 없다고 생각했다.

어거스틴은 성령의 초자연적 역사에 대해 회의적인 입장을 가지면서 성령세례에 따르는 방언도 중지되었고, 아픈 사람들을 위해 기도할 때 병이 낫는 것도 이전에만 있었던 일로, 이제는 중지되었다고 믿었다. 그 이후 기독교회는 초대 교회의 기적들은 사도 시대에 끝났다는 입장을 지지하기 시작했다. 공교회는 예언이나 능력 행함과 같은 은사들보다는 교권 및 제도를 강화시키기

---

37) Henry Chadwick, *The Early Church*(Middlesex, England: Penguin Books, 1976), p. 53.

위해 다스리고 가르치고 지도하는 은사를 강조했다.

중세 교회에 접어들어 교황을 중심으로 한 교권화가 진행되면서 성령의 사역과 은사들은 제한을 받았다. 교황권을 확고히 한 그레고리 교황(Gregory the Great, 540~604)은 질병을 하나님의 개입으로 보았고, 그의 자녀들을 훈육하는 도구로 생각했다. 신자가 죄를 지은 결과로 하나님은 질병을 주시며, 이 질병을 통해 죄인은 훈련을 받는다는 것이다. 그는 영적 존재는 인간의 육체에 아무런 영향을 끼칠 수 없다는 사상을 가지고 있었다. 귀신이란 영적 존재는 그리스도인의 육체에 영향을 줄 수 없기에 질병은 귀신과는 무관하다는 것이다. 그는 신유, 예언, 기적 등의 은사들을 과학, 이성, 지혜 등의 개념으로 대치시켰다.[38] 사람은 질병을 통해 하나님에게로 가까이 나아간다는 사상이 퍼지면서 병든 것 자체가 성인(saint)이 된 표로 여겨지기도 했다.

기름을 부으면서 병든 자의 치유를 위해 기도하던 풍습은 병든 자의 장례를 준비하는 종유성사로 변질되었으며, 이 성유의식은 1151년 가톨릭교회의 7대 의식 중 하나가 되었다.[39] 성유의식을 받은 사람은 곧 죽는 것으로 여겨졌는데, 성유 의례를 받은 자가 다시 회복되어 살아난 경우에는 마치 죽은 자처럼 살아야 했고, 결혼도 금지되었다.[40] 초대 교회의 기름을 바르며 병 고침을

---

38) Morton Kelsey, *Healing and Christianity*, pp. 154~156.
39) ibid., pp. 6, 92, 159~160.
40) Leslie D. Weatherhead, *Psychology, Religion and Healing*(London: Hodder and Stoughton, 1955), pp. 93~94.

위해 기도하던 의식은 중세에 접어들면서 더 이상 살 권리가 없는 성례전으로 굳어졌다. 교회는 점점 초대 교회의 기적적 능력을 상실하면서 형식적·습관적인 신앙과 의식으로 전락했다.

13세기 중세 교회에서는 아리스토텔레스의 사상에 근거해 이성과 자연과학을 강조하는 스콜라 철학이 부흥했다. 하나님은 천지를 창조하실 때 우주가 스스로 운영될 수 있도록 자연 질서를 부여하셨고, 그 이후로는 세상에 관여하지 않으신다는 것이다. 아리스토텔레스의 영향을 깊이 받은 토마스 아퀴나스는 하나님과 그의 뜻은 원인과 결과로 이루어진 자연 법칙과 인간의 논리적 사고를 통해 알 수 있다고 믿었다. 하나님은 자신이 창조하신 자연 법칙과 논리적 체계를 초월하지 않으시고 이 테두리 안에서만 세상을 운영하신다는 것이다.

이들의 주장에 따르면, 하나님은 자연을 통해 그의 영원한 법칙을 계시하셨고 이를 절대로 넘어서지 않으신다. 또한 하나님은 인간에게 초자연적 계시를 보여 줄 아무런 이유가 없으시기에 더 이상 하나님의 초자연적 역사는 일어날 수 없다. 과학적 법칙과 논리적 이성을 강조한 스콜라 철학은 초자연적 현상들을 미신으로 치부했다. 신유 및 축사는 과학 법칙에 어긋난 미신에 불과하다는 것이다. 이런 이성적·논리적·과학적 사고 체계에 의해 성령의 은사나 기적이 자리할 공간은 사라졌다.[41] 1551년, 트렌트

---

41) Frederick C. Copleston, *Thomas Aquinas*(New York: Barnes & Noble Books, 1976), pp. 59~67.

공의회는 하나님의 신유는 그쳤다고 공표하며 성유는 오직 죽어
가는 사람들에게만 행하라고 권면했다. 이 세상에 진정한 신유와
건강은 없고, 오직 죽음 후 낙원에서만 건강을 누릴 수 있다고 믿
었다.

칼빈은 성경을 마지막 계시로 해석했다. 그는 구원의 문제를
죄와 용서의 관계로 한정시켰고, 교회는 영혼의 죄를 다루는 곳
이지 질병이나 귀신 들림을 해결하는 곳이 아니라고 해석했다.
신유를 포함한 성령의 은사들은 초대 교회에서만 나타난 일시적
인 것으로, 성경의 완성과 함께 역사 속에서 사라졌다고 주장했
다.[42] 종교 개혁 시대를 지나면서 성령과 성령의 은사들은 정통
개신교회에서 터부시되었다.

18세기는 뉴턴(Isaac Newton)과 로크(John Locke) 등과 같은 과학
자 및 철학자들의 영향을 받으면서 계몽주의가 탄생했고, 계몽주
의는 개신교와 서구 신학의 형성에 큰 영향을 미쳤다. 계몽주의
는 과학적 법칙과 인간의 이성에 근거해 하나님의 초자연적 역사
를 거부했다. "그러나 교회가 눈에 보이는 표적들로 굳게 세워진
이후에는 더 이상 성령이 가시적으로 임할 필요가 없어졌다."[43]
계몽주의의 영향을 받아 신학에서는 이신론이 풍미했고, 이신론
자들은 이성과 과학의 논리에 근거해 하나님과 성경을 해석하면

---

42) John Calvin, *Institutes of the Christian Religion*(Philadelphia: Westminster Press,
1960), IV-19-20.
43) Warren Lewis, *Witnesses to the Holy Spirit*(Valley Forge, Penn.: Judson Press,
1978), p. 173.

서 합리적 이론이나 과학적 지식으로 이해할 수 없는 초자연적인 성령의 사역과 은사들을 미신들로 치부해 배척하는 태도를 취했다. 이러한 영향 속에 성령의 은사들은 소멸되었다는 은사 중지론적 견해는 오순절 운동이 태동한 20세기 초반까지 주도적 신학으로 자리 잡았다.

개신교 보수 진영은 성경 시대에는 은사와 기적들이 일어났으나 오늘날에는 더 이상 일어나지 않는다고 믿게 되었고, 자유주의 신학자들은 성경에 기록된 기적들마저도 부정하기에 이르렀다. 실존주의 신학자 불트만(Rudolf Bultmann)은 현대 과학에 의해 자연의 법칙이 밝혀진 이상 더 이상 천사나 귀신과 같은 영적 존재를 믿을 수 없고, 기적을 믿는다는 것은 불가능하다고 주장한다. "질병은 바이러스나 박테리아로부터 오는 것이지, 귀신이 사람 속에 들어와 발병하는 것이 아니다. 성경에 나오는 신유나 축사는 역사적으로 실제로 일어난 사건이 아닌 비유 내지는 신화다. 그러므로 초자연적이고 신화적인 존재는 성경에서 없애야 한다."[44] 폴 틸리히(Paul Tillich)는 악령을 실존이 아닌 사회에 만연해 있는 부조리와 부정의, 부패로 해석한다.[45]

신유와 축사를 일종의 미신으로 생각한 개신교회는 선교사를

---

44) Rudolf Bultmann, *Jesus Christ and Mythology*(New York: Charles Scribner's Sons, 1958), p. 15. Rudolf Bultmann, "New Testament and Mythology", in *Kerygma and Myth*, ed. Hans Bartsch(New York: Harper and Row, 1961), p. 5. Morton Kelsey, *Healing and Christianity*, pp. 10~11.
45) Paul Tillich, *Systematic Theology*, Vol. 2(Chicago: University of Chicago, 1957), p. 27.

파송하면서 기도로 병을 고치는 신유보다는 현대 의학을 통해 병을 고쳤고, 귀신 들림을 일종의 정신병으로 해석해 정신의학이나 심리학을 통해 진단을 내렸다. 성령의 초자연적 역사를 부정하는 경향으로 인해 현대 교회들도 신유, 방언, 축사 등의 사역을 부정적인 눈빛으로 바라보기에 이르렀다.

성령 운동

비록 은사 중지론이 공교회의 대세 신학으로 자리를 잡기는 했으나, 신자들의 신앙생활에서는 여전히 많은 성령의 은사들과 기적들이 나타났다. 교권을 강조하는 공교회에 의해 성령 운동에 대한 핍박이 있었음에도 여전히 많은 신자들은 성령세례를 강조하고 은사를 받고 능력을 행했다.

초대 교회 때 로마 정부로부터의 종교적 핍박을 피해 이집트의 사막으로 피신한 신자들에 의해 수도원 운동이 시작되었다. 특히 콘스탄티누스 황제의 기독교 승인 이후 교회가 세상 권력에 의해 세속화되고 타락했다고 믿은 사람들은 사막에 은둔하며 수도승이 되었다. 그들은 기도와 명상에 몰두했고, 그들을 통해 수많은 기적과 신유의 역사가 나타났다.

니케아 공의회에서 아리우스 이단을 물리친 아타나시우스(Athanasius, 296~373)는 사막 수도승 안토니(Anthony, 251~356)를 스승으로 모셨다. 그의 생애를 통해 수많은 불치병들이 낫고 귀신이 쫓겨 가는 기적들이 나타났다. 그가 이집트의 사막에서 은둔하며 기도하자 수많은 악한 영들이 그를 유혹하고 공격했으나, 그는 하나님의 말씀과 십자가의 보혈로 승리를 거두었다.[46] 하루는 귀신 들린 딸로 인해 고민하던 로마 고위급 장군이 그를 찾아왔다. 장군은 그의 딸을 위해 기도해 달라고 안토니에게 부탁했고, 안토니는 평안히 집으로 돌아가라고 권면했다. 그 장군이 집에 도착하자 그는 딸이 귀신으로부터 깨끗함을 받았음을 발견했다.[47] 그는 악령에 대항해 영적 전쟁을 벌였고, 그 결과 이집트 사막에서 악한 세력들은 쫓겨났다.

아타나시우스는 그리스도인이 신유를 행하고 귀신을 쫓아내는 것을 하나도 자랑할 것이 없다고 말했다. 왜냐하면 이런 기적을 행할 수 있는 능력은 사람에게서 오는 것이 아니라 하나님으로부터 나오기 때문이다.[48]

은사 중지론을 주장한 대표적 신학자인 어거스틴은 말년에 이르러 은사에 대한 태도에 변화를 보였다. 귀신 들린 사람들이 그를 찾아왔을 때 그는 그들을 위해 눈물로 기도해 주었고 귀신은 쫓겨 갔다. 424년, 그가 담당하던 교회의 한 형제가 심한 발작을 일으키며 죽은 것처럼 쓰러지자 교회는 그를 위해 기도에 전념했고, 다음 날 그 형제는 정상으로 돌아왔다. 이노센티우스라는 사람이 식도암으로 죽어 가고 있을 땐 신자들이 그를 위해 기도하자 그가 갑자기 온몸을 떨더니 얼마 후 완전히 나았다. 또한 사제

---

46) Athanasius, *The Life of Saint Anthony and the Letter to Marcellinus*(New York: Paulist Press, 1980), pp. 7~8, 48.
47) ibid., p. 67.
48) ibid., p. 38.

가 성찬식을 거행하면서 기도하자 사람들에게 들어갔던 귀신들이 쫓겨나면서 병이 나았고, 눈에 심한 상처를 가진 한 소년으로부터 귀신을 쫓아내자 그의 눈이 치유되었다.[49] 이처럼 그는 자신이 직접 목격한 열 가지 정도의 기적들에 대해 언급했다.

이러한 경험들 이후, 어거스틴은 오늘날에도 예수의 이름으로 많은 기적들이 일어나고 있다는 결론을 내리고 신유와 축사에 대한 믿음을 설교하기 시작했다. "나는 오래전에 일어났던 기적과 같은 것들이 오늘날에도 일어나고 있음을 깨달았다. 오늘날 많은 사람들은 이런 신적 능력이 중단되었다고 믿는데, 얼마나 잘못된 것인가!"[50] 그는 성령으로 거듭나는 것과 성령에 의해 양육 받는 것은 별개이며, 성령의 임재는 갑자기 나타난 방언을 통해 특징지어진다는 견해를 밝혔다.[51]

로마 군인이었던 마틴(Martin of Tours, 316~397)은 추위에 떨고 있는 거지에게 자신이 입고 있던 외투를 두 조각내어 한 조각을 그에게 주었다. 그날 밤 예수님이 그의 꿈속에 나타나셨고, 그 이후로 그에게 엄청난 신유의 능력이 나타났다. 그러자 교회는 그를 신유자 및 귀신 쫓는 자로 임명했다. 그가 중풍에 걸린 소녀에게

---

49) Martin E. Marty and Kenneth L. Vaux eds., *Health Medicine and the Faith Traditions: An Inquiry into Religion and Medicine*(Philadelphia: Fortress Press, 1982), p. 106.

50) Saint Augustine, The City of God, ⅩⅩⅡ, 8.

51) John A. Mourant, *Introduction to the Philosophy of Saint Augustine: Selected Readings and Commentaries*(University Park: Pennsylvania State University press, 1964), pp. 64~65.

안수하자 소녀는 일어나 걷기 시작했다. 높은 열병으로 인해 죽어 버린 청년을 마틴이 감싸고 기도하자 죽은 자가 살아났다. 귀신이 들려 다른 사람들을 물어뜯던 사람이 있었는데, 마틴이 자신의 손가락을 귀신 들린 사람의 입에 넣으면서 "능력이 있으면 물어뜯어라" 하고 외치자 그 사람은 불에 덴 것처럼 물러서더니 곧 귀신이 나가면서 정상으로 돌아왔다. 그에게서 병 고침이나 귀신으로부터 깨끗함을 받은 수많은 이방인들이 세례를 받기 위해 교회에 나왔다.[52]

동방교회의 카파도키아 3인인 바실(Basil the Great, 329~379)은 의학적 훈련을 받은 후 가난한 사람들을 돌보기 위해 병원을 설립했다. 그는 교회의 공직을 맡는 것보다 성령의 은사를 소유하는 것이 중요하다고 보았다. 그는 신유의 은사를 통해 수많은 병자들을 치유했다. 황제 발렌스는 그의 아들이 갑자기 아파서 죽어 가자 의사들을 불렀으나 아무런 차도가 없었다. 황제는 바실을 싫어해 그를 추방하려 했으나 아들의 치료에 다른 방도가 없자 바실을 불렀다. 바실이 왕자를 위해 기도하자 병세가 호전되었다. 평소 바실과 사이가 좋지 않았던 유세비우스 감독(Eusebius the Bishop)은 정작 자신이 병들자 바실을 불러 기도를 받았다. 그는 곧 병 고침을 받았고, 바실에게 자신의 잘못을 사과했다.[53]

바실의 동생 니사의 그레고리(Gregory of Nyssa, 331~396)는 그리

---

52) Sulpitius Severus, Life of St. Martin ⅩⅥ, ⅩⅦ.
53) Gregory Nazianzen, Oration ⅩLⅢ.

스도의 죽음에 대한 승리가 신유의 근원이라고 해석했다. 그의 여동생 마크리나는 한 소녀가 만성적 눈병으로 인해 보지 못하자 혀로 소녀의 눈을 핥아 준 후 기도했다. 그러자 소녀의 시력이 돌아왔다. 나치안츠의 그레고리(Gregory of Nazianzus, 329~389)는 그의 여동생이 노새에 밟혀 죽어 갈 때 그녀를 위해 기도했고, 그녀는 기적적인 치유를 경험했다. 전쟁에서 부상당해 앉은뱅이가 된 한 병사는 하나님에게 기도하던 중 환상 중에 예수님을 보았고, '다리를 뻗어라' 라는 명령에 다리를 뻗자 일어설 수 있었다.[54] 카파도키아 3인은 귀신이 인간의 몸에 들어와 육체적·정신적 질환을 불러일으킨다고 보았다. 그러나 예수 그리스도의 십자가 부활로 사탄의 세력은 패배했기에, 성령의 능력에 힘입어 귀신을 쫓아내고 신유를 행할 수 있다고 믿었다.

푸아티에의 감독 힐러리(Hilary of Poitiers, 310~367)는 방언과 방언 통역을 언급하면서 이 은사들이 당시 교회에서 나타났음을 증언했다.[55] 어거스틴의 스승이자 밀란의 감독이었던 암브로스(Ambrose, 340~397)는 그의 저서 《On the Holy Spirit》(성령)에서 하나님이 교회 위에 신유와 방언을 부어 주고 계심을 기록했다. "성부가 치료의 은혜를 주신 것과 같이 성자도 이것을 주셨고, 성부가 방언을 주신 것처럼 성자도 이것을 부어 주셨다."[56] 그는 그리스도인이라면 고린도전서 12장에 나오는 모든 성령의 은사들을 받

---

54) ibid., VII.
55) Hilary, On the Trinity, 8.33.
56) Ambrose, On the Holy Spirit, 2.8.

을 수 있다고 가르쳤다. 그는 귀신을 쫓아냈으며, 죽은 아이를 놓고 기도하자 아이가 살아났다. 암브로스가 성찬식을 인도하고 있을 때 다리의 통증으로 인해 앉은뱅이가 된 니센티우스(Nicentius)가 성찬을 받기 위해 앞으로 나아왔다. 암브로스는 실수로 그의 발을 밟았고, 그는 아파서 소리를 질렀다. 이때 암브로스가 "가라, 그리고 온전하라"고 명하자 귀신이 떠나면서 발의 통증이 사라졌고, 그는 정상적으로 걷게 되었다.[57]

황금의 입으로 불리는 존 크리소스톰(John Chrysostom, 349~407)은 성경에 기록된 예수님과 제자들의 기적 행함에 관심이 많았다. 그는 당시 자신이 행하고 보고 들은 것을 기록으로 남겼다. 한 수도사가 심각한 우울증에 시달렸는데, 그는 질병의 원인이 귀신에게 있다고 보았다. 그가 수도사로부터 귀신을 쫓아내자 정신병으로부터 고침을 받았다. 한 소년이 열병으로 죽어 가고 있을 때 소년의 어머니는 하나님에게 결사적으로 기도했다. 그러자 소년의 열이 내리면서 정상으로 돌아왔다.[58] 중세 수도원 운동에 큰 영향을 미쳤던 카시안(John Cassian, 360~435)은 신유를 성령이 주신 은사로 해석했고, 수많은 신유를 행했다.

히브리어로 쓰인 구약성경과 헬라어로 쓰인 신약성경을 라틴어로 번역한 제롬(Jerome, 348~420)은 편지를 통해 그리스도의 신유와 기적에 대해 언급했다. 그는 사막의 수도승에 관심이 많았으

---

57) Paulinus, life of St. Ambrose in Early Christian Biographises, 8.28, 9.44, 10.52.
58) St. Chrysostom, A Commentary on the Acts of the Apostles, Homily ⅩⅩⅩⅧ.

며, 이에 대한 기록을 남겼다. 수도승 힐라리온이 15년 동안 자식이 없었던 한 여인을 위해 울면서 기도하자 이후 그녀는 아이를 가질 수 있었다. 힐라리온이 열병으로 죽어 가던 소년을 위해 십자가 성호를 그으면서 기도하자 소년은 갑자기 땀을 흘리며 회복되었다. 수도승 마카리우스(Macarius of Egypt, 300~391)는 귀신을 똥파리 같은 존재로 생각했고, 성령의 능력으로 귀신을 쫓아냈다. 사람들이 귀신 들린 한 소년을 데려오자 그는 한 손을 소년의 머리에, 다른 한 손은 그의 가슴에 얹고 기도했다. 그러자 갑자기 소년의 몸이 부풀어 오르면서 몸에서 물이 터져 나왔다. 귀신이 쫓겨나면서 소년은 큰 소리를 질렀고, 곧 정상으로 돌아왔다. 7년 동안 마비 상태에 있던 귀부인이 그를 찾아왔을 땐 20일 동안 기름을 바르며 기도했고, 그녀는 치유함을 받았다.[59]

초대 교회 이후 8세기 동안 성령세례 및 은사들은 교회의 공식적 예전의 일부분으로 남아 있었다. 가톨릭교회는 초대 교회가 성령의 은사들에 대해 개방된 점에 주목해서 성령의 기적적 요소를 인정해 왔다. 그들은 초대 교회의 치유의 기적과 축사 의식을 행해 왔고, 성례전을 통해서도 기적이 나타난다고 믿었다.

중세에 접어들면서 가톨릭교회의 교권화 및 제도화에 대한 반발로 세속적 생활로부터 구별되어 내세를 동경하는 금욕주의를 지향하는 수도원 운동이 활발히 일어났다. 순수한 형태의 성령

---

59) Robert T. Palladius, *The Lausiac History*(Westerminster, Md.: Newman Press, 1965), pp. 47~48, 57~58.

운동은 소수 종파를 중심으로 일어났고, 그들이 운영하던 수도원에서는 수많은 신유와 이적들이 나타났다. 베르나르(Bernard of Clairvaux, 1090~1153)는 자신의 생애를 통해 수많은 신유를 행하고 귀신들을 쫓아냈다. 그는 환상을 통해 예수님을 보았고 예언을 했다. 힐데가르트(Hildegard of Bingen, 1098~1179)는 늘 성령과 동행하는 삶을 살았으며, 황홀경 속에 수많은 비전을 받았다.

아시시의 프란체스코(Francis of Assisi, 1181~1226)는 수도원을 세워 아픈 사람들을 위한 영적 치유와 물리적 보살핌을 병행했다. 그의 생애를 통해 숱한 기적과 신유들이 나타났다. 성인으로 추대되기 위해서는 신유를 포함한 기적을 행해야 했는데, 수도사들은 질병의 치료자가 되었다. 가톨릭교회는 성인들과 수도원의 세력이 커지는 것을 막기 위해 수도사들이 성유를 바르면서 병자의 병 고침을 위해 기도하는 것을 법으로 막기도 했다. 그러나 민간신앙에서는 여전히 신유를 비롯한 성령의 은사와 기적들이 활발히 일어났다.

사도적 청빈주의를 강조한 피터 왈도(Peter Waldo, 1140~1205)는 평신도 설교자로 순회하면서 복음을 전했다. 왈도파는 병자를 위한 신유 예식을 고수했고, 성령과의 황홀경적 체험을 강조하며 방언으로 기도했다. "병자들에게 기름을 바르며 기도하는 것을 우리의 신앙 신조들 중 하나로 간주하며, 환자가 이를 요청했을 때 회복을 위해 기름을 붓고 간절히 기도해야 한다."[60] 교황청은 왈도가 무자격 설교자라는 이유와 교회의 질서를 어지럽힌다는 이유로 이단으로 정죄했다.

동방정교회의 신비주의적 노선에 서 있는 요아킴(Joachim of Fiore, 1135~1202)은 성령 운동의 주창자로 삼위일체를 역사의 세 시대와 연관 지어 설명했다. 성부는 주로 구약성경에서 창조 사역과 이스라엘에게 율법을 수여하는 일에서 주도적 역할을 감당했고, 성자는 이 세상에 성육신하셔서 신약성경의 복음 시대를 주도했으며, 그 이후는 성령의 시대로 신약성경의 경륜에 따라 교회의 부흥과 개혁 및 갱신으로 이끄신다는 것이다.[61] 그가 주장한 성령 시대는 교황과 성례전을 중심으로 한 가톨릭 시대에 종말을 고하고 성령이 친히 교회를 인도하는 새 시대의 도래를 예고한 것이었다.

가톨릭교회는 베드로의 사도적 계승 교리를 수용했기 때문에, 요아킴이 주장한 사도성의 종말과 함께 도래하는 성령이 주도하는 새 시대 개념을 받아들일 수 없었다.[62] 가톨릭교회는 1215년 라테란 공의회에서 요아킴의 주장을 삼위일체의 셋 됨의 구별성을 지나치게 강조하는 삼신론 이단으로 정죄해 버렸다. 이후 웨슬리의 후계자로 지목되었던 플레처(John Fletcher, 1729~1785) 또한 역사를 삼위일체의 각 위격에 따라 성부 시대, 성자 시대, 성령의 시대로 삼분화하면서 그는 성령의 시대에 살고 있음을 강조했다.[63] 20세기 초 오순절 운동이 태동하면서 오늘날 교회는 성령의

60) A. J. Gordon, *The Ministry of Healing*(Harrisburg, PA: Christian Publishing House, 1961), p. 65.
61) 로저 올슨, 《삼위일체》(서울: 대한기독교서회, 2004), pp. 89~90.
62) 최종호, 《칼 바르트, 하느님 말씀의 신학》(서울: 한들출판사, 2010), p. 284.

시대에 살고 있다는 주장이 크게 주목을 받고 있다.

데살로니가의 감독 니콜라스 카바실라스(Nicholas Cabasilas, 1320~1390)는 14세기에도 방언, 예언, 병 고침, 귀신 쫓음 등의 카리스마적 은사들이 나타났음을 기록했다. "초대 시대에는 이 신비로 말미암아 성령세례 받은 사람들이 병 고침과 예언과 방언 및 그와 같은 은사들을 부여받음으로 그리스도의 특별한 능력이 나타남을 모든 사람들에게 명백히 증거했다. 지금도 그런 은사들이 일부 신도들에게 나타나고 있다. 이런 일들은 여전히 우리 시대에 일어나고 있으며, 최근에는 사람들이 장래 일을 예언하며 귀신을 쫓아내고, 기도로써 질병을 치유하고 있다."[64] 성결한 삶과 예배하는 교회를 추구하는 폴리시안파(Paulicians)는 성령의 은사들을 강조했고, 성령으로부터 받은 계시에 근거해 교회를 개혁할 것을 주장했다.

발렌시아(Valencia)에서 태어난 도미니칸 수도원 출신인 빈센트 페러(Vincent Ferrer, 1350~1419)가 만 명도 넘는 외국 청중들에게 라틴어로 설교하는 동안 라틴어를 몰랐던 프랑스인, 그리스인, 독일인, 이탈리아인, 헝가리인 들은 자국어를 듣는 것처럼 페러의 설교를 이해했다. 그 또한 평생을 통해 예언, 신유, 방언 등의 성령의 은사들이 풍성히 나타났다.[65]

---

63) Donald Dayton, *Theological Roots of Pentecostalism*(Metuchen, NJ: The Scarecrow Press, 1987), pp. 52~53.
64) Nicholas Cabasilas, *The Life of Christ*(Crestwood, NY: St. Vladimir's Seminary Press, 1997), pp. 106~107.

테레사(Teresa of Avila, 1515~1582) 수녀는 많은 시간을 경건 서적을 읽고 기도하는 데 보냈다. 당시 종교재판소에서 발행한 금서 목록을 본 그녀는 그녀가 좋아하던 서적들 대부분이 금서에 포함되어 있는 것을 보고 당혹감을 감출 수 없었다. 이 문제로 기도하던 그녀는 환상 중에 예수님을 보게 되었고, 고대의 전통적 수도원 규칙을 따르는 '맨발의 갈멜 수도회'를 설립했다. 그녀는 명상의 시간을 통해 자주 환상이나 황홀경을 체험했다.[66]

동방정교회의 삼위일체론은 세 위격의 구별성을 강조하면서 서방교회가 간과하고 있는 성령의 치유 및 회복시키는 사역을 강조했다. 가톨릭교회가 성령은 성부와 성자 모두로부터 나온다는 필리오케[Filioque(and the Son)]를 주장하면서 성령을 성자에게 종속시킨 반면, 동방정교회는 성령을 독립적이고 주체적인 존재로 인식하면서 필리오케를 반대하고 사회적 삼위일체를 강조했다. 성령 하나님은 죄인을 회개케 하고 거듭나게 하는 사역뿐만 아니라 거듭난 신자가 하나님의 형상을 회복하는 신성화에서도 역사하신다는 것이다. 동방정교회는 서방교회가 지나치게 기독론 중심의 신학을 전개한다는 비판을 가하면서 세 위격의 사귐을 강조하는 성령론을 발전시켰다. 동방정교회는 독자적인 성령의 사역과 함께 성령의 은사와 기적에 대해 열린 자세를 보여 왔다.

종교 개혁을 통해 개신교가 탄생하면서 가톨릭교회는 개신교

---

65) Peter Ranzano, *Life of St. Vincent Ferrer, Bulter's Lives of the Saints*(New York: Kennedy, 1956), p. 33.
66) 후스토 L. 곤잘레스, 《종교개혁사》(서울: 은성, 1984), pp. 189~191.

에 의해 기적을 믿는 미신적 종교라 치부될 정도로 성령의 은사들에 대해 열려 있는 자세를 보였다. 중세 가톨릭교회는 성상 숭배 및 마리아 숭배와 결합된 미신화 된 기적을 강조함으로 일탈의 모습을 보이기도 했다. 개신교가 성령의 은사와 기적들에 대해 닫힌 자세를 보인 반면, 가톨릭교회는 지속적으로 은사에 대해 열려 있는 자세를 보여 주었다. 현대 유럽의 가톨릭교회는 전문적으로 귀신을 쫓는 사제들만 몇 백 명에 달하며, 병자의 치유를 위한 안수를 강조하고 있다.

현대 오순절 운동이 태동했을 때 많은 개신교 정통 교회들이 오순절 운동에 핍박을 가하면서 이단시한 반면, 가톨릭교회는 오순절 운동을 포용하면서 신오순절 운동으로 승화시켰다. 오순절 운동의 역사적 기원을 언급할 때 가톨릭교회와의 관련성을 지적하는 것은 이런 이유에서다.

종교 개혁의 성령 운동

종교 개혁을 주도했던 마틴 루터(Martin Luther, 1483~1546)는 성령의 역사는 성경을 깨닫게 하는 것으로, 기적을 일으키는 성령의 역사는 사라졌다고 믿었다. "사도들은 하나님의 말씀을 전파했고 성경을 기록했다. 그들이 기록한 것을 통해 하나님의 계시가 완전히 드러났기 때문에 이제 어떤 새롭고 특별한 계시나 기적은 불필요하다."[67]

성령의 은사를 부인하던 루터는 죽어 가는 친구를 위해 기도했고, 그가 살아나는 것을 경험했다. 그의 말년에는 정신병에 걸린 사람을 위해 기도하자 나음을 입었다. 이러한 영적 경험들 이후, 그는 기도와 안수를 통해 병자가 낫고 귀신이 쫓겨난다고 가르치기 시작했다.[68] 그의 후계자인 멜란히톤이 시각과 청각을 잃어 가자 루터는 그를 위해 기도했고, 멜란히톤은 나음을 입었다. "어떤 사람들은 기독교의 초창기에만 성령의 역사가 나타났고 그 이후로는 중단되었다고 말한다. 그러나 이는 옳은 해석이 아니다. 똑같은 능력이 현재 교회 안에서 나타나고 있다. 비록 교회에서 이런 능력들이 행해지지 않는다고 해서 이 능력들이 사라진 것은 아니다. 우리는 여전히 이러한 이적들을 행할 수 있는 능력을 가지고 있다."[69] 그는 다양한 성령의 은사들이 교회에 존속하고 있다고 기술했다. 교회 내에는 수많은 은사자들이 있는데, 예언자, 복음 전도자, 방언을 말하는 자, 방언 통역자들이다.[70]

루터는 마귀를 관념적 존재가 아닌 실재적 존재로 경험했다. 그가 성경을 번역하고 있을 때 그의 방에 마귀가 나타났다. 그는 마귀로부터 시험을 받았고, 마귀와 격렬하게 싸웠다. 그는 마귀의 존재와 활동에 대해 민감했고, 마귀와 영적 전쟁을 벌였다. 귀신 들린 소녀의 머리에 안수하면서 귀신에게 떠날 것을 명하자 귀신이 쫓겨났고, 그녀에게 완전한 치유가 임했다.[71]

---

67) Martin Luther, "Sermons on the Gospel of St. John, chapters 14~16", *Luther's Works*, 24:367.
68) Willem Jan Kooiman, *By Faith Alone: The Life of Martin Luther*(New York: Philosophical Library, 1955), p. 192.
69) Luther, LW: Sermons, Lenker edition, 12.190; preached on Acension Day, 1523.
70) Eric Souer, "History of the Christian Church", *Ante-Nicene Fathers*, Vol.3, p. 406.

재세례파의 한 그룹인 메노나이트를 창립한 시몬스(Menno Simons, 1496~1556)는 그의 저서《기독교 세례에 관한 논문》에서 그들 모임에서 방언을 비롯한 은사들이 친숙하게 받아들여졌음을 밝혔다. 가톨릭교회가 주도하던 프랑스에서 17세기에 일어난 개신교파인 위그노파(Huguenots)는 치유, 방언, 예언, 기적 등의 성령의 역사가 충만히 나타났다. 신자들은 성령의 충만함을 받으면서 바닥에 넘어지고, 몸을 떨며, 환상을 보고, 웃음과 황홀경을 체험했으며, 계시의 은사를 받았다. 그들은 프랑스어가 아닌 다른 언어로 예언을 했고, 방언과 방언 통역, 신유와 영들 분별 등의 현상들이 나타났다.[72]

프랑스의 젠센파(Jansenists)의 모임에서는 방언, 영 분별, 예언의 은사들이 많이 나타났다. 그들의 모임에서 배우지 않은 히브리어나 라틴어로 말하는 현상들도 나타났다. 경건주의는 성경에 기록된 기적들이 기독교 역사를 통해 실제로 일어났으며, 현재의 삶에서도 재현된다고 믿었다. 그들은 믿음과 기도를 통한 신유 교리를 발전시켰고, 귀신 들림을 추방하는 축사 운동도 전개했다. 하나님의 능력은 신유와 기적을 통해 표적으로 나타나야 한다.[73]

경건주의의 아버지로 불리는 아른트는 초대 교회의 풍습대로

---

71) Sidlow Baxter, *The Divine Healing of the Body*(Grand Rapids, MI: Zondervan, 1979), p. 76.

72) Horace Bushnell, *Nature and the Supernatural*(New York: Chorales Scribner and Co., 1871), p. 462.

73) Donald Dayton, *Theological Roots of Pentecostalism*, pp. 119~120.

세례를 베풀기 전 귀신 축출 의식을 행할 것을 주장했다.[74] 경건주의의 한 분파인 모라비안의 창시자 친첸도르프(Nicolaus Zinzendorf, 1700~1760)는 독일의 헤른후트(Hernhut)에 공동체를 설립하면서 모든 사람들에게 종교적 체험이 열려 있음을 강조했다. 1727년, 사도행전에 나오는 오순절 성령세례가 공동체에 임했는데, 그는 이 경험을 '회중들 위에 성령이 부어진 날'로 명명했다. 1731년에는 즉석에서 병이 낫는 치유가 공동체 내에 일어났다. "암, 폐병과 같은 불치의 병들을 고칠 때, 또한 환자가 죽음의 골짜기에서 신음할 때, 모든 것이 기도와 말씀으로 치료되었다."[75] 모라비안 교회는 방언의 은사를 선교지의 언어를 말하는 은사로, 이 은사를 세계 선교를 위해 성령이 주신 은사로 해석했다. 헤른후트 공동체는 하루도 빠짐없이 24시간 기도하는 전통을 세워 100년 이상 동안 지속했다. 1727년, 소규모 모임인 속회를 조직해 서로의 잘못을 고백하고 치유를 위해 기도했다.[76] 평신도들이 리더십과 사역할 수 있는 속회 조직은 이후 웨슬리에게 큰 영향을 주었고, 감리교는 속회를 잘 조직해서 큰 성장을 맛보았다.

역사적으로 볼 때 성령 운동의 대부분은 소종파 운동이었다. 교권과 전통을 강조하던 정통 교회는 교회의 질서와 체제를 무너뜨릴 수 있는 성령 운동을 가급적 억제해 왔다. 교회 역사를 통해

---

74) 하워드 A. 스나이더, 《교회사에 나타난 성령의 역사》, p. 79.
75) A. J. Gordon, *The Ministry of Healing*, pp. 66~67. 하워드 A. 스나이더, 《교회사에 나타난 성령의 역사》, pp. 147~148.
76) 하워드 A. 스나이더, 《교회사에 나타난 성령의 역사》, pp. 148~149.

성령의 바람은 그친 적이 없으며, 성령의 은사는 지속적으로 나타났다. 오순절 운동은 사도행전에 기록된 성령 체험이 모든 시대와 장소에 걸쳐 가능함을 믿는다.

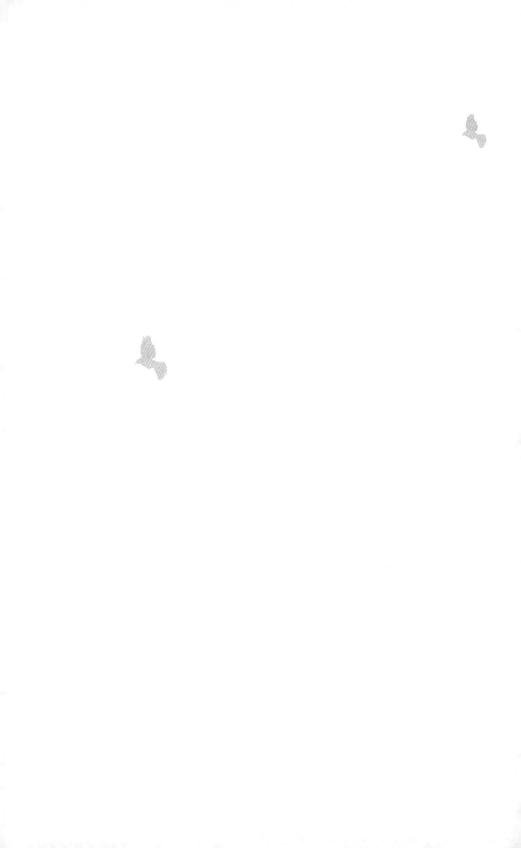

오순절교회의 역사와 신학

제2장

존 웨슬리

(John Wesley, 1703~1791)

감리교는 성결 운동에 지대한 영향을 미쳤고, 성결 운동은 급진적 성결 운동으로 이어지면서 오순절 운동의 태동에 가교 역할을 했다. 특히 감리교의 설립자인 존 웨슬리는 근대 성결 운동 및 현대 오순절 운동의 역사적·신학적 기원으로 해석되면서 오순절 운동의 영적 아버지로 평가받고 있다.[77]

존 웨슬리는 가톨릭교회와 종교 개혁의 중도적 성향을 유지한 영국국교회 소속의 사제였다. 영국국교회는 구원에 필수적인 것이 행위가 아니라 믿음임을 강조하는 한편 신앙을 증진시키는 수단으로서 성례전을 강조했다. 웨슬리는 이 전통에 굳게 서 믿음으로 말미암는 칭의를 강조했고, 동시에 은혜의 수단(means of grace) 중에 하나인 성례전에 자주 참석한다면 은혜를 받을 수 있다고 믿었다.

그러나 웨슬리는 영국국교회의 이성화·형식화·세속화된 신앙에 문제의식을 느꼈고, '진정한 그리스도인'(Real Christian)이 되고자 노력했다. 그의 경건생활에서 빠질 수 없는 영향들 가운데

---

77) Vinson Synan, *The Holiness-Pentecostal Tradition*, p. 1.

하나는 신비주의다. 그는 신비주의자의 저서들을 즐겨 읽었고, 이 책들은 그의 신앙과 신학을 형성하는 밑거름이 되었다: 제레미 테일러(Jeremy Taylor)의 《Rule and Exercises of Holy Living and Dying》(거룩한 삶과 죽음에 대한 규율과 훈련), 토마스 아 켐피스(Thomas a Kempis)의 《그리스도를 본받아》(브니엘 역간), 윌리엄 로(William Law)의 《Treatise on Christian Perfection and Serious Call to a Devout and Holy Life》(신실하고 거룩한 삶에 대한 진지한 초대). 그는 이 저서들을 통해 교회가 성직자와 수도사에게만 성결의 삶을 요구한 것은 잘못되었다는 사실을 깨닫고 성결의 삶을 모든 그리스도인들에게 확장 및 적용시켰다. 그는 반쪽짜리 혹은 세상과 타협하는 적당한 그리스도인이 되는 것은 불가능하다고 생각했고, 거룩한 마음과 성결의 삶을 모든 그리스도인들의 의무로 규정지었다.[78]

웨슬리는 미국 조지아에 있는 인디언 선교를 위해 대서양을 건너던 중 거친 풍랑을 만났다. 그 속에서 생사의 갈림길에서도 평안함 가운데 찬송을 부르는 모라비안을 만나게 되었고, 그들의 신앙은 웨슬리의 신앙 형성에 발자취를 남겼다. 종교 개혁 이후 유럽은 교리 논쟁에 휘말리게 되었는데, 독일 루터란교회는 스콜라주의적 성격이 두드러지면서 성경에 대한 논리적 해석을 강조했다. 루터란교회는 신앙의 본질을 무미건조한 교리 및 신앙 고백에 대한 지적·형식적 동의로 보았다. 루터란교회의 경직된 교

---

78) 하워드 A. 스나이더, 《교회사에 나타난 성령의 역사》, pp. 212~213.

리화에 반대해 일어난 경건주의 운동은 신앙을 하나님을 인격적인 존재로 체험하는 것으로 여겨 심령의 변화 및 내적 체험을 중히 여겼다.[79]

조지아의 선교를 실패로 마감하고 영국으로 돌아온 웨슬리는 직접 모라비안을 찾아갔다. 모라비안은 신앙의 순수함을 지키고 경건과 거룩한 삶, 신앙 훈련을 증진시키는 소그룹 모임(society)을 활성화했다. 이후 웨슬리는 감리교 조직을 활성화하면서 모라비안으로부터 배운 소그룹 모임을 적극적으로 활용했다.

웨슬리는 어머니 수산나의 엄격한 청교도적 영성을 물려받았다. 그러나 그는 17세기 영국의 종교적, 사회적, 정치적 삶을 지배했던 청교도의 비관론적 예정론에 반대했다. 그가 평생 신학적 싸움을 벌였던 그룹은 구원에 있어 인간의 수동성을 강조한 칼빈주의였다. 그는 '값없이 주시는 은총'(Free Grace)이란 설교에서 칼빈주의의 예정론은 전적 타락에 근거해 인간의 죄성을 지나치게 강조하고, 인간의 자유의지를 배격하며, 하나님의 법, 성화, 선행의 가치를 부정한다고 비판했다. 그는 인간의 죄성보다는 그리스도의 은총의 승리를 주장하는 은총의 낙관주의를 주장했다.[80]

웨슬리는 영국국교회가 신학적으로 지지하던 알미니안주의에 근거해 그리스도의 십자가 대속은 선택받은 소수의 사람들이 아니라 모든 인류를 포함한다고 믿었다. 구원은 모든 사람들에게

79) 알리스터 맥그라스, 《기독교, 그 위험한 사상의 역사》, pp. 497, 549, 743~744.
80) Harris Franklin Rall, *Modern Premillennialism and Christian Hope*(New York: Abingdon, 1920), pp. 245~248.

값없이 주어지기에 그리스도를 필요로 하는 사람은 누구나 구주에게로 나아올 수 있다고 믿은 것이다. 그는 선택받지 못한 사람들에 대한 무조건적 영벌은 하나님의 사랑과 공의에 모순된다고 생각했다. 인간은 하나님의 선택에 의존하는 수동적 존재가 되어서는 안 되고, 자신의 구원을 이루기 위해 자유의지로 신앙적인 결단을 해야 하며, 적극적인 노력을 기울여야 한다는 것이다. 같은 성결 클럽 멤버였던 조지 휘트필드가 예정론을 공개적으로 지지하자 이로 인해 그와 결별하게 되었다.

신학적 4대 요소(Wesleyan Quadrilateral)

웨슬리 신학자인 아우틀러(Albert Outler, 1908~1989)는 웨슬리의 신학을 형성하는 기본 네 가지를 정리했다. 첫째는 성경이다. 웨슬리는 오직 '한 책의 사람'(homo unius libri)이었다. "나는 오직 하나이고 유일한 진리의 기준이며 순전한 종교의 유일한 모델인 성경을 읽을 뿐 아니라 배우기 시작했다 … 우리는 '한 책의 사람'이었다."[81] 그는 매일 규칙적으로 성경을 묵상하며 그의 신학적 토대를 성경에 두었다.

둘째는 전통이다. 웨슬리는 전통을 소중히 여겼다. 그는 초대 교회의 제도와 관습에 관심이 많았고 이 영성을 회복하려 노력했다. 특히 그는 자신이 조직한 감리회 모임을 교단으로 발전시켜 독립 교단을 만들자는 여러 유혹에도 불구하고 평생 영국국교회

---

81) Jackson edition of *The Works of John Wesley*, 11:367.

를 떠나지 않았다.

셋째는 이성이다. 믿음이란 이성에 근거해 하나님의 계시에 동의하는 것이다. 웨슬리는 감리교 모임이 지나치게 종교적 경험을 강조하고 신비주의 및 황홀주의에 빠질 때 이에 대한 제재를 가했다. 그는 엄격한 율법주의나 교리주의만을 배격한 것이 아니라, 지나친 신비주의 또한 경계했다. 그는 평생 경험과 이성의 균형을 유지하기 위해 많은 노력을 기울였다.

넷째는 종교적 경험이다. 웨슬리는 종교적 경험을 중요시했다. 반면 18세기 초 영국 교회는 계몽주의 사상의 영향을 크게 받아 형식적, 이성적, 합리주의적 신앙이 강조되었다. 신앙이란 하나님과의 만남이 아닌, 교리나 신앙 고백에 대한 지적 동의였다. 옥스퍼드대학에서 신학 공부를 마친 웨슬리는 성공회에서 목사 안수를 받은 이후 미국 조지아 주에 있는 인디언 선교를 위해 대서양을 건넜다. 미국으로 가는 항해 여정에서 거친 풍랑을 만난 그는 죽음의 공포 속에서 자신의 구원에 대한 진지한 질문을 던졌다. 그는 인디언의 구원을 위해 대서양을 건너고 있었지만, 정작 배가 풍랑을 만나자 죽음의 공포에 떨었고, 자신에게 구원받을 만한 믿음이 없음을 인식하게 되었다. 그는 이 경험을 통해 자신의 신앙에 심각한 문제가 있음을 인식했고, 그 이후로 그의 1차적 동기는 그의 심령이 구원받는 것이었다. 그는 자신이 회개한 진정한 그리스도인인지를 스스로에게 물었다.

조지아 주에서의 선교에 실패한 그는 낙담해서 런던으로 돌아왔다. 그는 모라비안 선교사 피터 뮐러와의 만남을 통해 자신에게 구원에 이르는 믿음이 부족하다는 사실을 깨달아 즉각적인 회심을 사모하게 되었다.[82] 1738년 5월 24일, 그는 런던의 알더스게이트(Aldersgate) 거리를 걷던 중 우연히 한 예배에 참석했고, 그가 원하던 경험을 하게 되었다.

> 나는 저녁에 내키지 않는 마음으로 알더스게이트 거리에 있는 한 집회에 참여했는데, 그곳에서 어떤 이가 루터의 《로마서》 서문을 읽고 있었다. 약 9시 15분쯤에 이르러, 그가 그리스도에 대한 믿음을 통해 하나님이 우리 심령에 일으키시는 변화에 대해 이야기할 때 나는 내 마음이 이상하게 뜨거워지는 것을 느꼈다. 내가 그리스도를 신뢰하며, 그리스도만이 구원이시며, 그분이 나 같은 죄인의 죄를 사하시고, 죄와 사망의 법에서 나를 구하셨다는 확신이 생겼다.[83]

웨슬리는 알더스게이트 사건을 통해 구원의 확신을 얻게 되었고, 스스로 구원받았는지를 확실히 알 수 있음을 강조했다. 구원받았다는 확신은 순간적으로 주어지는 내적 확신에 의해 증거된다. 회심은 극적 경험을 통해 자신이 구원받았고 하나님의 자녀

---

82) 하워드 A. 스나이더, 《교회사에 나타난 성령의 역사》, pp. 220~221.
83) Ward and Heitzenrater, *Journals and Diaries*, pp. 249~250. 박창훈, 《존 웨슬리, 역사비평으로 읽기》(서울: 대한기독교서회, 2007), pp. 58~59.

가 되었다는 사실을 분명히 아는 것이다. 그의 회심은 지적이라 기보다 의식적이고 감정적이며 경험적이었다. 웨슬리는 옥스퍼 드에서 '믿음으로 말미암는 구원'(Salvation by Faith)이라는 주제로 설교하면서 머리로만 알고 있던 구원을 알더스게이트 사건을 통 해 가슴으로 믿고 따르는 계기가 되었다고 간증했다.

웨슬리의 1738년의 경험은 이전에 가졌던 추상적이고 사변적 이며 이성적인 믿음에서 인식 가능한 체험적 믿음으로 전환하는 계기가 되었다. 신앙이란 교리에 대해 지적으로 동의하고 종교적 훈련이나 의무를 수행하는 것이 아니라, 내적 증거와 마음의 확 신을 가지는 것이다.[84] 신앙인은 습관에 따라 종교적 행위를 하는 자가 아니라, 그리스도를 만난 개인적 경험을 간증할 수 있어야 한다. 감리교 신자가 된다는 것은 회심의 경험을 통해 자신이 구 원받았음을 명확히 안다는 것을 의미했다. 기독교 신앙은 성경에 근거해야 하는 동시에 체험을 통해 재확인되어야 한다.

웨슬리는 사역 초기에는 초대 교회에 나타났던 성령의 은사나 기적에 대해 큰 관심을 보이지 않았다. 그러나 그는 초대 교회를 연구한 이후 초대 교회는 은사와 기적이 충만했음을 발견했다. 특히 몬타누스를 연구한 이후 그를 성경적 그리스도인으로 규정 했다. 그러나 콘스탄티누스 황제 이후에는 믿음과 도덕이 타락했 고, 그 결과로 은사와 기적이 쇠퇴했다고 해석했다. 기독교는 이

---

84) 박창훈, 《존 웨슬리, 역사비평으로 읽기》, pp. 58, 123.
85) Donald Dayton, *Theological Roots of Pentecostalism*, p. 44. 하워드 A. 스나이더, 《교회사에 나타난 성령의 역사》, pp. 242~244.

교도처럼 되어 죽은 형태의 신앙만 남게 되었다는 것이다.[85]

그는 성령의 은사 교리를 다루면서 정규적 은사와 비정규적 은사로 구분했다. 정규적 은사에는 지식, 믿음, 설득력 등이 포함되지만 치유, 기적을 행하는 일, 예언, 방언, 방언 통역, 은사 분별 등은 비정규적 은사에 속한다. 기독교 역사를 통해 그와 같은 성령의 은사가 지속적으로 부어져 왔음을 인정했다. "성령은 모든 사람들에게 선재적 은총을 부어 주시며, 사람들은 하나님의 영을 인지할 수 있는 능력이 있다. 하나님의 영은 신자들에게 그들이 하나님의 자녀임을 증거하신다. 진정한 그리스도인은 진리의 영이며 기름부으시는 성령을 받아 초대 교회의 성령의 초자연적 은사를 회복해야 한다."[86]

웨슬리는 성령의 능력에 의해 나타났던 수많은 기적과 치유 사건들을 일기에 기록했다. 그는 하나님의 신유에 대해 적극적이어서 병자를 위해 기도했고, 그 결과 그의 사역에서 치유의 역사가 나타났다. 웨슬리 자신이 두통으로 고통당하자 기도했고 곧 치유를 경험했다. 선교 여행 중 타고 다니던 말이 절름거려 예정 시간에 집회에 도착할 수 없는 형편에 이르자 그는 말의 치유를 위해 기도했고, 말이 즉시 걷는 역사가 나타났다. 한 어머니는 아이가 심하게 아프자 웨슬리에게 기도를 부탁했고, 그가 기도하자 아이의 상태가 호전되었다. 다음 날 아침까지 살지 못할 것이라

---

86) 케네스 콜린스, 《진정한 그리스도인: 존 웨슬리의 생애》(서울신학대학교출판부, 2009), p. 145. 하워드 A. 스나이더, 《교회사에 나타난 성령의 역사》, pp. 244~245.

진단받았던 사람을 위해 웨슬리가 기도하자 그의 의식이 돌아왔고 말을 하기 시작했다. 웨슬리는 그의 목회 사역 동안 온전하게 되는 신유를 체험했고, 하나님은 육신의 연약함을 고치고 치료하는 '위대한 의사' 이심을 증거했다. 하나님의 은혜는 죄인의 영혼 구원에만 한정된 것이 아니라 육체의 영역까지 미친다. 중생과 성화의 은혜를 체험한 감리교 신자들은 신유를 또 다른 성령의 사역으로 받아들였다.[87]

1739년 1월 1일, 페터레인(Fetter Lane) 모임에서 웨슬리가 송구영신 예배를 드리고 애찬식을 가진 후 성령 충만을 위해 통성 기도를 하고 있을 때 사람들은 성령의 임재를 체험했다. "새벽 3시경, 우리가 함께 모여 계속해서 기도하고 있을 때 하나님의 권능이 우리 가운데 강력히 임재해 많은 이들이 기쁨으로 소리치며 바닥에 엎드러지고 말았다. 우리는 성령이 임하셨을 때 두려움과 경이로움에 가득 차 '하나님을 찬양합니다. 당신은 우리의 주님이십니다' 라고 외치기 시작했다."[88]

웨슬리에 의하면, 교회는 살아 계신 하나님의 임재를 체험하는 곳으로, 교회는 신자들이 개인적인 체험을 할 수 있도록 격려해야 한다. 성경에 기록된 종교적 체험들을 긍정적으로 받아들인 감리회 집회는 성령의 충만함이 있었고, 은사적 체험들로 가득 찼다. 웨슬리는 찬송이 그리스도인들을 가르치고 하나님을 찬양

---

87) 박창훈, 《존 웨슬리, 역사비평으로 읽기》, pp. 86~87.
88) Gene Van Note and M. E. Redford, *Rise of the Church of Nazarene*(Kansas City, MO: Beacon Hill Press of Kansas City, 1985), p. 34.

하는 방편으로 유용함을 인식해 찬송을 유용하게 사용했다. 그가 말씀과 찬양으로 인도하던 집회는 성령의 강한 임재와 함께 사람들이 죄를 회개하고, 울부짖으며 떨고, 소리를 지르고, 몸을 뒤틀고, 황홀경에 빠져 경련을 일으키며 바닥에 쓰러지는 현상들이 나타났다. 집회에서 귀신들이 드러났고, 웨슬리는 동생 찰스와 함께 찬양과 기도로 귀신들을 쫓아냈다. "격한 모습으로 몸 구석구석을 잡아 뜯었는데, 너무 과격해서 네댓 명의 사람들이 한 사람을 어떻게 해 볼 수가 없었다."[89]

감리교 집회에서 나타나는 종교적 현상들로 인해 영국국교회 사제들은 웨슬리에게 열광주의자 혹은 광신자라는 비판을 가했고, 커틀러 감독은 웨슬리의 모임에서 나타나는 특별 계시와 은사들을 혐오스럽다고 밝혔다. 곧 웨슬리가 인도하는 모임은 영국국교회의 감시 대상이 되었다. 이러한 비판 및 조치에 반대해 웨슬리는 하나님을 극적으로 만나면 여러 가지 종교적 현상들이 나타날 수 있다고 반박했다. 그러나 영국국교회로부터 지속적인 감시와 비난을 받자 웨슬리는 과격한 열광적 현상들에 대해 자제를 요청하며 조심스러운 행보를 이어 갔다. 이런 웨슬리의 신앙 형태를 '이성적 열광주의자'로 평가한다.[90]

옥스퍼드대학 성결 클럽(Holy Club) 출신인 휘트필드(George Whitefield)가 야외 설교에서 큰 호응을 얻자 웨슬리도 1739년부터

---

89) 케네스 콜린스, 《진정한 그리스도인: 존 웨슬리의 생애》, pp. 96, 111.
90) Henry Rack, *Reasonable Enthusiast: John Wesley and the Rise of Methodism*(Nashville: Abingdon Press, 1993).

마을 공터나 시장 혹은 광산 등에서 복음을 선포하기 시작했다. 야외 예배는 당시 영국국교회의 전통적 예배에 정기적으로 참석할 수 없었던 광산촌과 농촌 그리고 공장 지역의 노동자들을 대상으로 삼았다. 옥외 집회 및 즉흥 설교는 성공회와는 확연하게 구분되는 감리교식 복음 전도 방법이었다.[91] 영국국교회는 웨슬리의 야외 집회를 불법으로 규정하고 핍박을 가했으나, 많은 사람들이 집회에 참석했고 이로 인해 큰 부흥이 일어났다.

회심과 하나님과의 인격적 만남을 강조했던 웨슬리의 집회는 이후 미국에서 부흥 운동 및 대각성 운동으로 큰 꽃을 피웠다. 하나님에 대한 신앙 체험을 강조하는 감리교의 전통은 이후 오순절 영성 형성에 큰 기여를 했다.

중생과 성화

웨슬리 신학의 중심 주제는 구원론이다. 그의 신학은 구원을 강조하는 중생에 초점을 맞춘다. 그는 칭의라는 법정 용어 대신 '중생'(Regeneration)이란 생물학적 용어를 선호했다. 인간은 비록 타락했지만 성령의 선행적 은총(Prevenient Grace)을 통해 하나님의 은혜에 응답할 수 있으며, 하나님의 은혜에 믿음으로 반응할 수 있다는 것이다. 중생은 성령의 선행적 은총에 의해 시작되며, 그 첫 번째 단계는 자신의 죄를 깨닫는 것이다. 죄의 용서는 예수 그리스도를 통해 나타난 하나님의 사랑을 받아들임으로 이루어진

---

91) 박창훈, 《존 웨슬리, 역사비평으로 읽기》, p. 73.

다. '죄 사함을 받고 하나님에 대한 확신을 가지는 것'이 중생이다. 믿음이야말로 구원에 이르는 유일한 길이다.

웨슬리는 죄를 크게 자범죄와 원죄(부패성)로 나눈다. 자범죄는 신자가 하나님의 율법을 범한 외적인 죄고, 부패성은 아담의 죄가 인간의 본성 속에 유전된 것이다. 신자가 살아가면서 범했던 자범죄(actual sin) 및 죄책(guilt of sin)으로부터 용서받는 것이 중생이다. 믿음으로 말미암아 중생을 경험한 신자는 자범죄를 용서받았지만, 죄악의 뿌리인 부패성은 여전히 인간 속에 자리 잡고 있다. 즉 죄인이 그리스도를 구주로 영접하는 순간 자범죄 혹은 죄책으로부터 용서함을 받으나 죄의 본성, 부패성, 타고난 죄는 중생 이후에도 인간의 본성 속에 남아 있다는 것이다. 회심을 경험한 신자는 비록 하나님의 법을 알고는 있지만 부패성으로 인해 의도적으로 죄를 범한다. 그러므로 중생을 경험했다 하더라도 성결하게 된 것은 아니다.

웨슬리는 신자에게 남아 있는 죄의 부패성은 제2의 위기 체험(second crisis experience) 혹은 제2의 축복인 온전한 성화를 통해 순간적으로 제거될 수 있다고 믿었다. 신자는 성화의 과정을 통해 아담의 죄로 인해 유전된 '원죄'를 제거함으로 죄악의 권세와 뿌리로부터 깨끗함을 받아야 한다. "의인이라 함은 우리가 죄책으로부터 구원받아 하나님의 사랑 안에 거하게 됨을 말하며, 성결은 우리가 죄악의 권세와 뿌리(power and root of sin)로부터 구원받아 하나님의 형상으로 회복됨을 의미한다."[92] 그러므로 자범죄에서 용서받아 의롭게 된 신자는 다음 단계로 죄의 뿌리 혹은 죄 자체로부터 벗어나는 성화의 경험을 추구해야 한다.[93] 성화야말로 그리스도인의 최종 목표다.

인간은 스스로의 능력이나 선행에 의해 온전한 성화(entire sanctification)를 이룰 수 없고, 오직 하나님의 은총과 성령의 능력을 통해 성화를 이룰 수 있다. 믿음으로 칭의를 얻듯이, 성화의 조건 또한 하나님의 사랑에 대한 믿음을 통해서만 가능하다. 우리는 여기서 웨슬리의 은총의 낙관론을 볼 수 있다. 인간의 죄성이 아무리 타락했다 할지라도 성령의 도우심으로 죄성을 이기며 온전히 거룩해질 수 있다는 것이다.

웨슬리는 '기독교 완전성에 대한 평이한 설명'(Plain Account of Christian Perfection, 1738)이란 글을 통해 완전성(성화) 개념을 설명했다. 온전한 구원인 성화는 '더러움, 모든 내적·외적 불결함으로부터 벗어나는 마음의 할례'다. 성화를 통해 인간 내면에 전면적인 변화가 일어나는데, 마음의 의도 혹은 동기가 순수해지고, 죄의 권세로부터 벗어나 의도적으로 죄를 짓고자 하는 욕망이 사라진다. 그러므로 성화된 신자는 하나님을 사랑하고, 습관적인 죄, 고의적인 죄, 죄 된 욕망 등에서 벗어난 삶을 살게 된다. 성화를 이룬 신자가 세상과 적당히 타협하는 반쪽짜리 그리스도인이 되는 것은 불가능하다.

신자는 성화를 통해 아담의 타락으로 인해 잃어버렸던 하나님

---

92) John Wesely, Sermon 85 "On Working Out Our Own Salvation," in Jackson edition of the *Works of John Wesley*, 6:509.
93) 박창훈, 《존 웨슬리, 역사비평으로 읽기》, pp. 60, 127.

의 형상을 회복해야 한다. "내가 성화라 할 때 이는 금식이나 육체적 엄격성 혹은 외적인 개발을 위한 수단들을 의미하는 것이 아니라, 이 모든 것이 포함된 내적인 성품, 즉 하나님의 형상을 닮은 영혼의 거듭남을 뜻한다."[94]

우리는 여기서 웨슬리의 성화 개념이 동방정교회적 성향을 보임을 알 수 있다. 동방정교회는 신자가 인생을 통해 하나님의 형상(imago dei)을 회복하고 그리스도를 닮아 가야 함을 강조한다. 동방정교회의 성령론은 웨슬리가 중생과 성화 모두를 강조하게 된 신학적 밑거름이 되었다.

웨슬리는 개인적 혹은 내적 성화는 외적 성화로 연결되어야 하며 삶과 사회를 통해 표출되어야 한다고 믿었다. '모든 죄로부터의 자유'라는 성화 개념은 그로 하여금 영국 사회에서 묵인되던 죄악들을 간과할 수 없게 만들었다. 부당한 법이나 제도로 하나님의 형상을 따라 창조된 인간의 자유를 억압할 수 없다는 것이다. 감리회는 가난한 자와 고아, 과부, 병자들을 적극적으로 돕는 한편, 인간의 존엄성을 파괴하는 노예 제도를 강력히 반대하고 비판했다.

온전한 성화는 한순간에 이루어지기도 하지만, 동시에 점진적인 과정을 거치기도 한다. 우리는 성화의 순간을 경험할 수 있다. "만약 죽기 전에 죄가 없어진다면 일의 본질상 순간적 변화가 있

---

94) Frank Baker, *The Works of John Wesley Vol. 25: Letter I (1721~1739)*(Nashville: Abingdon Press, 1980), p. 399.

음이 틀림없다. 다시 말해, 죄가 존재하는 마지막 순간과 죄가 존재하지 않는 처음 순간이 틀림없이 존재한다."[95] 성화는 성령의 능력에 의해 한순간에 이뤄지기도 하나 신중한 자기 성찰, 경건의 훈련, 세속적 쾌락의 기피 등과 같은 의도적인 노력이 필요하다. 성화는 저절로 이루어지는 것이 아니라, 철저한 영성 훈련을 기반으로 그리스도를 닮아 가는 과정을 통해야 한다. 웨슬리는 감리교 멤버들에게 성화를 이루기 위해서 매일 성경을 상고하고, 일주일에 하루 금식하며, 규칙적으로 성례전에 참석하고, 소그룹 모임을 통해 서로의 영적 상태를 진단하게 했다.

칼빈주의와 웨슬리는 성화론에 있어 큰 신학적 차이를 보인다. 칼빈은, 인간은 전적으로 타락한 존재로 칭의를 받은 이후에도 여전히 타락한 본성을 가지고 있다고 믿었다. 죄로부터 해방된 성도는 여전히 죄를 범할 수 있는 존재라는 것이다. 칼빈은 그리스도와의 연합을 통한 중생을 강조했으나 인간이 욕망의 덩어리인 육체를 가지고 있는 한 온전한 성화에 도달하는 것은 불가능하다고 생각했다. 인간의 육체는 근본적으로 죄성과 깊이 연관되어 있기에 한평생 죄에서 온전히 해방될 수 없다는 것이다. 이들은 또한 성화의 절대성을 하나님의 기준에 두고 인간이 하나님과 같은 수준의 성화에 도달할 수 없다고 단정했다. 하나님의 모든 율법을 흠 없이 지켜야만 성화가 가능한데, 죄악으로 물든 육체가 있는 한 이 세상에서 온전한 성화를 이루는 것은 불가능하다는 것이다.

---

95) "Minutes of Several Conversations", in Jackson, *Welsey' s Works*, 8:329.

반면 웨슬리 성화의 기준은 하나님의 절대성에 있지 않다. 그가 의미하는 성화는 하나님과 같이 전혀 죄를 짓지 않는 완전한 개념이 아닌, 인간의 무지, 연약성, 실수를 인정한 상대적 개념이다. 웨슬리도 절대적 의미의 '죄 없는 완전'은 죽음 이후에나 가능함을 인정했다. 죄를 짓지 않는 절대적 개념의 성화는 불가능하지만 상대적 성화를 이루는 것은 가능하다는 것이다.

웨슬리는 칭의와 성화를 동시적 사건으로 해석하던 칼빈주의에 반대해 중생과 성화는 서로 구별된 두 경험임을 강조했다. 그는 모라비안으로부터 많은 영향을 받았으나, 모라비안 지도자인 친첸도르프가 사람은 '회심을 경험하는 순간 성결케 된다'는 견해를 밝히자 이에 반대해 모라비안과 결별했다. 그는 구원론의 이중 구조, 즉 제1차적 축복인 중생과 제2차적 축복인 성화를 구별하는 이중 축복을 주장했다. 온전한 구원은 구원의 유일한 문인 중생과 구원의 진수인 성화를 모두 포함한 개념이다. 죄인은 중생을 통해 그리스도인이 되고, 그리스도인이 되는 순간부터 또 다른 목표인 성화를 향해 달려가야 한다. 이런 이중 구조는 중생과는 구별된 성화를 받아들인 성결 운동으로 이어졌고, 성화와는 또 다른 제3의 축복인 성령세례를 강조하면서 오순절 운동이 탄생하기에 이르렀다.

평신도와 여성 및 소그룹의 활용

웨슬리가 부흥 운동을 일으키던 18세기 영국은 산업 혁명 및 도시화가 급격하게 진행되던 시기였다. 산업화로 인해 많은 일자리가 제공되었고, 시골 사람들은 일자리를 찾기 위해 공장들이 있는 도시로 몰려들었다. 전통적 목회 방식을 고수했던 영국국교회는 도시로 몰려든 가난한 노동자들에게 별다른 관심을 보이지 않았고, 그들을 대상으로 한 전도 및 구제에도 소홀했다.

초대 교회는 사제로 안수를 받지 않은 평신도와 여성들의 은사와 리더십에 대해 개방성을 보였다. 반면 중세 교회는 사제를 중심으로 한 성직자 중심의 사역으로 전환함으로 그들의 활동이 막혀 버렸다. 평신도와 여성들에게 사역의 물꼬를 연 사람은 웨슬리다. 감리회는 주요 대상을 상위층에 있는 사람들이 아닌 새 일터를 찾아 도시로 몰려든 공장 노동자로 삼아 그들을 전도해 회원으로 받아들였다.[96] 웨슬리는 영국국교회의 목회자들 중 감리교 운동에 동참하는 목회자는 극소수에 불과하자 방향을 돌려 평신도들을 적극적으로 활용하기 시작했다. 그는 목회 사역에 평신도들을 활용하는 것에 대해 우호적인 생각을 가지고 있었기에 그들을 교육시켜 소그룹의 지도자로 세워 모임을 이끌게 했다. 그리고 그들 중 몇몇을 순회 설교자로 임명해 영국 전역으로 순회 전도를 보냈다. 비록 평신도 설교자는 전문적인 신학 교육을 받지 못했으나 성령의 인도함을 받는다면 하나님이 사용하시는 직분이라 할 수 있다는 것이다.

감리교 역사학자인 스티븐슨(A. Stevenson)은 세계 교회 역사를

---

96) Frederick A. Norwood, *The Story of American Methodism*(Nashville: Abingdon Press, 1974), p. 58.

통해 감리교처럼 여성의 역할을 충분히 인정한 단체는 없었다고 규정한다.[97] 웨슬리는 어머니인 수산나 웨슬리의 영향을 크게 받아 여성들의 역할을 긍정적으로 보았다. 18세기 영국은 여성이 공식 석상에서 발언하는 것이 금지되었다. 그럼에도 불구하고 웨슬리는 집회에서 여성들이 자신의 신앙을 간증하도록 허락했고, 여성들의 간증은 대성공을 거두었다. 이후 그는 여성이 집회에서 설교하는 것을 허용했는데, 대표적 여성으로는 플레처 부인(Mrs. Mary Fletcher)으로 그녀의 설교는 사람들에게 회개와 열정을 불러 일으켰다.

부흥회가 열리면 사람들이 모이고 은혜를 받는다. 그러나 부흥회를 마친 이후에는 교인 관리가 체계적으로 되지 않아 교회나 조직과 연결시키지 못했다. 조직 운영의 천재라는 평가를 받는 웨슬리는 감리회 운동이 일시적인 부흥 및 전도에 멈추지 않도록 소그룹을 만들어 사람들이 모일 수 있는 기반을 제공했다. 부흥회나 집회를 통해 받은 은혜를 지속하고 신앙을 권면·성장시킬 수 있도록 5~10명 정도로 이루어진 소그룹 모임인 속회(Class) 혹은 신도회(Society) 등의 조직을 만들었다. 감리교인들은 소그룹 모임을 통해 영성 훈련을 받고, 경건의 삶을 격려하고, 신앙과 성결을 증진시킬 수 있었다. 평신도나 여성이 리더가 되어 성경 공부 및 모임을 인도할 수 있도록 사역의 장을 제공했다.[98]

---

97) Robert Wearmouth, *Methodism and the Common People of the Eighteenth Century*(London: Epworth Press, 1945), p. 223.
98) 하워드 A. 스나이더, 《교회사에 나타난 성령의 역사》, p. 264.

영국국교회는 감리회가 전문적 신학 교육이나 안수를 받지 않은 평신도들을 사역에 활용하는 것과 여성이 남녀 모임에서 리더로 활약하는 점을 신랄하게 비판했다. 반면 웨슬리는 평신도와 여성을 사역자로 활용함으로 감리회의 급속한 성장을 체험했다. 이후 오순절 운동에도 큰 영향을 미쳐 아주사 거리에서 은혜를 받은 평신도와 여성들이 미국 전역과 세계에 선교사로 나가는 영성으로 이어졌다.

존 플레처(John William Fletcher, 1729~1785)

웨슬리는 중생과는 구별되는 신앙 체험인 성화를 강조했으나 성령세례나 성령의 역사를 강조하는 오순절적 용어는 사용하지 않았다. 그는 당시 대세적 신학적 주장인 '죄인은 칭의를 받을 때 성령을 받는다'는 견해를 지지했다. 그의 중생과 성화론은 성령론 중심이기보다는 기독론적이었기에, 그리스도를 닮는 성화를 중시했지만 성령의 은사나 능력 등에 대한 부분은 신학적으로 발전시키지 못했다. 그의 주된 관심은 성령의 은사가 아니라 성령의 열매에 있었다.

감리교 신학을 기독론적 중심에서 성령론적 중심으로 전환시킨 사람은 웨슬리의 수제자였던 플레처였다. 플레처는 개혁주의적 성향이 강한 스위스 교회 소속이었지만 예정론을 받아들일 수 없었다. 영국으로 건너가 웨슬리를 만난 그는 1757년 인간의 자유의지를 지지하는 영국국교회에서 사제로 안수를 받았다.

플레처는 웨슬리의 가르침대로 제1의 축복인 중생과 제2의 축복인 성화가 있음을 받아들였는데, 한 가지 차이점은 또 다른 은혜인 '불타는 사랑의 은혜'를 주장한 점이다. 그는 중생을 경험한 신자는 성령세례를 통해 성화를 성취하는 동시에 성령의 능력을 받아야 한다고 강조했다. 웨슬리는 성화를 원죄로부터의 해방이라 해석하면서 성령세례라는 용어 사용을 꺼린 반면, 플레처는 성화를 원죄로부터 깨끗함을 받는다는 개념보다는 성령으로 세례를 받는 것으로 해석했다.[99] 회심하는 것과 성령을 받는 것은 다른 경험으로, 신자는 성령을 받음으로 완전해지고 능력을 소유한다. 죄인은 아들의 섭리로 그리스도인이 되고, 성령의 섭리로 오순절의 제자가 된다. 그는 성령의 능력을 받지 못한 신자와 능력을 받은 신자를 확실히 구별했다. "나는 성령의 오순절 능력으로 세례를 받은 신자와 주님이 승천하신 후에 사도들이 그랬던 것처럼 그 능력으로 아직 충만치 못한 신자들을 확실하게 구별하려 한다."[100]

웨슬리가 기독론을 중심으로 성령론을 해석한 데 반해, 플레처의 성령세례에 대한 강조는 성령의 시대가 임했다는 세대론이 자리 잡고 있다. 그는 세계의 역사를 성부 시대, 성자 시대, 성령 시대로 구분한 요아킴의 시대 구분을 받아들이면서 이 역사적 구분을 개인의 구원 과정과 연결시키는 신학 작업을 전개했다. 예

99) Donald Dayton, *Theological Roots of Pentecostalism*, pp. 50~53.
100) Letter of John Fletcher Mary Bosanquet(March 7, 1778) in Luke Tyerman, *Wesley's Designated Successor: The Life, Letters and Literary Labours of the Rev. John William Fletcher Vicar of Madely*(H & S, 1882), p. 411.

수님의 승천 이후로 우리는 성령 시대에 살고 있다. 한 시대를 인도하시는 독립된 위격인 성령은 중생을 경험한 신자들에게 성령세례를 주신다.

웨슬리는 성령세례라는 용어를 사용하는 것에 주저한 반면, 플레처는 성화를 성령세례와 결부시켜 오순절적 용어를 자주 사용했고, 성화 이후의 제3의 은혜를 강조함으로 오순절 신학이 발전할 수 있는 기초를 제공했다.

오순절교회의 역사와 신학

제3장

미국 교회의 부흥 운동

기독교는 이스라엘에서 태동했으나 오랫동안 기독교의 중심지는 유럽이었다. 특히 중세 이후 로마가톨릭교회는 유럽에서 정치적, 문화적, 경제적 주도권을 가지고 있었다. 1517년, 독일의 마틴 루터에 의해 종교 개혁이 일어났고, 그 이후로 수많은 개신교 교단들이 유럽 대륙에서 탄생했다. 이런 의미에서 기독교의 두 산맥을 이루는 로마가톨릭교회와 개신교는 유럽이 그 본산지라 할 수 있다. 16세기 신대륙의 발견과 세계 선교가 진행되기 전, 기독교는 오랫동안 유럽에 머물러 있었다.

현대 오순절 운동의 역사를 논함에 있어 가장 특이한 점은, 이 운동이 유럽이 아닌 기독교 역사가 짧은 미국에서 태동했다는 것이다. 현대 오순절 운동은 미국 교회의 신학과 신앙 전통을 물려받은 역사적 산물이다. 이런 점에서 유럽 교회와는 다른 미국 교회의 특징을 살펴봐야 한다.

가톨릭교회의 전통에 대항해 일어난 개신교는 그 발전 과정에서 점차 정통성을 강조하면서 교권화 및 교리화되어 갔다. 유럽 개신교는 국교 시스템 안에서 고교회적 성례전을 중심으로 교리와 신학을 발전시켰다. 국교 제도를 받아들인 유럽의 각 국가나

지방 정부들은 정치적 강제력을 동원해 전 국민에게 특정 교단만을 정통으로 받아들이도록 강요하는 체제를 이루었다.

예를 들면, 국왕이나 영주가 루터란교회를 국교로 지정하면 국법에 의해 전 국민은 루터란교회에 출석해야 했다. 신앙생활이란 국교의 교리 및 신앙 고백에 동의하는 것이다. 루터란교회 이외의 가톨릭교회나 영국국교회, 개혁교회, 장로교회 등의 교단들은 이단으로 치부되었다. 국교 일치 상태에 있던 교회들은 설득에 근거한 전도 및 복음 전파, 부흥의 필요성을 느끼지 못했다. 국가의 엄격한 통제를 받던 기독교는 엄격한 규율과 질서를 강조하면서 생동력 있는 신앙을 잃어 갔다.

영국 식민지 초기의 미국의 종교 상태는 유럽과 큰 차이가 없었다. 식민지 초기에는 영국의 국교였던 영국국교회가 미국 식민지의 중부 및 남부 식민지에서 주 종교로 인정받았고, 17세기에 청교도 혹은 회중교회는 뉴잉글랜드에서 그들만의 신정사회를 건설했다. 유럽과 마찬가지로 미국은 주마다 주 정부가 지정한 종교가 있었고, 주 정부의 선택을 받은 주 종교는 정부의 보호 아래 여러 가지 혜택을 받으며 주도권을 잡았다.

이런 경향은 1776년 미국이 영국으로부터 독립하면서 주 종교 제도에 큰 변화가 일어났다. 미국은 18세기에 영국으로부터의 독립을 선포하면서 정치적 독립뿐만 아니라 교회를 국가로부터 분리시키는 정교분리를 국가적 정책으로 삼았다. 313년 로마 제국의 콘스탄티누스 황제가 기독교를 공인함으로 정교일치 제도가 시작된 이후로, 미국 교회에서 정교분리가 채택되면서 기독교 역사에서 가장 충격적이고 획기적인 제도상의 변화가 일어났다. 정교분리의 원칙이 적용되면서 국가나 주에 의해 지정된 단일 교단 체제가 붕괴되었다.

주 종교가 사라지면서 타 교단들에 대한 종교적 박해가 끝났고, 다른 종교 및 다른 교단에 대한 차별이 사라졌다. 국가의 간섭이나 제재를 받지 않는 정교분리를 받아들인 미국 교회에 종교의 독점 체제가 사라지고 종교 자유 시장의 시대가 문을 활짝 열었다. 사람들은 주 정부가 강요하던 종교가 아니라 개인적으로 수많은 교단들 가운데 하나를 선택할 수 있는 자유를 가지게 되었다.

정교일치 하에서 주 정부의 재정적, 행정적, 정치적 지원을 받던 주 종교는 졸지에 정부의 지원이 없이 스스로 생존하고 발전해야 했다. 주 정부의 지원과 혜택을 받지 못하게 된 미국 교회는 쇠퇴할 것이라는 비관적 전망이 쏟아졌다. 그러나 예상과는 달리 미국 교회는 오히려 유럽의 교회들보다 번성하기 시작했다. 유럽의 국교일치 사회에서 국교가 아닌 타 교단을 추종한다 해서 이단으로 몰리거나 유럽 대륙에서의 30년 종교 전쟁(1618~1648년)으로 인해 기독교에 진절머리가 난 사람들이 종교의 자유를 찾아 미 대륙으로 건너왔다.

그동안 주 정부로부터 지원을 받았던 청교도, 회중교회, 영국 국교회 등의 교단들은 점점 약화되었다. 이들 교단에서는 세련되고 학식 있는 상류층에 속한 사람들이 목회자가 되었고, 그들은 거친 개척지나 새로운 교회를 개척하기보다 교단이 지정한 안정된 교회와 주 정부로부터 나오는 많은 사례금에 안주했다. 정교분리가 실현되면서 주 정부로부터 월급을 받지 못하게 되자 사기가 크게 떨어졌다. 그들의 헌신도나 전도의 열정은 주 종교에 속하지 않은 교회 목회자들에 비해 현저히 낮았다.

반면, 주 종교가 아니었던 교단들은 주 정부로부터 이단 시비와 핍박을 받았으나 정교분리로 인해 국가의 통제와 핍박에서 벗어나면서 성장 일로를 걸었다. 종교적 자유 시장 체제에서 전도와 부흥 운동을 통해 자생력을 키웠던 교단들은 급속히 성장하기 시작했다. 주 종교가 아니었거나 새로 형성된 교단들의 경우, 교회를 개척하고 전도와 선교에 전력을 다했다. 국가의 도움을 전혀 받을 수 없는 상황에서 미국 교회가 선택한 기독교 신앙을 전달할 수 있는 좋은 수단은 부흥 운동이었다. 부흥회는 미국 교회가 미국적 상황에 적응하기 위해 만들어 낸 근대 기독교의 산물이었다.

미국 교회의 정교분리 정책은 유럽 교회와는 전혀 다른 신앙형태를 만들어 냈다. 미국에서 기독교는 더 이상 국가나 사회 전체의 관심이 아닌 개인의 선택이 되고 말았다. 유럽 교회는 성례전을 통한 하나님과의 간접적인 만남이나 신앙 고백 및 교리에 대한 지적 동의를 신앙으로 간주했다. 이런 유럽 교회의 특성은 더 이상 미국 교회에 적용될 수 없었다. 미국 교회는 유럽 교회와는 달리 부흥회를 통해 회심을 체험하고, 하나님을 인격적으로 만나며, 은혜를 체험해야 함을 강조했다. 부흥회를 인도하는 사람은 신앙을 장기전이 아닌 집회가 진행되는 짧은 기간 동안 회심의 결과를 보기 원했고, 자연히 성령을 통한 하나님과의 일대

일의 직접적 만남을 간구했다. 부흥회 참석자들은 장기간의 신앙 교육보다는 순간적인 회심 혹은 중생을 결단해야 했다. 그 결과로 미국 교회는 바른 교리 교육보다는 신앙의 경험적 측면을 강조하게 되었다.

중세 유럽에서 이단으로 금기되었던 야외 집회, 순회 전도자, 즉흥적 설교, 감정적 설교 등이 18세기 미국 교회 부흥 운동의 주요소들로 자리 잡았다. 유럽에서 명목상의 그리스도인이었던 사람들은 미국으로 건너와 교회에 높은 참여도와 헌신도를 보였다. 유럽 교회는 철저한 사제들 중심으로 평신도들은 교회에서 수동적 자세를 취할 수밖에 없었다.

반면 미국 교회에 정착한 사람들은 유럽 교회의 경직된 위계질서에 강력히 반발해서 민주적 교회 정치 제도를 선호했다. 미국 교회는 감독제도나 장로제도 등의 수직적·계급적 정치 구조보다는 전 교인들이 민주적으로 투표할 수 있는 권한을 가진 회중제도를 선호했다. 초기 미국 교회는 목회자들이 절대적으로 부족했고, 자연히 평신도들은 능동적으로 교회 사역에 참여할 기회가 많아져 선교와 전도에 헌신했다. 정교분리를 선택한 미국은 여러 차례의 대각성 운동들을 통해 급성장하면서 유럽을 제치고 개신교의 대표적 나라가 되었다. 신앙적 체험을 강조하던 미국 교회의 부흥 운동을 모태로 현대 오순절 운동이 태동하게 되었다.

제1차 대각성 운동(1730~1755)

17세기 초경, 뉴잉글랜드의 청교도들은 자신의 회심 체험을 회중들 앞에서 고백한 사람에게만 교회의 회원이 될 수 있는 자격을 부여했다. 당시 청교도 사회에서 교회의 회원이 되는 것은 매우 중요한 일이었는데, 그 이유는 교회의 회원만이 시민권을 획득하고 투표권을 가질 수 있었기 때문이다. 1648년, 케임브리지에서 회중교회는 교회 회원 자격을 교리에 대한 지적 동의가 아닌 하나님의 은혜에 대한 구체적인 체험을 간증할 수 있는 사람으로 규정했다. 진정한 회심이 동반된 중생의 체험은 청교도가 늘 강조하던 내용이었다.

첫 세대의 청교도들은 종교의 자유를 찾아 목숨을 걸고 대서양을 건너 미 대륙으로 건너온 사람들이었다. 그들에게 종교적 진리 및 청교도 신앙은 절대적인 것이었다. 반면, 미 대륙에서 태어난 두 번째 세대는 그들의 부모들이 가졌던 것과 같은 종교적 열정과 비전을 공유하지 못했다. 시간이 지나면서 첫 세대와 둘째 세대 사이에 신앙적 균열의 조짐이 보였다. 둘째 세대로부터 종교적 열정이 사라지면서 회심의 경험을 가진 사람들이 크게 줄어들었다. 교회 회원들이 크게 줄어들자 당황한 회중교회는 회원의 자격 기준을 크게 완화했다. 비록 자신이 회심의 경험을 고백하지 못한다 하더라도 부모가 교회의 회원이면 그 자녀들 또한 준회원으로 받아들였다.

이런 상황이 계속되자, 18세기에 이르렀을 무렵 회중교회는 맹목상의 신자들로 이뤄졌고, 교회는 중생의 체험보다는 도덕과 사교를 강조하는 사교장으로 변모했다. 초기의 청교도 사회가 붕괴되면서 회심과 중생은 더 이상 그리스도인의 기준이 되지 못했다. 더 큰 문제는, 교인 기준을 완화했음에도 불구하고 신자들이 점점 줄어들어 미국 교회는 침체에 빠져 버렸다.[101]

이런 상황 속에서 조나단 에드워즈(Jonathan Edwards, 1703~1758)는 초창기 청교도 정신으로 돌아갈 것을 주장하면서 각 개인이 회심을 체험해야 함을 재강조했다. 그는 진정한 회심이야말로 참된 신자와 명목상의 신자를 구분하는 교회 회원의 절대적 기준이 되어야 한다고 생각했다. 그는 먼저 자신이 담임하고 있던 노샘프턴(Northampton) 교회에서 신자는 전적인 하나님의 은혜로 자신의 죄를 깨닫고 새로운 삶을 살아야 함을 강조했다. 1734~1735년 겨울, 죄에 대한 확신이 없던 3천여 명의 성도들이 하나님의 은혜를 깨닫고 자신의 죄를 회개하는 회심을 경험했다. 회개의 물결이 휘몰아치자 어떤 사람들은 무아지경에 빠졌고, 열광적이고 광란처럼 보이는 현상들도 나타났다.[102]

그런데 여기서 한 가지 주목해야 할 점은, 에드워즈가 말한 회심은 초기 청교도들이 주장한 회심과 차이가 있었다는 것이다. 초기 청교도는 회심을 기나긴 자기 성찰의 과정을 거친 신앙생활의 훈련으로 이해했다. 반면, 에드워즈는 회심을 신앙의 준비와 훈련 과정을 거치는 것이 아니라 전적인 하나님의 역사에 의해 순간적으로 일어나는 것으로 규정했다. 사람들은 부흥회가 진행되는 짧은 기간 동안 성령의 역사로 인해 즉각적인 회심과 중생

---

101) 알리스터 맥그라스, 《기독교, 그 위험한 사상의 역사》, pp. 252~253.
102) Jonathan Edwards, *A Faithful Narrative of the Surprising Work of God*(Irvine, CA: Reprinted Servies Corp., 1992).

을 경험한다는 것이다.[103] 아담의 원죄로부터 유전된 부패성은 성령의 역사로 인해 제거되면서 새사람이 되어 하나님과 연합된 거룩한 성품으로 새로운 삶을 살 수 있다는 것이다.

에드워즈가 주도한 대각성 운동의 또 다른 특성은 신앙의 신학적·철학적 측면보다는 하나님과의 개인적 관계를 가져야 한다는 경험적 측면을 강조했다는 점이다. 종교 개혁 이후 유럽의 개신교는 이성을 높이 평가하고 종교적 경험이나 감정의 표출을 억제해야 하는 것으로 이해했다. 루터란교회나 개혁교회와 같은 개신교 정통 교단들은 기독교의 경험적 요소를 도외시하면서 오직 말씀과 교리 공부에 치중하는 모습을 보였다.

그러나 에드워즈는 회심이나 중생은 인간의 지성과 관련되어 있을 뿐만 아니라 인간의 심리학적 감정이나 경험과도 떨어질 수 없는 관계에 있음을 지적했다. 기독교의 핵심은 하나님에 대한 지적 이해나 교리에의 동조가 아닌, 회심과 중생에 대한 '거룩한 감정'(Holy Affection) 혹은 가슴(Heart)이라는 것이다. "하나님의 은혜는 머리로 이해하는 것이 아니라 진정한 회심을 동반한 체험이다. 종교란 본질적으로 이성이 주도해서 감정을 움직이는 것이 아니라 감정이 이성을 움직이는 것이다. 종교의 본질은 감성적 영역에 기반을 두기에, 변화된 생각보다는 변화된 마음에 주목해야 한다."

---

103) Conrad Cherry, *The Theology of Jonathan Edwards: A Reappraisal*(Bloomington and Indianapolis: Indiana University Press, 1990), pp. 43, 55~63.

에드워즈의 부흥 운동이 미국 교회에 시사하는 바가 크다. 유럽 교회에서는 회심의 과정을 긴 신앙 훈련의 결과로 본 반면, 에드워즈는 부흥회라는 짧은 기간에 성령의 역사를 통해 회심이 가능함을 강조했다. 유럽에서는 신앙을 교리나 신앙 고백을 학습하는 과정으로 이해한 데 반해, 에드워즈는 신앙을 본질적으로 이해하는 것이기보다는 느끼고 경험하는 것으로 보았다는 점이다. 이런 점에서 그의 대각성 운동은 유럽 교회와는 구별되는 미국 교회의 신앙적 특성을 규정하는 초석이 되었다고 할 수 있다.

조지 휘트필드(George Whitefield, 1714~1770)

에드워즈와 함께 제1차 대각성 운동을 주도한 또 다른 인물은 영국국교회 사제였던 휘트필드였다. 그는 1730년대 옥스퍼드대학 재학 중 존 웨슬리가 리더였던 성결 클럽의 멤버로 활동했고, 안수를 받은 이후 오랫동안 성공회가 무시했던 광부나 노동자들에게 야외 설교를 통해 구원의 메시지를 전하기 시작했다. 1739년, 그가 킹스우드에서 광부들을 향해 옥외 설교를 시작했을 때, 처음에는 200여 명의 청중들이 모였으나 그의 열정적 설교는 큰 반향을 일으켜 이후 1만여 명에 달하는 청중들이 몰려들었다.[104]

야외 예배에 자신이 생긴 휘트필드는 1740년 미국 뉴잉글랜드로 건너가 새 형태의 부흥 운동을 펼쳤다. 그는 즉흥적인 야외 부흥회를 열기보다는 사전에 모임을 치밀하게 계획하고 광고했다.

---

104) 하워드 A. 스나이더, 《교회사에 나타난 성령의 역사》, p. 226.

그는 많은 사람들로부터 재정적 후원을 받아 자신의 부흥회를 신문에 대대적으로 홍보했고, 좁은 예배당이 아닌 넓은 공공장소에서 집회를 열었다. 한 달 동안 매일 부흥 집회를 열면서 설교에 매진했고, 매번 8천여 명에서 최대 2만여 명에 이르는 회중들이 몰려들었다.

대부흥사(Grand Revivalist)인 휘트필드는 영국 상류층의 권위와 위엄을 보이는 대신 대중의 눈높이에 맞추었다. 그는 식민지의 평범한 사람들에게 평범한 언어로 즉흥적 설교를 했다. 그의 목소리와 설교 제스처는 마치 연극을 하듯 사람들의 마음에 호소해 그들의 감정을 움직였다. 그의 열정적 부흥 스타일은 영국국교회나 청교도로부터 경박하다는 비판과 배척을 받았지만 식민지 사람들로부터는 큰 호응을 얻었다. 그는 권위주의적이고 귀족적인 유럽식 부흥회보다는 민주적이고 대중적인 미국식 부흥회의 특성을 만들어 냈다.[105]

휘트필드의 대각성 운동의 신앙적 핵심은, 에드워즈와 마찬가지로 사람들의 내적 변화가 수반된 회심과 중생에 있었다. 부흥회의 주된 목적은 집회가 진행되는 며칠 내에 사람들이 죄인임을 깨달아 회개하고 참신자가 되는 것이다. 물 세례를 받음으로 진정한 신자가 되는 것이 아니라, 성령으로 말미암은 회심과 중생 체험이야말로 신자의 참된 표징이라는 것이다. 참신앙은 외적 고

---

105) 마크 놀, 《미국, 캐나다 기독교 역사》(서울: 기독교문서선교회, 2005), pp. 128~129.

84 _ 오순절교회의 역사와 신학

백에 달려 있는 것이 아니라, 성령의 내주로 인한 내적 변화와 마음의 정결을 동반해야 한다. 중생이란 다름 아닌 성령이 내주하시는 성령세례다.[106]

휘트필드가 인도하는 부흥회에 참석한 수천 명의 사람들은 하나님에게 울부짖으며 회개하고 땅에 넘어졌다. 특히 형식적이고 성례전 중심의 예배에 반대하던 남부 침례교인들은 그의 감정적이고 열광적인 신앙 형태를 열렬히 받아들였다. 하나님에 대한 개인적 체험을 강조하는 그의 부흥회는 또한 흑인 노예들에게 큰 호응을 얻었다. 그의 출현으로 18세기 미국 교회는 체험적이고 열광적인 신앙 시대를 맞이했다.[107] 대각성 운동 이후 복음주의적 그리스도인들은 정통 신학을 배운 학식 있는 목회자 대신 카리스마적 권능을 가진 지도자를 찾기 시작했다.

순회 설교자였던 휘트필드는 미국 교회에 순회 설교의 모델을 제시했다. 순회 설교자는 한 교회에 정착해서 신자들의 신앙생활을 인도하는 자가 아니라, 가는 곳마다 짧은 기간 동안 부흥회를 인도하던 평신도였다. 대각성 운동은 고등 교육을 받은 엘리트 성직자가 아닌 사회적 특권이나 공식적 신학 교육을 제대로 받지 못한 평범한 평신도들에게 큰 영향을 미쳤다. 부흥회를 통해 회심을 체험한 사람들은 미국 전역에 복음을 전하기 위해 순회 설교를 떠났다. 평신도 순회 전도자들을 통해 일반 사람들의 언어

---

106) Timothy L. Smith, *Whitefield and Wesley on the New Birth*(Grand Rapids: Zondervan, 1986), pp. 64~67.
107) 마크 놀,《미국, 캐나다 기독교 역사》, pp. 142~143.

로 복음 전파가 이루어진 것이었다. 휘트필드의 부흥 방법론을 적극적으로 받아들인 침례교와 감리교는 이후 큰 부흥을 체험했고, 가장 큰 개신교 교단들로 등극했다.

회심의 체험을 강조하던 휘트필드는 지나치게 철학적이고 이성적인 교육을 강조하던 하버드대학과 예일대학에 맹렬한 비판을 가했다. 이들 대학들은 빛을 어둠으로 변화시키는 곳으로, 이 신학교를 졸업한 격식 있는 목회자들은 회개하고 구원받으라는 설교 대신 잘 짜인 신학적 강의를 했고, 형식적인 신앙 고백을 강조한다는 것이었다. 또한 휘트필드의 부흥회에서는 수천 명의 사람들이 자신들의 죄를 회개하며 울부짖지만, 하버드와 예일 출신 목회자들이 설교하는 곳에서는 사람들이 눈물 한 방울 흘리지 않는다는 것이었다. 회중교회가 쇠퇴하는 이유는 영적으로 죽은 목회자들이 진리 대신 생명 없는 도덕적 메시지를 전하기 때문이었다.[108]

제1차 대각성 운동이 진행되는 동안, 미국 교회는 체험적 신앙을 강조하던 조나단 에드워즈를 지지하는 신파와 이를 반대하는 구파로 나누어졌다. 구파는 휘트필드의 부흥 방법론에 신랄한 비판을 가하면서 부흥 운동에 반기를 들었다. 1778년, 하버드 총장은 휘트필드를 제정신이 아닌 광신도로 규정했고, 교수단은 '조지 휘트필드와 그의 행위에 반대하는 증언문'을 만장일치로 통

---

108) 로저 핑크, 로드니 스타크, 《미국 종교 시장에서의 승자와 패자(1776~2005)》, pp. 83~86, 90~91.

과시켰다. 뉴잉글랜드의 회중교회 목사회 또한 휘트필드를 광신주의자로 비판하면서 그의 순회 설교 방식을 비성경적인 것으로 규정했다. 순회 설교자는 교회의 질서를 위협하고 사회 질서를 어지럽히는 무리들이라는 것이다. 휘트필드가 미국 전역을 돌아다니며 순회 설교를 강행하자, 회중교회, 성공회, 장로교의 목회자들은 그를 강단에 세우는 것을 거절했고, 교인들에게 참가 금지를 명해 집회를 방해하고 핍박을 가했다.

구파의 반대에도 불구하고 제1차 대각성 운동은 성공적으로 진행되어 미국 교회를 성장시키는 원동력이 되었다. 부흥회야말로 하나님을 체험하고 회심을 경험하는 효과적인 모임으로 자리 잡아 갔다. 유럽식 기독교가 인간의 이성을 중요시하나 종교적 체험이나 감정을 무시해 온 데 반해, 미국 교회는 대각성 운동을 통해 신앙의 경험적 색채를 강화시켰다. 이는 미국 그리스도인들이 형식적 신앙 고백보다는 역동적이고 열광적인 부흥을 추구하는 형태로 체질을 변화시키는 중요한 기폭제가 되었다.

케인 리지 캠프 집회[Cane Ridge Camp Meeting(1801)]

초기 미국은 광활한 영토를 가지고 있었던 데 반해 인구는 적었다. 미국 동부는 대서양을 사이에 두고 유럽과 가까운 관계로 많은 유럽의 이주민들이 보스턴이나 뉴욕 등 대서양 연안에 정착했다. 반면, 아직 개척지에 불과했던 중부와 서부의 경우 다른 사람을 만나기 위해서는 하루를 가야 할 정도로 인구 밀도가 희박했다. 이곳에는 개관되지 않은 넓은 들판들이 많이 있었다. 중부 지역에서의 부흥 운동에 관심을 가졌던 이들은 넓은 들판에 관심을 가졌고, 허허벌판에 여러 개의 설교단을 설치한 대형 집회를 열기 시작했다.

벌판에서의 대형 집회에 대한 소문을 들은 사람들은 며칠씩 마차를 몰아 집회에 참석했고, 집회는 여러 날 동안 진행되었다. 주변에 숙식을 해결할 곳이 없었기 때문에 사람들은 집회 장소를 중심으로 텐트를 치고 숙식을 해결했다. 이런 연유로 인해 이런 집회를 캠프 집회라 부르게 되었다. 18세기 말부터 중서부의 시골 지역에서 야외 캠프 집회가 열렸고, 캠프 집회는 미국 교회의 독특한 현상으로 등장했다.

1800년 7월, 켄터키 주의 장로교 목사 맥그리디(James McGready)는 켄터키 주에서 초교파 연합 집회를 주도했는데, 이 캠프 집회를 통해 회개와 더불어 놀라운 성령의 역사가 나타났다. 감리교 맥기(John McGee) 목사가 있는 힘을 다해 소리치며 회개를 강조했을 때 "바닥은 쓰러진 사람들로 뒤덮였고, 하나님의 자비를 구하는 처절한 울부짖음이 하늘을 찔렀다." [109] 이 캠프 집회를 통해 많은 종류의 종교적·감정적 현상들이 나타났다.

이 집회의 성공에 자극을 받은 장로교 목사 바턴 스톤(Barton Stone)은 1801년 켄터키의 케인 리지(Cane Rige)에서 일주일 동안 캠프 집회를 열기로 계획했다. 집회의 주제는 '구원은 모든 사람에

---

109) W. W. Sweet, *The Story of Religion in America*(New York: Harper & Brothers, 1950), pp. 228~229.

게 열려 있으며, 이는 오직 예수를 믿음으로 이루어진다' 였다. 중
부 전역에 집회에 대한 홍보를 시작했고, 케인 리지의 넓은 들판
에 여러 개의 강대상이 세워졌다. 당시는 사람의 목소리에 의존
해 설교하던 때라 한 명의 목회자가 감당할 수 있는 사람의 수는
한정되어 있어서 동시에 5~7명의 목회자들이 다른 강대상에서
설교를 하기로 계획되었다.

집회가 시작되기 전부터 약 25,000여 명의 사람들이 마차를 타
고 몰려들어 들판에 텐트를 쳤다. 당시 켄터키 주의 가장 큰 도시
인 렉싱턴(Lexington) 시의 인구가 2천여 명인 것을 감안해 볼 때 얼
마나 많은 사람들이 모였는지 짐작할 수 있다.

집회는 평범한 농부들을 대상으로 지성보다는 감성에 초점을
맞추었다. 설교자들은 있는 힘을 다해 열정적으로 소리치며 회개
와 구원의 복음을 전했다. 집회는 부흥회 스타일로 진행되었고,
유럽 교회에서는 찾아보기 힘든 충격적인 종교적 현상들이 나타
났다. 설교를 듣고 기도하던 가운데 500여 명의 사람들이 한꺼번
에 총에 맞은 것처럼 바닥에 쓰러졌다. 그들은 땅바닥을 구르면
서 경련을 일으키고 여러 시간 동안 황홀경에 빠져 깨어나지 못
했다. 대표적인 현상들로는 쓰러짐, 경련 및 진동, 황홀경에 빠
짐, 소리침, 열정적 춤 등이었다. 어떤 사람은 기면서 개처럼 짖
기도 하고, 통제할 수 없는 웃음(Holy Laugh)에 사로잡히기도 했으
며, 참석자들의 절반 이상은 '진동하는 현상'(motor phenomena)을
경험했다.[110] 기록은 다음과 같이 당시의 상황을 전하고 있다.

전쟁터에서 남자들이 총에 맞아 사살을 당하듯 많은 사람들이 갑자기 쓰러졌고, 몇 시간 동안 숨이 멎은 듯 움직이지 않았다. 때때로 살아 있다는 신호로 애통해하며 비명을 지르거나 격렬하게 신음 소리를 내며 용서를 구하는 기도를 드리고 있었다. 그들은 몇 시간 동안 넘어진 후에 그 상태에서 벗어났다 … 일반적으로 사람들은 날카로운 비명을 지르며 바닥, 땅 혹은 진흙 위에 통나무처럼 쓰러졌는데, 그들은 마치 죽은 사람들처럼 보였다 … 진동을 하는 몇몇 사람들은 신체의 일부가 영향을 받은 듯했으며, 때로는 몸 전체가 영향을 받은 듯했다 … 춤추는 의식은 일반적으로 진동으로부터 시작되었다. 잠시 진동한 이후에 사람들은 춤추기 시작했으며, 진동은 멈추었다 … 웃는 의식이 많이 나타났는데, 이는 마음에서 나오는 웃음으로 독특했다.[111]

그들은 기절해서 주님에게 사로잡힌 자들을 위해 준비된 볏짚 위에 오랫동안 누워 있었다. 몇몇은 갑자기 뛰쳐나가 마치 저격수에게 총격을 당한 듯 바닥에 쓰러졌다. 어떤 경우에는 몸이 갈

---

110) Frederick Morgan Davenport, *Primitive Traits in Religious Revivals: A Study in Mental and Social Evolution*(New York: The Macmillan Company, 1905), pp. 78~79.
111) James Rogers and William Rogers, *The Cane Ridge Meeting-House*(Kessinger Publishing, 2010), pp. 153~154, 159~162.

가리 찢어지거나 돌로 변해 버리기라도 한 것처럼 몸의 모든 근육에 경련을 일으키기도 했다. 어떤 이들은 소리치며 알아듣지 못하는 소리로 말하기도 했다.[112]

〈1801년 케인 리지 집회: 강대상 앞쪽에 쓰러져 있는 사람들이 보인다〉

이 집회를 통해 3천여 명의 사람들이 예수를 구주로 영접했다. 케인 리지 집회는 집단 회심과 기적 등으로 인해 '오순절 이후 성령이 가장 크게 임한 집회'로 해석된다. 제1차 대각성 운동이 사람들이 많이 모여 살던 동부의 도시들을 중심으로 일어났다면, 캠프 집회는 중남부 시골 지역에서 효과적인 전도 방법론을 제기

---

112) E. Merton Coulter, *College Life in the Old South*(New York: The Macmillan Company, 1928), pp. 194~195.

했다. 케인 리지와 유사한 캠프 집회들이 중남부 지역에 급속도로 확산되었다. 1800년 당시 미국인들의 94퍼센트는 시골에 살고 있었기 때문에, 캠프 집회는 이 지역의 교회 성장에 큰 역할을 담당했다.

케인 리지 집회에 대한 평가는 교단이나 개인마다 상이했다. 성공회나 장로교는 이 집회에서 나타난 절제되지 않은 열광주의와 종교적 현상들을 부정적으로 바라보아 강한 비판을 가했다. 특이한 점은, 장로교 목사들이 초기 캠프 집회를 주도했지만 교단의 강한 반발에 부딪혀 감리교와 침례교가 그 열풍의 배턴을 물려받았다. 장로교는 엄격하고 거룩한 예배 의식과 지성적 설교를 강조하기에 캠프 집회에서 나타난 감정적, 체험적 현상들과는 거리를 두었다. 집회에서 나타난 종교적 현상들은 은혜를 받은 증거가 아니라 거친 개척지에 고립되어 살아가던 사람들의 심리적 해방에 불과하다고 생각했다.

켄터키 렉싱턴 장로교 노회는 케인 리지 집회를 주도했던 바턴 스톤 목사와 그 지지자들을 칼빈주의 교리에 불복종했다는 이유로 자격을 정지시켰다. 스톤 목사가 집회에서 '모든 사람은 구원받아야 한다'고 설교했는데, 이는 장로교의 예정론 교리를 벗어난다는 이유에서였다. 장로교는 캠프 집회가 교회의 질서와 평화를 어지럽히고 규칙들을 어긴다고 정죄했고, 과도한 종교적 현상들에 제재를 가했다.[113]

이런 비판들에도 불구하고 케인 리지 집회는 미국 기독교의 성격을 규정짓는 중요한 사건이 되었다. 제1차 대각성 운동에서 나타났던 회개와 중생을 동반한 종교적 현상들이 케인 리지 집회에서 한층 더 강화된 모습으로 나타났고, 이후 미국 교회의 교단이나 신자들에 상관없이 대부분의 부흥회에서 지속적으로 나타났다.[114] 이후 다른 캠프 집회들뿐만 아니라 감리교나 침례교의 부흥회에서도 진동, 소리침, 경련, 황홀경, 거룩한 웃음, 거룩한 춤, 알아듣지 못하는 소리로 고함지르기 등의 현상들이 나타났다. 열광적이고 종교적 체험을 강조했던 캠프 운동은 이후 감리교의 부흥으로 이어졌고, 성결 운동과 오순절 운동의 형성과 발전에도 지대한 영향을 미쳤다.

오늘날 넘어지는 현상이나 거룩한 웃음, 황홀경 등에 빠지는 종교적 현상들이 오순절 운동이나 신오순절 운동에서만 나타난 현상으로 오해하고 있는 사람들이 있다. 오늘날 대부분의 오순절 및 은사주의 집회, 빈야드 운동, 토론토 블레싱 등에서 나타나고 있는 종교적 현상들은 1801년 케인 리지 집회 이후로 미국 교회의 집회나 부흥회에서 매우 흔하게 일어났던 역사적 현상들이었음을 알아야 할 것이다.

미국 감리교회

웨슬리는 자신이 설립한 감리회 모임을 영국국교회로부터 독

---

113) 로저 핑크, 로드니 스타크, 《미국 종교 시장에서의 승자와 패자(1776~2005)》, pp. 168~170.
114) 빈슨 사이난, 《세계 오순절 성결운동의 역사》(서울: 서울말씀사, 2004), pp. 28~29, 143.

립하기를 원하지 않았기에 감리교라는 독립 교단을 이루지 않고 영국국교회의 테두리 안에 머물렀다. 감리회의 집회가 감정적이고 열광적이며 체험적이라는 비판을 영국국교회로부터 받을 때마다 조심스러운 행보를 보였다. 그런데 미국 식민지로 건너온 감리교의 사정은 영국과는 사뭇 달랐다. 영국 정부와 영국국교회로부터의 간섭에서 자유로웠던 미국 감리교는 미국에서 그 꽃을 활짝 피웠다.

웨슬리는 애즈베리(Francis Asbury)를 감리사(Superintendent)로 임명해서 미국 선교사로 파송했다. 영국 감리회로부터 미국에 선교사로 파송받은 감리회 신자들은 공통적으로 영국국교회의 교리적 경직성, 성례전적 엄격성, 교권주의 및 제도주의에 깊은 반감을 가지고 있었다. 애즈베리는 웨슬리의 뜻을 거슬러 1784년 볼티모어에서의 크리스마스 회의를 통해 영국 감리회로부터 독립된 교단을 이루면서 스스로 감독(Bishop)이 되었다. 이는 영국국교회와 영국 감리회의 통제를 받지 않겠다는 의도를 드러낸 사건이었다.

미국 감리교는 웨슬리의 성결을 미 대륙에 확산시킬 것을 결의하면서 신앙의 경험적 요소를 강조했다. 죄인은 성령의 역사를 통해 죄를 깨닫게 되고, 거듭나며, 온전한 성화를 체험할 수 있다는 것이다. 1820년대에 이르러 제1차적 은총인 중생과 제2의 축복인 성화는 감리교의 신앙 규범으로 자리 잡았다.

다른 교단에 비해 늦게 미국에 들어온 감리교는 애즈베리의 선교와 부흥에 대한 강조를 통해 크게 성장했다. 감독이 된 그는 모든 감리교 교인들에게 미국 전역에 복음을 전하고 구원으로 이끌어야 할 의무가 있다고 강조했고, 스스로 모범을 보이기 위해 평생에 걸쳐 약 48만 킬로미터에 이르는 전도 여행을 했다.

애즈베리는 감리교의 순회 설교자들에게 캠프 집회를 '큰 그물로 물고기를 잡는 것'이라 강조하면서 그들이 가는 곳마다 캠프 집회를 열 것을 권면했다. 이에 큰 자극을 받은 순회 설교자들은 가는 곳마다 캠프 집회를 열어 사람들을 끌어들였다. 순회 설교자들의 열정적이고 감성을 자극하는 예배는 시골이나 개척지 사람들의 거친 기질과도 맞아떨어졌다. 그들이 캠프 모임에서 하나님의 말씀을 열정적으로 전할 때 사람들은 설교에 반응해 회개하며 기도하는 가운데 온몸에 경련을 일으키고, 춤을 추며, 쓰러졌다. "내가 회중에게 임하는 하나님의 권능에 대해 설교하고 있을 때 마른 뼈들 가운데 놀라운 움직임이 있었다. 몇몇은 바닥에 넘어졌으며, 그들은 자비를 구하고 있었다."[115]

미국 감리교는 영국으로부터 충분한 목회자를 공급받지 못했다. 반면 미국은 사역할 곳이 넘쳐났다. 사역할 수 있는 목회자들이 절대적으로 부족하자 감리교는 성령이 충만하고 은사가 넘치는 평신도들이 사역할 수 있는 기회를 제공했다. 신학 교육을 제대로 받지 못한 평신도나 여성들을 단기간에 훈련시켜 순회 설교자 혹은 소그룹의 지도자로 활용했다.

---

115) 로저 핑크, 로드니 스타크, 《미국 종교 시장에서의 승자와 패자(1776~2005)》, p. 138.

고등 교육을 받은 장로교나 회중교회의 목회자들은 새로운 교회를 개척하기보다는 잘 운영되고 있는 교회를 섬기려 했다. 반면 감리교에는 개척지 어디에라도 가기를 원하는 성령의 불에 타오르던 평신도 순회 설교자들이 넘쳐났다. 하나님으로부터 부름을 받아 복음을 전하고자 하는 열정이 넘쳤던 순회 설교자들은 신학대학이나 성경학원에 등록하는 대신, 말을 타고 미 전역을 돌아다니면서 순회 설교에 집중했다. 그들은 평이하고 즉흥적이며 단순한 언어로 복음을 전했기 때문에 배우지 못한 사람들도 쉽게 이해할 수 있었다. 영혼을 구원하는 것은 논리적인 정교한 설교가 아니라 마음으로부터 우러나오는 감동적인 메시지였다.[116] 동기를 부여받은 평신도 순회 설교자들은 약간의 사례금을 받고도 변방에서 사역했고, 교회를 세워 나갔다.

19세기 미국은 서부 개척 시대를 맞았다. 뜨거운 가슴을 강조하던 감리교는 파송 제도를 통해 미 남부와 서부까지 효과적으로 순회 설교자들을 보냈고, 그들은 가는 곳마다 캠프 집회를 열면서 부흥을 주도했다. 감리교는 캠프 집회를 열어 은혜 받은 평신도들을 효과적인 조직으로 만들어 관리했다. 한 지역에서 캠프 집회가 끝나면 회심한 신자들을 중심으로 속회(Class)를 만들고 그들 중에 한 명을 평신도 리더로 세워 속회를 관리하게 했다. 속회는 보통 열두 명 정도로 구성되었고, 속회 지도자는 매주 모임을 가졌다. 속회는 새신자를 교육시키고 신앙적으로 격려하며 친밀

---

116) ibid., pp. 136~138.

한 교제를 나누었다. 그 결과 속회 모임을 통해 회심하고 변화되는 역사가 일어났다.[117]

미국 감리교는 냉철한 이성이나 교리 공부 중심이 아닌 거듭난 경험, 하나님의 임재에 대한 감정의 표출, 삶의 변화 등을 강조하는 가슴의 종교(Heart Religion)를 지향했다. 초기 감리교회는 부흥회식의 예배를 드렸으며, 수많은 감정적·경험적·열광적인 종교 현상들이 나타났다. 1775년, 버지니아 집회에서 성령의 강한 임재 아래 성결을 경험한 감리교인들은 "경련을 일으키고, 얼마 후에 마치 죽은 사람처럼 바닥에 쓰러졌으며, 어떤 사람들은 눈물로 범벅이 되어 서로를 끌어안았다 … 어떤 사람은 슬픔을 이기지 못하고 울음을 터뜨렸고, 어떤 사람은 기쁨에 넘쳐 소리를 질렀다."[118]

감성을 자극하고 종교적 체험을 강조하던 감리교의 캠프 집회는 흑인 노예들에게도 큰 영향을 끼쳤고, 이로 인해 많은 흑인 노예들이 감리교회로 몰려들었다. 리처드 알렌(Richard Allen)을 비롯한 수많은 흑인들이 감리교를 선택한 것은 감리교가 소외되고 억압받던 사람들에게 희망을 제시했기 때문이기도 했다. 1784년, 감리교협의회는 노예 제도는 하나님과 자연의 법칙에 어긋나기 때문에 모든 감리교 교인들에게 흑인 노예를 자유롭게 놓아 줄 것을 지시했다. 그리고 1800년, 총회는 모든 목회자들에게 그들

---

117) ibid., p. 119.
118) Wesley Marsh Gewehr, *The Great Awakening in Virginia, 1740~1790*(Gloucester, Mass.: P. Smith, 1965), pp. 153~155.

이 소유한 노예들을 놓아 주지 않으면 제명할 것이라 공표했다. 남북전쟁 이후 흑인들은 노예에서 해방되었고, 그들은 백인 교회로부터 독립해서 흑인 감리교회를 설립했다.

청교도가 택함을 받은 소수의 사람들만 구원받기로 선택되었다는 예정론을 지지한 반면, 감리교는 십자가 구속의 은혜는 모든 사람에게 열려 있다는 알미니안주의를 주장했다. 감리교의 하나님의 은혜에 대한 낙관론은 하나님의 절대주권을 강조하던 칼빈주의와 큰 충돌을 일으켰다. "천국 혹은 지옥에 가는 것은 하나님의 선택에 달린 것이 아니라 인간의 자유의지에 달려 있다. 값없이 주시는 하나님의 은총을 자발적으로 받아들인 사람은 구원에 이른다. 예수를 영접한 신자라고 무조건 영생이 보장된 것이 아니라 하나님을 떠나면 사망에 이른다."[119]

웨슬리의 성결론은 인간의 비관적인 전적 타락보다는 죄인을 변화시키시는 하나님의 은총에 더 강조점을 두었다. 미국 감리교의 은총적 낙관주의 혹은 알미니안주의는 19세기 미국 전체의 낙관주의와 절묘한 조화를 이루었다. 영국으로부터 독립을 취득한 신생 국가 미국은 새나라 건설에 대한 희망에 부풀어 있었고, 이는 진취적인 서부 개척으로 이어졌다. 인간의 전적 타락과 자유의지의 상실을 지지하는 정통 칼빈주의 신학이 19세기 미국 사회에 긍정적 비전을 제시해 주지 못한 반면, 죄를 이기고 승리하신 그리스도의 능력과 인간의 긍정적 자유의지를 강조한 감리교의 정

---

119) 케네스 콜린스, 《진정한 그리스도인: 존 웨슬리의 생애》, p. 93.

신은 개척적인 시대적 상황과 맞아떨어짐으로 큰 호응을 얻었다.

하나님의 은혜로 죄로부터 벗어나 개인과 사회 및 국가가 온전하게 변화될 수 있다는 웨슬리안의 완전주의 신학은 미국이 사회 개혁을 추진하고 새로운 나라를 건설하고 미래로 나아갈 수 있는 정신적 토대를 제공했다. 19세기에 접어들면서 감리교회가 미국의 최대 교단으로 성장할 수 있었던 것은 19세기 미국의 정신과 맞아떨어진 알미니안주의 때문이었다.[120]

감리교는 후발 교단으로 1776년 식민지 전역에 65개의 교회를 가진 소규모 단체에 불과했으나, 74년이 지난 1850년에는 13,302개의 교회와 260만 명의 등록 교인을 소유한 가장 큰 개신교 교단으로 성장했다. 1776년 미국 전 교회에서 3퍼센트의 비중도 되지 않았던 감리교회는 장로교회, 회중교회, 침례교회, 영국국교회 등을 차례로 누르고 1850년에는 감리교인 수로 미국 전체 그리스도인의 34퍼센트를 차지했다. "(감리교는) 모든 교단들 중에서 아마도 청교도 다음으로 미국의 종교 생활에 큰 영향력을 행사했을 것이다."[121] 감리교의 부흥회적 성향의 캠프 집회를 통해 종교적 체험과 뜨거운 영성을 강조하고 평신도 사역을 장려한 점은 이후 오순절 운동의 태동에도 큰 영향을 미쳤다.

---

120) William G. McLoughlin, *Revivals, Awakening, and Reform: An Essay on Religion and Social Change in America, 1607~1997*(Chicago: The University of Chicago Press, 1978), p. 98.
121) Perry Miller, *The New England Mind: The Seventeenth Century*(Cambridge: Harvard University Press, Belknap Press, 1961), p. 137.

제2차 대각성 운동(1790~1840)

1776년 영국으로부터 독립한 신생 국가였던 미국은 흔히 청교도 정신에 의해 세워진 기독교 국가로 알려져 있다. 그러나 당시의 실상을 살펴본다면 이런 해석에 다소 무리가 있음을 알 수 있다. 미국이 영국의 식민지 상태에 있었을 때, 미국에 살던 전체 인구의 10~20퍼센트 정도만이 교회에 출석하고 있었다. 유럽에서 미국으로 건너온 이민자들 중 유럽의 국교 제도에 의해 종교적 핍박을 피해 종교의 자유를 찾아온 사람들이 있었다. 그렇지만 대부분의 이민자들은 종교 개혁 이후 유럽에서 벌어진 종교 전쟁으로 인해 기독교에 심한 거부감과 염증을 느끼고 있었기에 미국으로 이주한 이후 교회에 출석하지 않게 되었다.

제1차 대각성 운동을 기점으로 미 동부 지역에서 부흥이 일어나기는 했지만, 독립전쟁 직전에는 미국인의 17퍼센트만이 교회에 다니고 있었고, 독립한 1776년에는 20퍼센트 정도만 교회에 출석하고 있었다.[122] 기독교 국가라고 하기에는 무색할 만큼 전체 인구에 비해 그리스도인은 소수에 불과했다.

제1차 대각성 운동을 주도했던 조나단 에드워즈나 휘트필드는 죄인인 인간은 자신의 구원을 위해 아무것도 할 수 없다는 예정론을 강조했다. "구원은 전적으로 하나님의 주권에 속한 것이므로, 부패한 인간은 스스로 죄로부터 돌이킬 수 있는 능력이 없

---

122) 로저 핑크, 로드니 스타크, 《미국 종교 시장에서의 승자와 패자(1776~2005)》, pp. 50~56, 84.

다. 오직 수동적으로 하나님의 은총만을 조용히 기다려야 한다. 회심이나 부흥은 사람의 결단이나 노력으로 이루어지는 것이 아니라 전적으로 하나님의 은혜에 의존한다."[123]

　제2차 대각성 운동을 통해 예정론적 신학에 대한 대반전이 일어나면서 인간은 그리스도에게로 나아갈 능력을 부여받은 존재임을 강조하는 알미니안적 전환이 일어났다. 인간은 구원을 수동적으로 기다리는 존재가 아니라 이를 이루기 위해 적극적인 역할을 감당해야 한다는 것이다. 이런 신학적 패러다임의 전환에 큰 기여를 한 사람은 예일신학대학원에서 뉴 헤븐 신학(New Haven Theology)을 주도했던 테일러(Nathaniel William Taylor, 1786~1858)였다. 에드워즈의 사상에 뿌리를 둔 뉴잉글랜드 회중교회가 인간의 전적 타락을 강조한 반면, 테일러는 타락한 인간이라 할지라도 여전히 도덕적 선택을 할 수 있는 능력과 자유를 가지고 있음을 주장했다. 그는 아담으로부터 유전된 완전 부패성을 부정하고 자유의지를 가진 인간은 도덕률을 준수할 수 있다고 믿었다.

　찰스 피니(Charles Finney, 1792~1875)는 제2차 종교적 대각성 운동을 주도했던 대표적 인물이다. 뉴욕 주에서 자란 그는 변호사로 일하던 중 하나님의 능력에 압도된 극적인 체험을 한 이후 변호사직을 버리고 장로교에서 설교자로 안수를 받았다. 그는 장로교 목회자였지만, 인간의 전적 타락과 하나님의 절대 주권을 강조하는 정통 칼빈주의 신학에 회의를 품었다. 특히 예정론에

---

123) 알리스터 맥그라스, 《기독교, 그 위험한 사상의 역사》, p. 267.

의하면, 인간은 그 본성이 전적으로 부패했기에 구원을 위해서는 아무것도 할 수 없는 소극적이고 수동적인 존재에 불과하다. 인간의 구원은 오직 하나님의 은총과 택함으로만 이루어지기에, 구원과 복음 전파를 위한 인간의 노력은 펠라기우스적 이단으로 취급되었다.

피니는 테일러의 책과 웨슬리의 《기독교 완전성에 대한 평이한 설명》을 읽고 그들이 옳다는 결론을 내렸다. 그는 인간이 타락한 것은 사실이지만 아담의 죄악 된 본성을 유전 받는다는 교리를 부정했다. 특히 인간의 자유의지가 완전 부패했다는 점에 동의하지 않고 자유의지를 긍정적으로 평가했다. "인간의 인격은 지성, 감정, 의지로 이루어졌는데, 의지는 인간 심리의 가장 중요한 부분으로 지성과 감정을 주도한다. 인간의 자유의지는 본질적으로 자유하며 선악을 구별하는 능력을 가지고 있기에 인간은 필연적으로 악만을 선택하는 것이 아니라 그리스도를 선택할 수 있고 거룩한 삶을 살아갈 능력도 가지고 있다."[124] 그러므로 인간은 자신의 구원을 위해 수동적으로 기다릴 것이 아니라, 구원을 이루기 위해 최선의 노력을 다해야 한다고 주장했다.

피니는 특정 소수의 택함을 받은 사람들에게만 하나님의 은총이 부어졌다는 신학에 반대하고 십자가의 은혜는 모든 인류에게 부어졌다고 생각했다. 각 개인은 자신의 자유의지로 하나님의 은

---

124) Charles Finney, *Finney's Systematic Theology*(Minneapolis, Minnesota: Bethany Fellowship, 1976), pp. 164~167.

혜를 받아들일 것인지, 아니면 거절할 것인지를 선택해야 한다. 구원이란 인간이 주어진 의지로 선택하는 것으로, 회개하고 복음을 받아들임으로 그 열매를 소유할 수 있다는 것이다. 인간은 자신이나 다른 사람들의 운명을 예정론에 맡겨서는 안 되고, 적극적으로 복음을 받아들이고 전파해야 한다는 것이다. 구원론에 대한 피니의 사고 전환은 소극적이고 수동적인 입장에서 적극적이고 능동적인 회심과 부흥을 강조하기에 이르렀다. 그는 칼빈주의의 예정론에 동의할 수 없어서 결국 장로교회를 떠나 회중교회로 전향했다.

피니는 부흥이란 하나님의 역사를 잠잠히 기다리고 있을 때 일어나는 것이 아니라 인간이 최선의 노력을 기울일 때 나타난다고 생각했다. 부흥은 사람이 철저히 계획하고 준비할 때 일어난다는 것이다. 부흥에 대한 그의 입장은 에드워즈가 부흥을 '하나님의 역사'로 진술한 것과 큰 대조를 이룬다.[125] 그는 회심과 부흥을 일으키기 위해 의도적으로 대규모의 부흥 집회를 기획했고, 이전에 시도하지 않았던 새로운 방법론을 도입했다.

피니는 며칠 동안 열리는 대규모 부흥회를 통해 회중들의 죄악을 지적한 후 회심의 결단을 요구했다. 회심과 중생은 하늘에서 갑자기 오는 것이 아니라 집회를 통해 복음을 들은 사람이 결단하고 받아들일 때 이루어진다. 그는 잘 준비된 원고 설교보다는 즉흥적이고 감정적인 설교를 선호했다. 그는 집회 마지막 부

---

125) 도널드 데이턴,《오순절운동의 신학적 뿌리》(서울: 대한기독교서회, 1993), p. 74.

분에 죄를 뉘우치고 회개하기 원하는 사람들을 강단 앞자리(anxious bench)로 불러내 그 자리에서 죄를 회개하고 예수 그리스도를 구주로 영접하는 순서를 넣었다.[126] 강대상 초청은 구원에 대한 인간의 적극적 참여와 구원의 현재성을 강조하는 프로그램으로, 이전의 부흥회에서는 볼 수 없었던 새로운 것이었다. 이후 많은 부흥회에서 복음을 전파한 후 사람들을 강단으로 초청해서 죄를 회개케 하고 예수를 영접하게 하는 방법론이 도입되었다.

피니는 대규모의 부흥 집회를 개최하면서 19세기를 통해 가장 많은 사람들에게 복음을 전한 대부흥사가 되었고, 현대적 개념의 부흥 방법론을 도입함으로 '근대 부흥 운동의 아버지'라 불리게 되었다. 그 이후의 유명한 부흥사들인 드와이트 무디, 빌리 선데이, 빌리 그레이엄 등은 피니가 도입했던 강단 초청(altar call)을 적극적으로 활용했다. 1800~1860년대까지 기독교 신자들의 수는 인구 증가율을 능가하는 매년 10퍼센트의 증가율을 보였고, 그 결과로 1860년에는 1800년보다 두 배에 달하는 신자들이 교회에 출석했다.[127]

에드워즈 신학에 의하면, 예수를 영접한다 하더라도 인간은 육체가 있는 한 부패성을 제거할 수 없다. 반면 피니는 칭의와 성화를 구분하면서 신자가 이 세상에서 온전한 성화를 이루는 것이 가능하다고 믿었다. 회심은 종교 체험의 마지막 단계가 아닌 시

126) 마크 놀, 《미국, 캐나다 기독교 역사》, p. 225.
127) 알리스터 맥그라스, 《기독교, 그 위험한 사상의 역사》, p. 265.

작에 불과하며, 이와는 구별되는 다른 체험인 성화를 향해 나아
가야 한다는 것이다. 그는 성화를 하나님의 율법에 대한 의지적
순종으로 정의하면서 성결의 신학을 중요시했다. "하나님이 우
리를 완전으로 초청하셨다면 그것을 성취할 수 있는 능력을 주신
것이다."[128] 그러므로 회심을 경험한 신자는 중생에 머물러서는
안 되며, 의지적 결단에 의해 도덕률을 준수하는 완전 혹은 성화
의 상태에 도달해야 한다.

피니는 자유의지와 성화 개념을 성령의 능력과 결부시키기 시
작했다. "성화는 '위로부터의 능력 부여'인 성령세례를 통해 이
루어진다. 성령의 역사를 통해서만 그리스도와의 완전한 연합이
가능하며, 온전한 성화에 들어갈 수 있고, 봉사와 사역 및 복음
전파를 위한 능력을 받는다."[129]

피니는 성화가 개인적 윤리의 삶에만 머물러서는 안 되고 사회
적 성화로 발전되어야 한다고 생각했다. 신자는 모든 내적 죄로부
터 해방되어야 할 뿐 아니라 사회에 잔존해 있는 모든 불의를 제
거하는 데 앞장서야 한다는 것이다. 그의 성화 신학은 사회 개혁
운동을 적극적으로 지지했다. 피니와 그가 교수로 재직했던 오버
린대학은 미국 교회에서 완전주의를 지향하는 대변자로 급부상
하면서 노예 해방 운동, 여권 운동, 음주 절제 운동 등과 같은 사
회적 성화를 추구했다. 완전 성화를 경험한 그리스도인은 사회적

---

128) L. Gresham, Jr., *Charles G. Finney's Doctrine of the Baptism of the Holy
Spirit*(Peabody, MA: Hendrickson Publishers, 1987), pp. 27~39.
129) 도널드 데이턴, 《오순절운동의 신학적 뿌리》, p. 109.

죄악인 노예 제도를 폐지하는 데 앞장서야 한다고 주장했다.

피니는 교회에서 수동적 입장에 처해 있던 여성들에게 부흥 운동에 적극적으로 참여할 것을 권면했고, 남녀 혼합 모임에서 여성이 간증하고 설교할 수 있는 기회를 제공했다. 여성이 공개적 장소에서 발언하는 것을 허용하지 않던 당시 사회적 관습에 비춰 볼 때, 그의 파격적인 행보는 많은 논란거리를 불러일으켰다. 오버린대학은 백인과 흑인의 구분이 확연하던 시대에 흑인 학생을 받아들인 미국 최초의 대학이 되었고, 동시에 여성을 학생으로 받아들인 미국 최초의 남녀 공학 대학이 되었다. 이후 오버린대학 출신인 브라운(Antoinette Brown)은 미국 교회 최초로 안수 받은 여성 목사가 되었다.

피니가 강조한 완전주의(Perfectionism) 개념은 미국 교회뿐만 아니라 미국 사회 및 문화의 중심 주제가 되었다. 그의 부흥 운동을 통해 널리 유포된 낙관주의적 완전주의는 미국 교회를 주도해 왔던 비관주의적 예정론에 대한 비판을 불러일으키면서 인간의 행위를 수동적으로 해석하는 청교도적 칼빈주의가 쇠퇴하는 계기가 되었다. 1840년대에 접어들면서 수동적·비관적 예정론은 당시 미국의 정신과 조화를 이룰 수 없었고, 인간과 사회에 대한 능동적·낙관적 사고가 지배하면서 알미니안주의는 미국 교회의 부흥에 큰 공헌을 했다.

미국 장로교는 피니의 부흥론을 지지하는 신파와 반대하는 구파로 나뉘었다. 특히 프린스턴신학교를 중심으로 한 구파는 피니에 대한 신랄한 비판을 가했다. 아담의 원죄로 인한 전적 부패성을 강조했던 구파의 핫지(Charles Hodge, 1797~1878)는 피니의 부흥운동을 하나님의 주권을 인정하지 않고 인간적 수단과 방법에 의지하는 인본주의 운동으로 규정했다. 핫지는 피니의 신학은 인간의 원죄를 부정한 펠라기안과 유사하다고 비판했다.

핫지에 의하면, 피니는 지역 목회자들의 초청 없이 마음대로 도시에 침입해 교회의 질서를 무너뜨리고, 공적 예배에서 금기시되던 여성의 간증과 기도를 허락하며, 노동자를 포함한 하층민들에게 상류층에 대한 반감을 부추기는 등 큰 해악을 끼쳤다. "부흥회는 도시 목회자들의 동의를 받아 진행되어야 하며, 부흥회에서 세속적 방법론을 도입하지 않아야 하고, 과도한 감정적 열정을 부추겨서는 안 된다. 또한 여성에게 설교나 기도가 허용되어서는 안 되고, 노예를 포함한 하층 계급의 사람들에게 모든 사람은 평등하다는 사상을 가르치지 말아야 한다."[130]

피니와 함께 사역했던 오버린대학 총장이었던 아사 마한(Asa Mahan, 1799~1889)은 오순절적 용어와 신학을 발전시켰다. 완전주의 운동의 선구자 역할을 감당했던 그는 1839년 《The Scripture Doctrine of Christian Perfection》(그리스도인의 완전에 대한 성경적 교리)이라는 저서를 통해 자유의지와 도덕률을 강조하면서 그리스도인은 완전성(성화)을 성취할 수 있다고 강조했다. 그는 이 저서에서 중생, 성화, 성령세례를 서로 다른 경험들로 구별하면서 구

---

130) 로저 핑크, 로드니 스타크, 《미국 종교 시장에서의 승자와 패자(1776~2005)》, pp. 166~167.

원받는 것과 죄로부터 성결케 되는 것, 능력을 받는 것은 서로 다른 별개의 체험이라 주장했다. "성화는 정결하고 순수하게 하며, 성령세례는 능력을 부여한다."[131] 마한은 1870년경 이전 책의 수정판인《*The Baptism of the Holy Ghost*》(성령의 세례)를 출판하면서 성령세례를 통해 순간적 성화가 가능함을 시사했다. 그는 자신이 직접 체험했던 '성령세례'를 통해 성화와 함께 능력과 은사를 받았다고 고백했다. "성령세례를 받은 신자는 내적으로 성결케 되고 '위로부터 능력을 덧입어'(enduement of power from on high) 사역을 감당할 수 있다. 그러나 성화와 능력 부여는 서로 구별된 체험으로, 성령의 능력을 받을 때 예언 등과 같은 성령의 은사를 받는다."[132]

아사 마한의 신학은 이후 성결 운동과 오순절 운동이 태동했을 때 신학적 기반을 제공했다. 특히 웨슬리안 전통을 물려받은 오중복음파 오순절주의자들은 마한의 중생, 성화, 성령세례의 교리를 그대로 받아들이게 되었다.

131) Donald Dayton, *Theological Roots of Pentecostalism*, p. 96.
132) 도널드 데이턴,《오순절운동의 신학적 뿌리》, pp. 103, 109.

오순절교회의 역사와 신학

제4장

성결 운동

남북전쟁(Civil War, 1861~1865)

미국 교회에서 성화 신학이 개인적·내적 개념에서 사회적·외적 완전성으로 전환되는 과정에서 미국의 노예 제도는 큰 논란과 분열을 불러일으켰다. 농업이 발전한 남부 지역은 노예의 노동력에 크게 의존했기에 노예 제도를 지지했고, 피니의 영향을 크게 받은 북부 지역은 노예 제도를 적극적으로 반대했다. 남부 교회는 제2차 대각성 운동을 통해 북부 교회에서 불기 시작한 사회적 완전성에 대한 신학적 개념을 배격했다.

노예 제도 존폐에 대한 의견 분열은 미국을 남과 북으로 갈라놓았을 뿐만 아니라, 교회에도 지대한 영향을 미치면서 교회 또한 남부 교회와 북부 교회의 분열로 이어졌다. 존 웨슬리의 노예 제도 반대 정신을 이어받은 미국 초기 감리교는 노예 제도에 대해 강하게 반대했다. 그러나 교단이 부흥·성장하면서 어느 정도 안정기에 접어들자 노예 제도에 대해 미온적 자세를 유지했다.

감리교의 노예 제도에 대한 미온적 태도에 실망한 감리교인들은 노예 제도 반대를 기치로 내세워 웨슬리 감리교회(Wesleyan Methodist Church) 및 자유 감리교회(Free Methodist Church)로 분열해 나갔다. 감리교 남부 진영은 공식적으로 노예 제도를 방어했고, 북부 진영은 그 제도에 반대함으로 결국 1844년 남감리교회와 북감리교회로 분열되었다.[133] 노예 문제는 국가적 분열을 일으키면서 남북전쟁으로 이어져, 전쟁을 통해 수많은 사람들이 죽었고, 많은 지역들이 파괴되었다.

남북전쟁이 1865년 북부 측의 승리로 끝나면서 미국은 곧 산업화 과정으로 접어들어 급속한 도시화 현상을 맞이했다. 19세기 중엽부터 산업화가 본격적으로 진행되면서 농촌에 거주하던 많은 사람들이 일자리를 찾아 도시로 모여들었다. 미국은 모자라는 노동력을 확보하기 위해 이민자들을 적극적으로 받아들였고, 세계 각지에서 많은 이민자들이 몰려들었다. 특히 유럽 가톨릭 국가들의 흉작으로 인해 많은 가톨릭 신자들이 미국으로 들어오면서 개신교와 가톨릭교회 간에 긴장감이 감돌게 되었다. 도시는 유럽과 시골에서 몰려든 사람들로 갑자기 팽창하면서 슬럼화 되었고, 노동자들의 인권과 불평등한 부의 분배 문제가 대두되었다.

급격한 도시화 과정에서 중·상위층 백인들의 사고와 가치관을 대변했던 주류 개신교회들은 도시의 노동 계층 및 빈민 계층들을 외면한 채 도시로부터 탈출해서 그들이 올 수 없는 시외로 교회를 옮겨 버렸다. 그 결과 도시는 가난한 노동자들과 이민자들로 넘쳐났다. 개신교회들이 떠난 빈자리를 가톨릭교회가 채우면서 급격한 성장을 이루었다. 가톨릭교회를 적그리스도로 해석

---

133) 빈슨 사이난,《세계 오순절 성결운동의 역사》, p. 35.

했던 당시 주류 교회들은 가톨릭 국가로부터 밀려드는 이민자들과 가톨릭교회의 성장을 큰 위협으로 받아들였다.

남북전쟁의 혼란과 산업화 및 도시화의 소용돌이 속에서 미국 교회는 캠프 집회와 부흥회가 사라진 후 급격한 쇠퇴기를 경험하면서 많은 신자들이 교회를 떠났다.[134] 전쟁의 후유증은 19세기 미국 기독교를 휩쓸었던 낙관주의를 배격하고 비관적인 세계관을 형성케 했다. 유럽으로부터 다윈의 진화론, 고등비평, 사회복음 등의 이론들이 홍수처럼 미국 교회로 밀려들어오면서 미국 교회 내에 큰 위기감이 조성되었다. 짧은 기간 내에 산업화를 겪게 된 미국은 불평등한 부의 분배와 정치적 부패, 도덕적 공황 등으로 혼란을 겪었다. 미국 교회는 개척기부터 미국 땅에 새로운 하나님의 나라를 세울 수 있다는 긍정적 후천년설을 지지했으나, 이 시기를 거치면서 이 세상은 점점 타락해 갈 것이며 주님의 재림으로 멸망한다는 전천년설이 대두되기 시작했다.

포비 파머(Phoebe Palmer, 1807~1874)

19세기 중반, 미국 성결 운동을 주도한 대표적 여성은 파머다. 그녀의 언니인 사라 랭포드(Sarah A. Langford)는 1835년 자신의 집에서 '성결 증진을 위한 화요 모임'(Tuesday Meeting for the Promotion of Holiness)을 시작했고, 이 모임은 오랫동안 지속되었다. 파머는 이 모임에서 중생과는 다른 성령의 임재에 대한 경험을 했고, 이

---

134) ibid., pp. 38~39.

를 성화와 연결해 해석했다. 1839년부터 이 모임의 리더가 된 그녀는, 회심을 경험한 신자는 그다음 단계인 성결로 나아가야 한다고 강조했다. 존 플레처의 성령론을 수용한 그녀는 신자가 자신을 제단의 제물로 드리면 대제사장 되신 그리스도가 순간에 제물을 거룩하게 하신다는 제단 신학(Altar Theology)을 발전시켰다. "모든 것을 제단 위에 내려놓음으로 성령세례를 통해 순간적으로 성결케 될 수 있다."[135]

존 웨슬리가 성화의 경험을 순간적인 동시에 점진적인 과정으로 이해한 반면, 파머는 성화의 경험이 성령의 역사로 인한 순간적인 변화임을 강조했다. 파머에 의하면, 인간의 부패성을 제거하는 성화는 신앙적 교육이나 훈련 등의 오랜 과정을 거치는 것이 아니라, 자신을 제단에 드리는 순간 성령세례에 의해 이루어진다. 인간의 노력으로는 부패성을 제거할 수 없고, 오직 성령의 불세례를 통해서만 가능하다. 죄의 용서가 순간적인 것처럼 성결 또한 성령세례를 통해 순간적으로 완성된다. 성령의 능력을 받는 순간 성화가 이루어지기에, 그녀에게 있어 성령세례란 곧 성화를 지칭한다.[136]

파머는 '화요 모임'을 통해 성령세례를 받는다는 것은 곧 성화를 이루는 것으로, 성령세례를 받기 위해서는 성령의 역사를

---

135) Phoebe Palmer, *The Way of Holiness*(1867; reprinted in The Devotional Writings of Phoebe Palmer, New York, Garland, 1985), p. 60.
136) Richard Gilbertson, *The Baptism of the Holy Spirit*(Harrisburg, PA: Christian Publications, 1993), pp. 13~15.

인정하고 입으로 시인하라고 강조했다. 화요 모임에 참석한 사람들은 즉각적이고 완전한 성화를 경험했다는 간증들로 넘쳐났다. 그녀가 강조한 완전성이란 다름 아닌 예수 그리스도에 대한 완전한 사랑이다. 파머는 성령세례를 통한 성화 교리와 체험을 강조한 〈그리스도인의 완전 지침서〉라는 정기 간행물을 발행했다.

1859년, 파머는 《The Promise of Father》(아버지의 약속)라는 저서를 출판하면서 여성의 설교권을 강력히 주장했다. "구약 시대에는 소수의 사람들에게만 성령의 역사가 임하면서 그들만이 하나님의 말씀을 전했으나, 신약 시대에 접어들면서 오순절 날 성령의 강림과 함께 새로운 시대가 도래했다. 말세에 성령이 임하시면 남종과 여종이 예언할 것이라는 말씀처럼, 새 시대의 성령 강림은 남녀의 구분 없이 모든 사람들에게 임한다. 하나님의 은혜가 남녀 모두에게 똑같이 부어졌기에, 성령세례를 받은 사람은 누구나 그 은혜를 전해야 할 의무가 있다. 우리는 성령의 시대에 살고 있기에, 남녀 차별 없이 모두가 그리스도를 위해 사역할 수 있다. 그러므로 성령의 충만함을 받은 여성도 예언하고 설교할 수 있다." [137]

파머는 화요 모임을 남성들에게도 개방했고, 곧 감리교의 감독들과 목회자를 비롯해서 초교파적으로 많은 남자들이 모임에 참석했다. 남녀가 혼합된 대중 앞에서 여성의 발언이 허락되지

---

137) Phoebe Palmer, *The Promise of Father*(1858; reprinted in *The Promise of Father* of Phoebe Palmer, Salem, Ohio, Schmul Publishing Company, 1981). 도널드 데이턴, 《오순절운동의 신학적 뿌리》, pp. 92~93.

않던 시대에도 파머 여사는 당당히 메시지를 전했고 참석자들은 성결의 은혜를 체험했다. 성령세례를 통한 성결의 복음은 감리교와 미국 교회에 큰 영향을 끼쳤고, 캐나다와 영국으로도 퍼져 나갔다.

파머는 성화를 점진적인 과정이 아닌 순간적 경험으로 규정했고, 성령세례를 통해 성화를 성취할 수 있다는 주장을 폈다. 그녀의 성화론은 이후 성결 캠프 집회에 큰 영향을 미쳤고, 이후 오순절 운동이 성령세례를 순간적 경험으로 해석하는 데 큰 기여를 했다. 성령세례를 받은 여성이 설교할 수 있다는 주장은 오순절 운동이 태동했을 때 성령세례를 받은 많은 여성들이 사역자나 선교사로 활동할 수 있는 신학적 기초를 제공해 주었다.

성결 캠프 집회

남북전쟁 이후 기독교회의 쇠퇴를 실감한 그리스도인들은 부흥 운동을 일으키기 위해 캠프 집회를 열기 시작했다. 특히 1840년대부터 성결을 강조하는 그룹들이 형성되었고, 이들을 중심으로 성결을 홍보하고 확산시키기 위해 '성결 증진을 위한 전국 캠프 집회'(National Camp Meeting Association for the Promotion of Christian Holiness)를 구성하면서 캠프 집회를 계획했다.[138] 성결 집회를 만든 주요 인물들은 웨슬리안의 성결론을 지지하기에 신자들로 하

---

138) Robert M. Anderson, *Vision of the Disinherited: the Making of American Pentecostalism*(Peabody, Massachusetts: Hendrickson Publishers, 1979), p. 39.

여금 성결을 경험케 하고 성결을 증진시킨다는 목표를 가졌다.

감리교 목사인 인스킵(John Inskip)과 오스본(William Osborn)을 주축으로 1867년 뉴저지 바인랜드(Vineland)에서 제1차 전국 성결 캠프 집회가 열렸다. 성결 집회의 주요 목적은 성령세례를 통해 중생 이후의 제2의 은총인 온전한 성결을 체험하는 것에 있었다. 이 신학적 견해는 파머가 성결을 오랜 기간에 걸친 점진적 과정으로 해석하기보다, 성령세례를 통해 순간적 성결 체험이 가능하다는 주장을 받아들인 결과였다. 피니의 부흥 집회처럼 성결 운동가들은 성령세례를 갈망하는 자들을 강대상 앞으로 불러내 성결 체험을 간구했다.[139]

성결 집회는 성결을 칭의 다음에 오는 2차적 경험으로 구분하며, 성결 체험은 성령세례를 통해 가능하다고 해석했다. 성결의 은혜란 원죄에서 깨끗함을 받고 온전해지는 체험으로, 믿음을 통해 즉각적으로 이루어진다는 것이다. 회개를 통해 인간의 자범죄를 순간에 용서받듯이, 인간의 부패성 혹은 원죄는 오직 성령의 불세례를 통해 순간적으로 깨끗함을 받을 수 있다. 1885년 시카고에서 개최된 제1차 성결 총회의 교리 선언문을 살펴보면 당시 성결 캠프의 성격을 파악할 수 있다.

일반적으로 '성화', '성결', '기독인의 완전' 혹은 '완전한 사랑'으로 지칭되는 온전한 성화(entire sanctification)는

---

139) 빈슨 사이난, 《20세기 성령 운동의 현주소》, p. 59.

기독교적 경험에 있어 제2의 결정적 단계다. 이 경험을 통해 이미 의롭다 칭함을 받은 신자는 성령세례에 의해, 그리스도의 사역을 통해 그리고 믿음에 의해 즉각적으로 타고난 죄로부터 구원을 받고, 그 결과 모든 불경건한 기질로부터 구원되며, 모든 도덕적 불결함이 씻기고, 사랑 안에서 온전해지며, 하나님과의 온전하고 지속적인 교제 속으로 인도함을 받는다.[140]

성결 집회 측은 1868년 펜실베이니아 맨하임(Manheim)에서 캠프 집회를 열었는데, 300여 명의 목회자들과 25,000명의 신도들이 몰려들었다. 1880년대까지 총 52차례의 전국 캠프 집회가 개최되면서 성결 부흥 운동은 절정에 이르렀다. 성결 집회 측은 첫 번째 은혜인 회심을 강조했고, 이후 두 번째 은혜인 성결을 체험해야 함을 강조하면서 부흥 집회가 열리는 짧은 기간에 '회심자'와 '성결자'를 만들어 내는 데 주력했다. 매번 집회가 끝날 때마다 회심자 몇 명, 성결자 몇 명이라는 통계를 제출했다.

집회의 주요 강사들은 죄로부터 씻음 받는 거룩한 삶도 강조했지만, 일부 목회자들을 중심으로 성령세례란 '능력 부여'(empowerment)라는 오순절적 주장들이 등장하기 시작했다. 종종 성결의 체험을 성령세례와 동의어로 표현하기도 했다. 특히 1881년에 열렸던 한 성결 집회에서 방언 현상이 나타나면서 성결 운

---

140) Robert M. Anderson, *Vision of the Disinherited*, p. 39.

동 내에 방언 논쟁을 불러일으켰다.

하루는 설교가 진행되던 도중 캐럴(Carrol)에서 온 한 성결
파 여인이 갑자기 복도에서 대(大)자로 쓰러졌다. 때로 사
람들이 쓰러지는 일들이 있어 왔기에 이것은 큰 문제가
되지 않았다. 그러나 이 경우에는 전혀 예상치 못한 일이
일어났다. 몇몇 자매들이 그녀의 몸가짐을 바로잡아 주고
있을 때, 그녀는 뜻을 알 수 없는 말들을 하면서 마치 시를
읊듯이 이상한 곡조로 노래를 불렀다. 그녀가 이상한 말
을 계속하는 바람에 예배는 엉망이 되었고, 집회의 진행
은 혼란에 빠졌다. 이 현상에 관해 여러 갈래로 의견들이
나뉘었다. 한쪽의 사람들은 하나님의 놀라운 능력이 나타
났다고 해석한 반면, 다른 쪽 사람들은 이 현상을 초대 교
회 오순절의 방언의 역사가 나타난 것이라 주장했다. 그
러나 집회에 참석했던 목회자들은 그것을 귀신의 역사라
고 규정했다. 하지만 너무도 의견들이 다양했기에 이 사
건은 세심하게 다뤄져야 했다.[141]

성결 캠프 집회는 주로 감리교회 내에서 태동한 일종의 감리
교 갱신 운동으로, 이 집회를 주도한 주요 인물들은 대부분 감리

---

141) A. M. Kiergan, *Historical Sketches of the Revival of True Holiness and Local Church Polity*(Fort Scott, Kans.: Church Advocate and Good Way, 1971), p. 31.

제4장 | 성결 운동 _ 119

교 목사들이었고, 지역적으로는 남감리교를 중심으로 남부 지역에서 활발히 일어났다. 이후 캠프 집회는 점차 종교적 색채가 가미된 중·상위층의 여름 휴양지로 변질되어 가면서 '할렐루야'를 외치던 부흥회의 열기가 사라져 갔다. 1850년대를 기점으로 미국 최대의 교단으로 성장한 감리교회는 감독 제도를 중심으로 한 중앙집권화 경향이 강화되면서 독자적 사역을 진행하던 성결 캠프 집회를 경계하기에 이르렀다.

케직 운동(Keswick Movement)

성결 캠프 집회를 통해 미국 교회에 성화 혹은 완전성(Perfectionism)에 대한 관심이 커지면서 이 주제를 다룬 서적들과 정기 간행물이 증가했다. 장로교 목사인 보드만(William E. Boardman, 1810~1886)은 기독교 신자는 죄로부터 용서함 받는 것에서 그칠 것이 아니라 온전한 거룩으로 나아가야 한다고 믿었다. 1858년, 《Higher Christian Life》(고차원적 그리스도인의 삶)를 출판한 그는 감리교가 아닌 타 교단에 속한 신자들에게 성화론을 설명했다.

영국 교회는 미국 교회의 성결 증진 운동에 관심을 가졌고, 그 결과로 성결 운동가들은 영국을 방문해 집회를 열었다. 영국에서 일어난 성결 운동은 곧 케직 운동으로 불리게 되었다. 케직 운동은 미국 성결 연합회의 영향을 받은 영국국교회의 개혁주의적 성향을 가진 그룹에 의해 시작된 영국식 성결 운동이었다. 1875년, 미국 부흥사인 스미스 부부(Robert & Hannah Smith)는 영국에서 '그리스도인의 성결 증진을 위한 연합 집회'를 인도하면서 그리스도인의 성화된 삶을 강조했다. 죄를 이기는 승리의 신앙생활을 하기 위해 성령의 충만함은 필수적이라는 것이다.

영국의 케직 운동은 미국 성결 운동의 성화에 대해 다른 해석을 내놓았다. 미국 성결 집회가 성령세례를 성화의 체험과 동의어로 사용한 반면, 영국의 케직 운동은 성화와 성령세례를 명백히 다른 경험들로 구별했다. 미국 성결 운동은 성령세례를 통해 순간적인 성화가 가능하다는 신학적 견해를 주장했지만, 개혁주의 성향의 케직파는 비록 성령의 역사로 성화가 시작되기는 하지만 성화란 순간적 변화가 아닌 일생에 걸쳐 점진적으로 성장해가는 과정으로 이해했다.

미국 성결파는 이 세상에서 성화를 이루는 것이 가능하다고 해석한 반면, 케직파는 인간의 삶에서 완전 성화를 이루는 것은 불가능하다고 생각했다. 즉 미국 성결파가 웨슬리의 성화론에 근거해 죄성의 완전 제거(eradication of inbred sin)가 가능하다고 주장한 반면, 케직파는 죄성의 완전 제거는 불가능하며 오직 죄성을 억제(suppression)할 뿐이라고 믿었다. 케직파에 의하면, 성화의 삶이란 '완전한 상태'에 도달한 것이 아니라 일생 동안의 점진적 성장이다.

케직 운동가들은 이 세상에서 실현 불가능한 성화라는 용어보다는 '성령세례'라는 용어를 선호했다. 성령세례란 미국 성결 운동가들이 주장하는 것처럼 완전한 성결을 체험하는 것이 아니라, 섬김과 세계 복음화를 위해 성령의 권능 혹은 능력을 부여받는 것이다.[142] 영국의 케직파를 통해 성령세례란 용어의 해석에 대한 급진적 변화가 일어났다. '성령세례를 받았다' 는 말은 '성화를 체험했다' 는 의미가 아니라 '성령의 능력을 받았다' 는 뜻으로 전환되었다.

부흥회를 인도하기 위해 영국을 찾은 무디는 케직 운동을 접한 후 이 운동을 미국으로 역수입했다. 미국 교회에서는 주로 웨슬리안 그룹이 미국의 성결 운동을 주도했는데, 케직 운동의 도입으로 인해 토레이(Reuben A. Torrey), 심프슨, 고든, 피어선 등과 같은 개혁주의 성향의 성결 운동가들이 등장함으로 미국에서 케직 운동이 절정에 이르렀다. 웨슬리안파 성결 운동이 웨슬리의 성화 개념을 유지하고 성령세례를 성화와 동일시한 데 반해, 개혁주의적 케직 운동은 성령세례를 부패성의 제거인 성화와 구별해 봉사를 위해 능력을 덧입는다는 개념으로 발전시켰다. 성령세례는 세계의 신속한 복음화를 위해 '권능을 부여' 받는 것이다.[143]

성령세례에 대한 첨예한 의견 대립으로 성결 캠프 집회 측과 케직 운동가들과의 관계에 균열이 생겼다. 1890년대 이후 미국 성결 운동은 웨슬리안 그룹(감리교 계통)과 케직 그룹(칼빈주의 계열)으로 양분되면서 충돌을 일으켰다. 이후 케직 운동은 세대주의적 전천년설을 수용하고 신유 운동에도 큰 관심을 기울였다.

내적 죄의 청산을 거부하고 전천년설과 신유, 성령의 은

---

142) Robert M. Anderson, *Vision of the Disinherited*, p. 43.
143) ibid., p. 43.

사들을 강조하는 (케직의) 가르침은 성결 운동 지도자들을 갈라놓았다. 무디와 시카고 무디 성경학교 초대 학장이었던 토레이, 보스턴의 고든대학 설립자인 고든(A. J. Gordon), 기독교선교연합회(Christian and Missionary Alliance)의 설립자인 심프슨(A. B. Simpson), 부흥사인 채프먼(J. W. Chapman) 등은 두 번째 은총(성령세례)에 대한 새로운 해석을 미국에 전파하기 시작했다. 두 번째 은총의 해석을 둘러싼 갈등은 미국 전역으로 확산되었다.[144]

고든코웰 신학교의 설립자인 고든은 회심에서 역사하는 성령의 사역과 전도와 봉사를 위한 성령의 역사를 구분함으로 전형적인 케직의 성령론을 표현했다. '승리의 삶'(Victorious Life), '높은 삶 운동'(Higher Life Movement) 등의 케직 용어는 개혁주의파 성결 운동에서 널리 사용되었다. 케직 운동은 성령세례는 곧 능력 부여라는 성령세례 신학을 발전시켜 오순절 운동이 태동하는 데 큰 영향을 미쳤다. 특히 성화는 회심의 순간에 시작되어 일생동안 진행되는 점진적 과정이며, 이 세상에서 성취하는 것은 불가능하다는 신학에 기초해 성화를 뺀 사중복음을 강조하는 개혁주의적 성향의 오순절 운동이 등장하는 데 큰 기여를 했다.

---

144) Timothy L. Smith, *Called Unto Holiness*(Kansas City, Mo.: Nazarene Publishing House, 1962), p. 25.

무디(Dwight Moody, 1837~1899)의 부흥 운동

YMCA에서 사역했던 무디는 1870년대 영국에서의 순회 집회에서 큰 역사를 일으키면서 대부흥사로 대두되었다. 무디와 함께 사역했던 찬양 사역자 생키(Ira David Sankey)는 복음성가를 만들어 부흥회에 참석한 회중들과 함께 불렀다. 찬양은 모든 참석자들을 예배에 참여시키고 하나님에게 자신의 감정을 표현하는 중요한 수단이 되었다.[145]

무디의 신학은 흔히 세 가지 R's로 표현된다: 죄로 인한 파멸(Ruin by Sin), 그리스도의 보혈로 인한 구원(Redemption by the blood of Christ), 성령의 능력으로 인한 중생(Regeneration by the power of the Holy Spirit). 개혁주의적 성향을 가졌던 그는 인간의 본성은 죄로 말미암아 전적으로 부패했고, 이 부패성은 인간의 신앙적 노력이나 교육으로도 개선될 수 없다고 믿었다. "인간의 능력으로는 죄로부터 해방될 수 없고 오직 그리스도의 십자가 보혈에 의해서만 죄에서 벗어나 구원을 받을 수 있다. 인간이 죄를 깨달아 회심하고 구원을 얻기 위해서는 성령의 초자연적 역사가 있어야 한다."[146] 중생 이후의 삶은 옛 사람과 새사람 사이의 갈등의 연속으로, 이 세상에서 성화를 이루는 것은 불가능하다. 부흥사이자 전도자였던 그는 회심을 외쳤고, 죄인들이 거듭나 구원을 얻는 데 최상의 목표를 두었다.

---

145) 알리스터 맥그라스, 《기독교, 그 위험한 사상의 역사》, pp. 487~488.
146) 스탠리 군드리, 《무디의 생애와 신학》(서울: 생명의말씀사, 1997), pp. 112~129.

무디는 존 다비(John Nelson Darby, 1800~1882)의 세대주의적 전천년설에 깊은 영향을 받았다. 영국국교회의 성직자였던 다비는 교회의 머리가 그리스도여야 함에도 불구하고 국왕이 그 자리에 앉아 있다는 비판을 가했다. 교권주의 및 형식주의에 물든 영국 교회는 그리스도의 몸이라기보다는 적그리스도라는 것이었다. 참신자는 세속적 교회에서 탈퇴해서 참신자로 이루어진 모임에 가담해야 한다고 생각한 그는 영국국교회를 떠나 플리머스 형제단(Plymouth Brethren)에 가입했다. 그는 기존의 전천년설을 정교하게 발전시켜 휴거를 포함한 세대주의적 전천년설을 전파했다. 세상은 점점 악하고 타락해서 그리스도의 재림 및 심판으로 종말을 고하게 될 것이다. 온 세상에 복음이 전파된 이후에 예수의 재림이 있을 것이다.

다비의 전천년주의 사상은 19세기 말 미국의 비관주의적 사회 분위기와 맞물리면서 큰 반향을 불러일으켰다. 남북전쟁의 참혹함과 폐허는 낙관주의적 역사관을 빼앗아 가 버렸고, 역사는 발전이 아닌 퇴보를 한다는 생각이 지배했다. 19세기 말, 미국은 유럽으로부터 몰려드는 이민자들과 직업을 찾아 농촌을 떠난 사람들이 몰려들면서 도시는 슬럼화 되었고, 빈부의 격차는 심화되었다. 유럽 가톨릭 신자들의 이민 물결은 적그리스도의 침입으로 해석되었고, 유럽에서 들어온 고등비평과 진화론은 전통적 성경관과 창조론을 흔들어 놓았다. 이로 인해 미국 교회는 후천년설을 버리고 전천년설로 전환했다.[147]

무디는 죄로 인해 타락한 마지막 시대에 살고 있으며, 주님이 곧 오실 것이라 믿었다. "전천년설이란 그리스도가 천년왕국 이전에 재림하신다는 것이다 … 수백만 명의 사람들이 타락과 죄에 빠져 있는 런던을 보라."[148] 그는 현실에 대한 암울한 진단과 비관적 전망을 내놓았다. 세상은 점점 타락해서 죄악으로 가득 차게 되고 역사는 퇴보할 것으로, 결국 그리스도가 갑자기 재림해서 세상을 심판함으로 종말을 보게 될 것이라고 말이다. 이 세상은 침몰하고 있는 배와 같다고 생각한 그는 그의 사명이 물에 빠진 사람들을 건져 내는 것이라 생각했다. "나는 이 세상을 파선당한 배라 생각한다. 하나님이 나에게 구명선을 주시면서 말씀하셨다. '무디야! 너는 할 수 있는 대로 많은 사람들을 구원하라.'"[149]

그는 주님의 재림이 매우 임박했기 때문에 열심히 선교하고 봉사해야 한다고 주장했다. 그는 성경 연구원을 세워 속성 과정으로 성직자와 평신도들을 교육 및 훈련시켰고, 그들로 하여금 나가서 전도와 선교에 헌신케 했다. 그는 매년 케직 운동의 성격을 가진 '고차원적 삶을 위한 사경회'(Higher Life Conference)를 열었는데, 이 집회에 참석한 수천 명의 대학생들이 선교에 헌신하게 되었다.

무디는 성령 체험에 대해 부정적인 생각을 가지고 있었으나 1871년 기도 모임에서 위로부터의 능력 부여인 성령세례를 체험

---

147) George Marsden, *Fundamentalism and American Culture*(New York: Oxford University Press, 1980), pp. 48~55.
148) A. J. Gordon, *The Ministry of Healing*, p. 43.
149) William G. McLoughlin, *Revivals, Awakening, and Reform*, p. 144.

하고는 생각을 바꾸게 되었다. "나는 온 방 안이 하나님의 영광으로 찬란하게 빛나는 가운데 마룻바닥에 엎드러져서 온 영혼이 하나님의 신비한 임재 가운데 거한 채 누워 있었다."[150] 그는 이 신비한 경험을 성령세례라 생각했다. 특히 영국에서 일어난 케직 운동을 미국 교회에 소개하는 가운데 중생과 성령세례를 구별하면서 중생 이후에 성령세례를 받아야 함을 강조했다. 성령세례란 다름 아닌 봉사와 복음 전파를 위해 초자연적 성령의 능력을 받는 것이다. "전도와 봉사를 위한 성령의 세례는 회심 및 확신과는 완전히 구별되는 것이다 … 성령세례는 중생케 하는 사역과 구별되는 성령의 사역이다."[151]

무디가 집회에서 성령세례를 강조하자 새로운 종교적 현상들이 나타나기 시작했다. 1875년, 그가 런던의 YMCA 집회에서 회심을 강조하는 동시에 전도와 선교를 위해 성령의 능력을 받아야 한다고 설교할 때, '모임은 불도가니에 빠졌고 사람들은 방언을 말하고 예언을 했다.'[152] 1876년 보스턴 집회에서는 마약 중독자가 기도로 치유되는 역사가 나타났다.

1889년, 무디 성경학교(Moody Bible Institute)가 세워졌고, 케직 운동의 영향을 받은 토레이 원장은 '고차원적 삶을 위한 성령세례'

150) Richard K. Curtis, *They Called Him Mister Moody*(Garden City, New York: Doubleday, 1962), p. 149.
151) 도널드 데이턴, 《오순절운동의 신학적 뿌리》, pp. 110~111.
152) Richard M. Riss, *A Survey of 20th Century Revival Movements in North America*(Peabody, MA: Hendrickson Publishers, 1988), p. 17.

를 가르쳤다. 그는 성령세례를 죄 씻음으로 해석하는 웨슬리안적 성결론에 반대해 중생과 성화, 성령세례는 다른 경험들이며, 성령세례는 성령이 각 사람 안에 내주하심으로 "주님을 섬기는 데 필요한 능력을 부여받는 것을 의미한다"[153]고 규정했다. 성령세례는 본인이 받았는지 못 받았는지를 분명히 알 수 있는 가시적 체험이라는 것이다.[154] 케직 사상을 물려받은 무디와 토레이는 미국 교회에 능력 부여인 성령세례를 소개했고, 세대주의적 전천년설을 강조함으로 오순절 운동의 신학이 형성되는 데 큰 기여를 했다.

감리교회의 변화

미국 감리교는 초창기부터 웨슬리의 성화론에 충실했고, 성령의 역사로 부패성이 제거될 수 있다는 성화 신학을 발전시켰다. 그러나 1860년대 남북전쟁 이후, 감리교 신학은 점차 진보적이고 세속적 성향으로 흐르기 시작하면서 성화에 대한 관심이 크게 퇴조했다. 노예 제도를 지지했던 남감리교는 이미 1830년대부터 성결의 신학에 대해 포기하면서 눈에 띄게 성결에 대한 강조가 약화되어 갔다.

특히 예일대의 테일러 신학이 감리교에 큰 영향을 미치면서

---

153) Reuben A. Torrey, *The Person and Work of the Holy Spirit*(New York: Fleming H. Revell Company, 1910), p. 176.
154) Reuben A. Torrey, *The Baptism With the Holy Spirit*(New York: Fleming H. Revell Company, 1897), pp. 9~14. R. A. Torrey, *What the Bible Teaches*(Grand Rapids: Fleming H. Revell, 1898), pp. 270~271.

인간의 원죄(부패성)를 부정하는 경향이 강해졌다. 테일러에 의하면, 아담의 원죄는 후손들에게 유전되지 않기에 이는 인류에게 아무런 영향을 미치지 못한다. 현대 감리교 신학의 형성에 큰 영향을 끼쳤던 훼돈(Daniel Whedon, 1808~1885)을 중심으로 한 신학자들은 인간의 원죄를 부정했고, 인간은 자유의지로 선을 선택할 수 있음을 강조했다. 인간은 태어날 때부터 부패성이 없기 때문에, 부패성의 제거인 성화를 강조할 필요가 없어졌다. 결국 부패성을 부정하는 신학적 경향은 성화를 부인하는 쪽으로 흘러갔다. 감리교에서는 더 이상 성화를 내적 부패성의 제거로 해석하지 않고 도덕과 율법을 준수하는 능력으로 이해했다.

감리교 주류는 중생과는 구별되는 온전한 성화를 부정하고, 성화의 순간적 성취를 약화시키고 점진적 성화만 존재한다고 가르쳤다. 1870년대 감리교 교리 장정은 존 웨슬리의 '기독인 완전' 교리를 빼 버렸고, 중생 이후에는 하나님의 법을 지키며 살아가는 점진적 성화로 전환했다.[155] 감리교 내에서도 감리교 고유의 성화 신학이 약화되면서 사라져 갔다.

감리교는 신학적 변화뿐만 아니라 예배 스타일에서도 큰 변화를 겪었다. 초기에는 순회 설교자가 인도하는 부흥회식이거나 캠프 집회가 예배의 주종을 이루었다. 그러나 감리교가 큰 부흥을 경험하면서 목회자들은 점점 한 곳에 정착하게 되었고, 예배 순

---

155) James Mudge, *Growth in Holiness Toward Perfection or Progressive Sanctification*(New York: Hunt & Eston, 1985).

서는 정교해지고 예식을 강조하는 쪽으로 전환되었다. 다소 거칠지만 열정적인 예배로 인해 많은 회심자들을 낳았으나, 정교하기는 하나 식어 버린 예배를 통해 회심자가 많이 나오기 힘들어졌다. 1872년 오션 그로브 캠프 집회(Ocean Grove Camp Meeting)를 통해 많은 죄인들이 회개했고, 신자들은 성화를 체험했다. 1878년 집회에서도 600여 명이나 되는 사람들이 회개하고 은혜를 받았다. 그러나 부흥회 및 캠프 집회가 점차 종교적 색채를 지닌 중류층의 여름 휴양지로 변질되면서, 1894년 보고서에는 몇 명만이 회개했다고 보고되었다.[156]

초기 캠프 집회에서는 감정을 자유롭게 표현하는 것이 가능했으나, 이후에는 금지되었다. '할렐루야'를 외치던 감리교인이 이제는 인쇄된 글을 낭송하게 되었다. 감리교 특유의 즉흥적이고 단순한, 체험적이며 열정적인 설교는 차갑고 이성적인 원고 설교로 대체되었다. 교세가 커진 감리교회는 더 이상 캠프 집회를 중요시하지 않게 되면서 부흥회나 캠프 집회와 같은 예배 스타일은 옛날의 추억으로 사라져 버렸다.

감리교 전체 행정 구조에서도 큰 변화가 일어났다. 초기에는 은혜의 체험이 순회 설교자로 임명되는 중요한 잣대가 되었지만, 1850년대에 들어 감리교가 개신교 최대 교단으로 등극하자 고등교육을 받은 목회자 중심의 체제로 변화되었다. 순회 설교자들이

---

156) 로저 핑크, 로드니 스타크, 《미국 종교 시장에서의 승자와 패자(1776~2005)》, p. 251.

말에서 내려 정착하기 시작하면서 감리교는 순회 시스템을 해체하고 정착된 목사직을 허용했다. 초기에는 교육을 제대로 받지 못했지만 열정이 넘치는 평신도 순회 설교자나 속회 리더를 중심으로 발전했으나, 그들 대신 신학교에서 체계적인 교육을 받은 목회자들이 자리를 잡았다. 더군다나 감리교의 전매특허였던 속회 모임마저 사라지면서 평신도들을 훈련시킬 프로그램이 없어져 평신도 지도자들이 설 자리가 없어졌다.

목회자 양성 과정으로 신학교 교육이 강화되면서 목사 후보생들의 고등 교육을 강조하는 신학교들이 세워졌다. 감리교 목회자가 되기 위해서는 신학대학원을 졸업해야 했고, 그들의 신학과 신앙 교육을 담당한 신학자들과 상류층의 통제하에 급격한 세속화 현상이 나타났다. 감리교 신학교는 보수적 신학에서 벗어나 점차 진화론, 고등비평, 사회 복음 운동, 교회 일치 운동 등에 동조하는 자유주의적 신학이 주도하기 시작했다. 고등 교육을 받고 목사 안수를 받은 목회자들은 죄, 회심, 성화 등과 같은 전통적 신학 개념에 의심을 품었다. 고등 교육을 받은 목회자가 신앙적 열정과 감정적 현상들을 자제시키면서 열광하던 신자들은 점점 냉랭하게 변해 갔다. 세속화된 신앙은 복음 전파를 더 이상 교회의 유일한 사역으로 여기지 않으면서 사회 복음의 사회 강령(Social Creed)을 받아들여 복음으로 사회적 질서와 제도를 개혁하는 것에 집중했다. 감리교는 빠른 속도로 비복음주의, 반웨슬리적, 반성경적으로 변해 갔다.[157]

감리교단은 정착하기 시작한 목회자들을 효율적으로 관리하기 위해 중앙집권식의 감독제를 강화하면서 감독이 목회자를 임명하고 이동시키는 지배 구조를 만들었다. 이런 변화로 말미암아 자율적 조직은 행정력을 강조하는 교권화를 정착시켰다. 강력한 감독제에 의한 계급적 구조가 자리 잡으면서 전문적인 행정력을 갖춘 목회자들이 감리교를 이끌어 나갔다.

감리교는 급격한 성장을 통해 교인 수가 폭발적으로 늘어나면서 교인들의 사회 계층이 향상되었다. 웨슬리와 초기 감리교는 사회적으로 소외된 노동자나 광부, 여성들에게 다가가 그들의 친구가 되었으나 점차 중산층의 사고와 가치를 대변하게 되었다. 초기 평범했던 교회 건물은 건축미를 살린 화려한 예배당으로 변모했으며, 값비싼 파이프오르간이 설치되었고, 돈을 받는 전문 음악가로 성가대를 운영하게 했다. 교회 건축 및 유지 비용을 위해 부자들로부터 정기적으로 기부를 받으면서, 감리교회는 기부금을 낸 신자들을 위해 좋은 앞좌석을 지정석으로 만들어 그들만이 앉도록 했다. 사역자들의 사례금이 크게 오르면서 목회자들은 비싼 의복을 입고 사택에서 살았다. 감리교의 급격한 부르주아 현상으로 인해 노동 계층 및 하류 계층은 감리교회에 남아 있기 힘든 상황이 되었다.

감리교는 거대 교단으로 변모해 가면서 초기의 정신을 잃어버리고 더 이상 웨슬리의 정신을 찾아보기 힘들게 되었다. 사회적으로 중·상위층 계층으로 올라선 감리교는 내적 성화의 신학에

157) ibid., pp. 251~252.

대해 부담감을 느끼면서 점차 성화를 약화시키기에 이르렀고, 결국 성화를 강조하는 목회자들을 징벌을 가하고 쫓아내기 시작했다. 감리교가 초심에서 벗어나 변질되었다고 생각한 감리교 목회자들 중 일부는 다시 웨슬리의 정신으로 돌아가자는 주장을 하며 감리교단을 탈퇴하기에 이르렀고, 이들을 중심으로 성화를 강조하는 성결교회가 태동하게 되었다. 감리교의 변화는 곧 성결교회가 태동하게 된 직접적 원인을 제공했다.

성결교회의 설립

감리교가 교단적으로 웨슬리의 성화 사상에 대해 다른 신학적 견해를 밝히면서 성화에 대한 관심이 사라져 가자, 성화를 중요시한 감리교인들을 중심으로 성결 증진을 위한 초교파적 단체인 전국성결협회가 설립되었다. 전국성결협회는 성결 촉진을 위해 1867년 제1차 전국 성결 캠프 집회를 개최함으로 성결 운동을 벌여 나갔다. 이 조직은 감리교의 공식적 기관 밖에서 활동하면서 수많은 캠프 집회들을 열었다.

성결협회의 주도로 1885년 제1차 성결 총회가 열렸는데, 모든 성결 단체들을 하나로 묶는 성결교단을 만들자는 주장이 제기되었다. 본래 웨슬리가 주장한 대로, 성결은 중생과는 구별되는 체험으로 부패성의 제거임을 재천명했다. 성결 총회는 부흥회 및 캠프 집회를 통해 성결의 체험을 강조하며 이는 성령세례를 통해 가능하다고 강조했다. 성결파는 감리교가 웨슬리의 기본 정신에서 벗어나 교권주의 및 세속주의에 매여 있다는 비판을 가함으로 감리교 내에 분열을 일으켰다.

당시 엄격한 교권적·제도적 틀을 가지고 있던 감리교는 공식적으로 성결 운동을 부정했고, 성결협회의 독립성을 인정하지 않았다. 성령세례를 통한 순간적 성화 개념을 거부한 감리교 감독들은 공개적으로 성결협회의 성화 강조는 반(半)펠라기우스적이라 비판하면서 성결협회를 불법 단체로 규정했다. 특히 남감리교는 1894년 총회에서 성결 운동에 대한 전쟁을 선포하고 성화를 주장하는 목회자와 교회들을 내쫓기 시작했다. 초기에 성화 교리를 받아들였던 감리교는 19세기 말에 이르러 성화를 부정하면서 오히려 성화를 강조하는 성결 분파들을 제명하기에 이르렀다.

감리교단의 태도에 큰 실망을 한 성결 운동 대변인들은 교인들에게 변질되고 탐욕에 가득 찬 감리교회로부터 나오라고 외쳤다. 그들에게 있어 감리교는 "안일하고 나태하고 약삭빠르고 덩치만 큰 타락한 웨슬리주의의 변종"[158]이었다. 이처럼 감리교가 성화에 대한 신학적 태도를 바꾸자 웨슬리의 완전성을 지지하던 감리교 신자들을 중심으로 성결교회가 태동하게 되었다. 성화를 옹호한다는 이유로 감리교에서 축출되었던 신자들을 중심으로 1895년부터 1905년까지 수많은 성결교단들이 조직되었다. 감리교에서 나오면서 성결 운동은 통일된 조직을 구성하지 못해 수십 개에 달하는 소수 교단들로 분열되고 말았다.

많은 감리교인들은 성화 개념을 중요시했지만 정작 성결교회

---

158) Timothy L. Smith, *Called Unto Holiness*, pp. 28~33.

로 이적한 수는 소수에 불과했다. 약 400만 명 정도의 감리교인들 중 성결교회에 가입한 수는 10만 명 정도에 불과했다. 이는 대부분의 감리교 신자들이 교리보다는 교단 자체에 대한 충성심이 더 강했음을 반증해 주었다.

19세기 말에 설립된 성결교단들의 신학적 특징은 중생과는 구별된 성화를 강조하고 성령세례를 통해 성결을 이룰 수 있다는 점이었다. 이들은 '오순절적'(Pentecostal)이라는 용어를 선호했는데, 이는 성령세례를 의미함으로 성결 운동을 대변하는 중요한 단어가 되었다. 1890년대와 1900년 초에 설립된 대부분의 성결교단은 교단 이름에 오순절이란 용어를 붙였다.[159]

대표적 성결교단으로는 브리지(Phineas Bresee, 1838~1916)가 1895년에 설립한 나사렛교회(The Church of Nazarene)다. 감리교 목사였던 브리지는 성결 집회에 참석해 성결을 체험함으로 열정적으로 성결을 전파했다. 그러나 성결에 대한 그의 강조가 감리교 감독들의 반대에 부딪히자 그는 감리교에서 나와 로스앤젤레스 중심가에 '거룩한 삶', 곧 성결을 강조하는 나사렛교회를 세웠다. "온전한 성결은 성령세례로 이루어지며 이는 죄로부터 마음을 정결케 하는 것이고, 성령이 우리 안에 내주하심으로 삶과 봉사를 위해 능력을 주신다."[160] 1907년, 나사렛 오순절교회(Pentecostal Church of Nazarene)라는 전국적인 조직이 만들어졌으나, 당시 태동

---

159) 빈슨 사이난,《20세기 성령 운동의 현주소》, p. 61.
160) E. P. Ellyson, *Doctrinal Studies*(Kansas City, MO.: Nazarene Publishing House, 1936), p. 106.

한 오순절 운동에 반대해 오순절(Pentecostal)이란 용어를 삭제하고 나사렛교회로 교단 이름을 바꾸었다.

감리교는 초창기에 하류층을 주요 전도 대상으로 삼았으나, 교단이 성장하면서 중·상위층으로 그 대상을 올려 가난한 자들이 갈 곳이 없어지자 나사렛교회는 그들을 포용했다. '나사렛'이란 용어는 가난한 사람을 의미했다. 또 다른 대표적인 성결교회로는 영국 감리교 목사였던 윌리엄 부스(William Booth, 1829~1912)가 세운 구세군(Salvation Army)이다. 구세군은 성결을 대표적 교리로 받아들이면서 사회사업을 성화의 공적 사역으로 주장하는 대표적 성결교단으로 성장했다. 연말이 되면 빨간 자선냄비 사역을 펼쳐 가난한 사람들을 돕고 있다.

당시에 설립된 대표적인 성결 단체는 1887년 심프슨이 도시 빈민 선교와 해외 선교를 목적으로 설립한 기독교선교연합회(Christian and Missionary Alliance)다. 열렬한 성화 지지론자였던 그는 성화가 죄로부터의 분리임을 강조하면서 신유와 재림을 포함한 사중복음을 지지했다: "주 예수 그리스도는 구원자(Christ Our Savior), 성결케 하시는 분(Christ Our Sanctifier), 치료자(Christ Our Healer), 다시 오실 왕(Christ Our Coming Lord)."[161] 그는 성령의 특별한 사역들 중 하나가 '고귀한 삶'(Higher Life)에 있다고 믿었다.

초기 감리교의 신학적 유산을 물려받는 것을 교단의 정체성으

---

161) A. B. Simpson, "Introduction," *The Fourfold Gospel*(New York: Gospel Alliance Publishing, 1925).

로 삼은 성결교회는 감리교의 자유주의적 사고에 대항해 보수적 신학을 대표했고, 감리교의 중·상류층 중심에 반발해 하류층을 전도 대상으로 삼았다. 웨슬리안 성결교회는 첫 번째 축복인 중생과 두 번째 축복인 성결을 중심 교리로 택한 반면, 이후 태동한 급진적 성결교회는 성결 외에 신유와 전천년설을 수용했다. 주로 후천년설을 지지했던 웨슬리안 성결 운동은 급진파의 신유 운동과 전천년설에 반대하면서 극도의 경계를 표했다.

신유 운동의 태동

신유와 축사는 초대 교회 때부터 교회의 중요한 사역이었다. 세례자를 위한 교리 문답서는 신유와 축사를 다루고 있었고, 세례를 행할 때 귀신을 쫓던 관례가 있었다. 초대 교회는 악한 영의 세력을 꺾으신 그리스도의 승리를 강조했고, 십자가 대속의 은혜에 근거해 신유의 신학을 발전시켰다. 그러나 콘스탄티누스 황제로 인해 기독교가 국교화되는 과정 가운데 신유를 위한 기도가 죽음을 준비하는 종유성사의 의식으로 변형되었다. 반면 중세 가톨릭교회는 성례전을 통한 치유를 강조했고, 민간 신앙에서는 신유 사역들이 행해졌다.

로마가톨릭교회를 대항해 일어난 개신교 정통주의는 가톨릭교회의 신학과 신앙에 반대하는 과정 가운데 신유를 가톨릭교회의 미신으로 치부했다. 개신교 정통주의자들을 중심으로 성령의 은사들은 초대 교회에 국한되고, 기적 또한 신약 시대에만 속한 것으로 기적의 시대는 중단되었다고 주장했다. 개신교에서는 치유의 기적은 성경의 완성과 함께 사라졌기에 오늘날 더 이상의 신유의 역사는 나타나지 않는다는 은사 중지론이 신학적 대세를 이루었다.[162]

독일 루터란교회를 개혁하기 위해 일어난 경건주의 운동은 신유 중지론에 도전장을 내밀면서 초대 교회의 기적들이 현재에도 재현될 수 있다는 주장하에 신유 교리에 대한 새로운 조명이 일어났다. 경건주의 신학자 벵엘은 성경 주석을 통해 성경의 기적이 현재에도 일어날 수 있기에 하나님이 기적을 베푸시는 표시인 신유는 오늘날에도 남아 있다고 해석했다.

본격적인 근대 유럽의 신유 운동은 스위스의 트루델(Dorothea Trudel, 1813~1862)의 사역으로부터 시작되었다. 그녀는 자신이 운영하던 공장에서 네 명의 일꾼들이 갑자기 아팠으나 의사를 빨리 부를 수 없는 긴박한 상황에 처했다. 그녀는 야고보서 5장 14~15절 말씀에 의지해 신유를 위해 기도했고 그들은 곧 치유를 경험했다. 그녀는 이 놀라운 경험을 통해 질병의 원인은 본질적으로 죄와 관련이 있다고 해석해 치유를 위해 절실한 회개를 강조했고, 기도함으로 신유가 나타난다고 믿었다. 본격적으로 신유 사역에 뛰어든 그녀는 환자들을 위한 요양원을 취리히 근교에 세웠고, 곧 수많은 사람들이 몰려들면서 요양원을 증축해야 했다. 그녀의 신유 사역은 영국과 미국에 널리 알려짐으로 현대 신유 사

---

162) Wayne A. Grudem ed., *Are Miraculous Gifts for Today?*(Grand Rapids, Michigan: Zondervan, 1996), pp. 10, 31.

역의 한 모델을 제공했다.[163]

독일 루터란교회 목사인 블룸하르트(Johann Blumhardt, 1805~1880)는 뫼틀링엔(Mottlingen) 교회를 담임하고 있던 중, 1842년 심각한 육체적·정신적 발작을 일으키던 디투스(Gottliebin Dittus)라는 여인을 만나 상담하게 되었다. 그는 그녀를 관찰하던 중 질병의 배후에 강력하게 역사하는 악한 영의 힘을 느끼게 되었다. 그녀의 병의 원인을 악한 영이라 진단한 그는 예수의 이름으로 귀신을 쫓기 시작했고, 악령들과 치열한 영적 전쟁을 벌였다. 며칠 동안 지속된 축사 끝에 그녀의 입에서 "예수는 승리자다"(Jesus is Victor)라는 외침과 함께 귀신이 쫓겨남으로 그녀는 정상으로 돌아왔다.

블룸하르트는 이 경험을 통해 질병의 원인은 악령의 영향이라는 결론을 내렸고, 이 세상의 삶을 영적 전쟁의 시각에서 해석했다. 현재에도 악령의 세력이 존재하고 있고, 이 악령들에 의해 수많은 사람들이 고통 받고 있다는 것이다. 그는 예수님의 십자가 승리는 인간의 죄뿐 아니라 질병과 악한 영으로부터의 승리라는 믿음을 가지게 되었다. 그는 목회의 본질은 악령과의 싸움이라 단정 짓고 본격적인 신유 및 축사 사역에 뛰어들었다.[164] 그의 축사 및 신유 사역은 널리 퍼지게 되었고, 그의 교회에는 수많은 병자들이 몰려들었다. 그는 배드볼(Bad Ball)이란 곳에 치유 센터를

163) A. J. Gordon, *The Ministry of Healing*, pp. 146~155.
164) Kelso Carter, *Pastor Blumhardt*(Boston: Willard Track Repository, 1883), p. 36. 프리드리히 췬델, 《영적 각성: 블룸하르트의 하나님 나라를 위한 영적 전쟁》(서울: 서로사랑, 2010).

세워 수많은 병자들과 귀신 들린 자들을 치료함으로 19세기 독일 신유 운동의 선구자가 되었다.[165]

미국 교회 성결 운동의 영향하에 1840년대부터 수많은 캠프 집회들이 열렸는데, 캠프 집회의 강사들은 육체의 치유 사역을 강조하기 시작했다. 집회 말미에는 병자들을 강단으로 불러 올려 치유를 위한 기도와 기름부음을 받게 했다. 신유가 일어나지 않으면 집회가 실패했다는 생각이 들었을 정도로 빈번하게 신유가 일어났다. "거의 모든 캠프 집회에 신유의 시간이 있었으며, 거기서 병자들은 기도와 기름부음을 받기 위해 강단 앞으로 나왔다."[166]

미국 기독교의 본격적인 근대 신유 운동은 성공회 신자였던 컬리스(Charles Cullis, 1833~1892)로부터 시작되었다. 1864년, 의사였던 그는 보스턴에 요양원을 설립해 주 정부에서도 수용할 수 없었던 장기 환자들을 보살폈다. 그는 오갈 데 없는 가난한 병자들에게 무료로 요양할 수 있는 시설을 제공하면서 복음을 전했다. 그는 사업으로서의 병원 운영을 포기하고 기부금을 통해 요양원을 운영하는 '신앙 사업' 형태를 유지했다.

컬리스는 유럽에서 신앙으로 병을 고치는 요양소에 대한 이야기를 듣고는 트루델의 요양원을 방문해서 그곳에서 믿음으로 병 고치는 것을 보고 크게 고무되었다. 미국으로 돌아온 그는 악성 종양 환자에게 기름을 바르며 병의 치유를 위해 간절히 기도하자

---

165) ibid., p.36.
166) C. B. Jernigan, *Pioneer Days of the Holiness Movement in the Southwest*(Kansas City, MO.: Pentecostal Nazarene Publishing House, 1919), p. 165.

그 환자가 일어나 걷는 것을 목격했다. 이 사건을 계기로 그는 요양 사역에서 신유 사역으로 전환했다.

컬리스는 신앙이 없는 사람이 찾아오면 먼저 성경을 가르치고 죄를 회개할 것을 요구했다. 1874년부터는 매해 여름 신유 집회를 열어 신유의 복음을 전했다. 하나님은 인간 영혼의 죄뿐만 아니라 몸 전체를 구원하신다. 그의 신유 운동을 통해 수많은 병자들이 고침을 받으면서 이후 많은 신유 사역자들의 모델이 되었고, 그러면서 그는 '미국 신유 운동의 아버지'로 평가받기에 이르렀다.[167] 미국 교회 내에 초대 교회의 사도적 신앙을 본받자는 회복주의가 대두되면서 초대 교회의 사도적 권능과 영적 은사들에 대한 관심이 커졌다. 신약에 기록된 신유가 오늘날에도 동일하게 일어날 수 있다는 주장이 강해지면서, 신유야말로 하나님의 권능이 그의 몸 된 교회와 신자들에게 임한 강력한 증거로 여겨졌다.[168] 그의 영향으로 인해 1880년대 초에 미국 교회는 신유 운동의 전성기를 맞이해서 대도시를 중심으로 신유 운동이 활발히 전개되면서 미국 전역에 30여 개가 넘는 신앙 요양원들이 생겨났다.

성결 운동가들 중 특히 케직 운동 지지자들은 신유 운동에 큰

---

167) Albert E. Thompson, *The Life of A. B. Simpson*(Brooklyn, NY: Christian Alliance Publishing Co., 1920), p. 246.
168) Edith L. Blumhofer, *The Assemblies of God*, vol. 1(Springfield: Gospel Publishing House, 1989), p. 26. William Faupel, *The Everlasting Gospel*(Sheffield, UK.: Sheffield Academic Press, 1996), p. 39.

관심을 표명했다. 1873년, 보스턴 컬리스의 신유 사역지를 방문했던 보드만은 컬리스의 사역을 목격한 이후 믿음에 의한 신유는 복음의 한 부분이라는 결론을 내렸다. 그는 1881년《The Great Physician》(치유하시는 주님)이라는 저서를 출판하면서 '주님은 죄를 담당하고 용서하시는 구원자시요, 모든 죄에서 성결케 하시는 성결자이시며, 병든 육신으로부터 구원하시는 치유자' 이심을 고백했다.[169] 그리스도의 십자가의 속죄는 구원의 기초가 될 뿐만 아니라 성결케 하며, 질병으로부터의 구원도 포함된다. 그는 영국 런던에 벧산 신유의 집(Bethshan Healing Home)을 설립해서 성결과 신유를 위한 집회를 열었다.

건강이 좋지 못했던 심프슨은 1881년 컬리스가 인도하는 신유 집회에 참석해 신유의 은혜를 경험했다. 그는 보드만이 영국에서 개최한 '국제 신유 및 성결 집회'에 참석해 보드만의 설교를 듣던 중 예수님이 구원자와 성화자일 뿐만 아니라 치유자임을 인정하게 되었다. 신유 사역에 헌신하기로 작정한 그는 당시 장로교회가 신유의 신학을 거부하자 장로교를 탈퇴해 뉴욕 시에 '축복의 집'을 오픈하고 여기서 신유를 위한 금요 집회를 열었다. 그는 《신유》(은성 역간)라는 저서를 통해 신유를 신학적으로 발전시키면서 19세기 후반 미국 신유 운동의 중심인물이 되었다. 예수님의 십자가 속죄는 죄의 용서뿐만 아니라 죄의 결과물인 질병도 함께

---

169) W. E. Boardman, *The Great Physician*(Boston: Willard Tract Repository, 1881), p. 47.

치유한다. 신유는 예수님의 사역들 중 중요한 부분을 차지하기에 신유를 죄의 용서나 구원보다 낮은 등급의 사역에 두는 것은 잘못된 성경 해석이다. 그는 사중복음을 발전시키면서 예수는 구원자, 성화케 하는 자, 치유자, 다시 오실 왕임을 강조했다.[170]

심프슨을 통해 신유에 관심을 가지게 된 침례교 목사 고든은 컬리스의 신유 집회에 참석함으로 신유에 대한 조사를 벌였다. 그는 1877년 무디가 인도했던 보스턴 집회에서 여러 환자들이 즉석에서 낫는 것을 지켜보았는데, 특히 마약 중독자가 기도로 치유되는 것에 큰 감명을 받았다. 그는 1882년, 《The Ministry of Healing》(신유 사역)이라는 저서에서 세계 선교 현장에서 일어나고 있는 신유의 기적들을 소개했다. 이는 신유가 초대 교회에서만 일어난 사건이 아니라 오늘날에도 나타나는 성령의 역사임을 증명한다.[171] "질병의 원인은 죄다. 그리스도의 구속 사역을 통해 죄 사함을 받기에 회개와 믿음, 기도를 통해 치유를 경험할 수 있다. 예수님은 우리를 죄에서 해방하는 구원자요, 거룩하게 하는 성화자시며, 질병을 고치는 치유자시다."[172]

반면 과격한 형태의 신유 운동으로 인해 신유 운동에 부정적인 영향을 끼친 인물도 있다. 호주 출신인 도위(John Alexander Dowie, 1847~1907)는 신유 사역을 위해 국제신유협회를 조직했고, 1890년대에 미국 시카고 지역으로 이주해서 신유 사역을 펼쳐

---

170) Albert E. Thompson, *The Life of A. B. Simpson*, p. 64.
171) A. J. Gordon, *The Ministry of Healing*, p. 116.
172) ibid., pp. 17~18.

나갔다. 신유 은사를 가진 그는 병자들을 위한 기도에 주력했고, 수많은 사람들이 신유를 경험했다. 1893년, 시카고 세계박람회를 통해 큰 명성을 얻은 그는 추종자들을 모아 기독교 가톨릭교회(Christian Catholic Church)를 세웠다. 그는 1901년 시카고 북쪽에 시온 시(Zion City)를 건설하면서 도시의 중심지에 8천 석을 갖춘 성전을 건축했고, 2만여 명이 넘는 사람들이 이 도시로 몰려들었다. 성결을 중요시한 그는 시온 시에 무도회장이나 극장 등을 여는 것을 허락하지 않았고, 흡연, 음주, 돼지고기 등을 엄격히 규제했다.

이후 그는 신유에 대한 과격한 주장을 펴기 시작했다. "약품은 의사들이 나눠 주는 독약이며, 병원을 찾는 행위는 신앙이 없기 때문이며, 안경을 쓰는 것은 불신앙 때문이다." 1901년에는 자신을 회복자 '엘리야'로 선포하면서 스스로를 말세 교회에서 갱신된 최초의 사도로 칭했다. 그러나 중풍으로 쓰러지면서 급격히 지도력을 상실했다.

신유 운동이 대중들에게 널리 알려진 데는 도위의 영향력이 컸다. 반면 과격한 형태의 신유가 비판의 대상이 된 데도 그의 영향이 컸다. 도위와 직접적 연관이 없던 성결 운동과 오순절 운동은 단지 신유를 강조한다는 이유 하나만으로 근거 없는 비난을 받아야 했다.[173]

보드만, 심프슨, 고든과 같은 케직 성결 운동가들을 통해 신유의 신학이 발전함으로 1870년대 이후에는 많은 복음주의 교단들이 신유의 복음을 받아들였다. 미국 교회는 1880년대에 신유 운

동의 전성기를 맞았는데, 병의 치유를 목적으로 한 '신유의 집'
이 보스턴, 필라델피아, 뉴욕, 볼티모어, 디트로이트, 피츠버그
등과 같은 대도시에 세워졌다. 신유의 집은 병자들에게 숙박을
제공하며 믿음과 기도를 통한 치유 사역을 펼쳐 나갔다.

　성결교회들 중 일부는 신유의 복음을 적극적으로 받아들였고,
집회에서는 병이 낫는 역사가 활발히 일어났다. 19세기 후반, 성
결 운동이 중부와 남부로 확산되면서 예수 그리스도의 구속 사역
에 영혼의 구원과 함께 육체의 물리적 치유도 포함되어 있다는
신학적 주장을 받아들이는 교회들이 늘어 갔다. 성결 총회의 2대
회장인 맥도날드(William McDonald)는 컬리스의 신유 사역을 적극
적으로 지지했고, 1892년 《*Modern Faith Healing*》(현대 신유 운동)
을 저술해서 신유 사역을 적극적으로 권장했다. 1901년, 성결 총
회는 '병자들은 믿음의 기도를 통해 치유될 수 있다'는 교리를
받아들여 신유를 중생과 성화와 같이 소중하게 생각했다. "질병
의 원인은 인간의 죄악으로, 죄 사함을 통해 영혼이 구원받고, 육
체의 물리적 치유도 함께 나타난다. 그리스도의 보혈은 인간의
죄를 사하고 부패성을 제거해서 성화에 이르게 하며, 질병으로부
터도 해방시키는 능력이 있다."

　웨슬리안 성결 그룹들 중 중생, 성결, 신유, 재림의 사중복음
을 강조하는 급진적 성결 단체들이 출현했다. 신유 운동은 성결
운동뿐만 아니라 오순절 운동의 탄생에도 직접적인 영향을 미치

---

173) 빈슨 사이난, 《세계 오순절 성결운동의 역사》, pp. 109~110.

면서 오순절 운동의 주요 신학으로 자리 잡게 되었다.

대표적 인물들

제1차적 축복인 중생과 제2차적 축복인 성결을 주장하던 성결 운동가들 중 성결을 넘어선 제3의 은혜를 강조하는 급진적 인물들이 등장하면서 성결 운동은 오순절 운동으로 전환되기에 이르렀다. 성결 운동가들 중 오순절 운동이 탄생하도록 영향을 미친 여러 인물들이 있다. 영국 감리교 목사인 아더(William Arthur, 1819~1901)는 《The Tongue of Fire》(불의 혀)라는 저서에서 은사가 중지되었다는 전통적 견해를 반박하면서 강한 성령의 역사가 동반된 오순절적 부흥이 일어날 것을 기대했다. "신유의 은사나 방언을 말하는 것, 성령의 기적적 은사를 갈망하는 사람은 초자연적 능력을 갈망하지 않는 사람보다 열 배나 더 성경적 기대를 가진 사람들이다." [174)

캐나다 감리교 목사였던 호너(R. C. Horner, 1854~1921)는 초기 감리교의 교리에 따라 중생과 성화를 구별했으나 성화 이후에 오는 제3의 은총인 성령세례가 있음을 주장했다. 거룩함에 도달하는 것이 성화의 은혜를 체험한 것이며, 성화를 경험한 성도들은 성령세례를 받음으로 섬김과 봉사를 위한 능력을 부여받는다는 것이다. 그가 인도하던 집회에서는 성령의 충만함으로 인해 바닥에

---

174) William Arthur, *The Tongue of Fire or the True Power of Christianity*(Columbia, S.C., 1891), p. 288.

쓰러지고, 황홀경에 빠지며, 갑작스런 웃음 등과 같은 종교적 현상들이 나타났다. 제3의 축복에 대한 신학적 주장과 종교적 현상들이 감리교 내에서 논란을 불러일으키자 그는 감리교에서 탈퇴해서 캐나다 성결교회를 세웠다.[175] 호너의 중생, 성화, 성령세례에 대한 뚜렷한 구분은 이후 웨슬리안 전통의 오순절 운동이 탄생하는 데 큰 역할을 감당했다.

침례교 목사 어윈(Benjamin Hardin Irwin, 1854~1926)은 성결교단이 주최한 집회에 참석해 성화의 순간적 은혜를 경험한 이후 열렬한 성결 운동의 지지자가 되었다. 플레처의 신학을 공부한 그는 성화 이후에 또 다른 체험인 '불타는 사랑의 세례'에 지대한 관심을 가지게 되었다. 중생과 성화는 서로 다른 경험들인데, 성화를 넘어선 제3의 체험인 '성령의 불세례'가 있다. 성화가 부패성의 제거인 데 반해, 성령의 불세례는 하늘로부터 오는 권능을 소유하는 것이다. 그는 곧 하늘로부터 오는 권능을 받기를 간구했고, 그 결과 방언과 황홀경을 체험했다. 그는 〈불붙는 석탄〉(Live Coals of Fire)이라는 정기 간행물을 발행하면서 제3의 축복인 성령세례는 성화의 체험 이후에 오는 것이라 주장했다. 이 저서는 성화 체험 이후에 오는 성령세례를 주장한 최초의 출판물이 되었다.[176]

어윈이 인도한 집회에서는 케인 리지 캠프 집회에서 나타난 것과 비슷한 종교적·감정적 현상들이 많이 나타났다. 그의 집회에 참석한 수천 명의 사람들이 불세례(baptism of fire)를 받기 위해

---

175) Vinson Synan, *The Holiness-Pentecostal Tradition*, p. 50.

기도하던 중 비명을 지르고, 바닥에 쓰러지고, 방언을 말하고, 황홀경에 빠지며, 거룩한 춤을 추고, 웃음을 터뜨리고, 경련을 일으키는 현상들이 나타났다. 그가 인도하던 집회에서 큰 능력이 나타나자 도처에서 집회를 인도해 달라는 요청을 받았고, 많은 사람들은 하나님의 권능 아래 쓰러지며 불세례를 체험했다. 1895년, 그는 추종자들을 모아 불세례 성결교회(Fire-Baptized Holiness Church)를 세웠고, 1898년 전국 대회를 개최하면서 강력한 중앙집권 조직을 형성해 스스로 감독이 되었다. 많은 감리교 및 침례교 목사들이 이 단체에 가입했다.

그런데 어윈은 제1차적 축복으로서의 중생, 제2차적 축복으로서의 성화, 제3의 축복으로서의 성령세례에 그치지 않고 추가적인 축복들이 더 있다고 주장했다. 제4차(Dynamite), 제5차(Lyddite), 제6차(Oxidite) 축복 등 지나치게 많은 단계들을 설정함으로 많은 혼란을 야기했다.[177]

성결 운동가인 어윈은 교인들에게 엄격한 성결 윤리 지침을 제시했다. 여성에게 엄격한 복장 준수를 강조하면서 장신구 부착을 금지시켰다. 심지어 남자들이 넥타이를 매는 것도 죄로 여겼다. 구약의 율법에 근거해 돼지고기, 메기, 굴 등의 섭취를 금지시켰다. 그러나 정작 자신은 담배를 피우고 술에 취한 모습으로 발견되면서 구설수에 올랐다. 그의 도덕적 타락은 불세례 성결

---

176) Benjamin Hardin Irwin, *Live Coals of Fire*(Lincoln, Nebraska).
177) Vinson Synan, *The Holiness-Pentecostal Tradition*, p. 57.

운동에 큰 치명타를 날리면서 교세는 내리막길을 걸었다.

성화를 성령세례와 동일시한 전통적 성결파는 성결 이후 또 다른 은혜인 성령세례를 주장한 어윈의 신학적 견해를 '제3의 축복 이단'으로 정죄했다. 반면 오순절 역사학자들은 어윈이 성화와 성령세례를 구별함으로 현대 오순절 운동을 탄생시킨 연결 고리의 역할을 감당했다고 평가한다. 현대 오순절 운동의 신학적 기반을 제공한 찰스 파함은 어윈으로부터 성화와는 구별되는 성령세례의 신학을 전수받았을 가능성이 높다.[178]

정통 개신교회 소속이지만 웨슬리의 성화 교리를 받아들임으로 교단으로부터 쫓겨난 인물들 중 몇몇은 오순절 운동의 탄생에 크게 기여했다. 장로교 목사였던 홈스(Nickles J. Holmes, 1847~1919)는 성결 집회에 참석해 성화를 체험했다. 장로교는 제2의 은혜인 온전한 성화를 받아들이지 않았기 때문에 그는 장로교를 떠나게 되었다. 그는 성화 교리를 강조한 장막성결교회(Tebernacle Holiness Church)를 세웠고, 이후 홈스신학교(Holmes Theological Seminary)를 설립했다. 이후 오순절 운동이 태동하면서 제3의 축복인 성령세례를 강조하자 이를 받아들여 그의 성결교회를 오순절교회로 전환했다. 그가 세운 신학교는 가장 오래된 오순절 신학교라는 평가를 받았다.[179]

남감리교 목사였던 크럼플러(Ambrose Blackman Crumpler, 1863~1952)는 성결을 체험한 이후 성결 운동의 지지자가 되었다.

---

178) 빈슨 사이난, 《세계 오순절 성결운동의 역사》, p. 83.

남감리교는 그에게 성결의 교리를 가르치지 말 것을 강요했으나 그가 계속해서 이를 가르치자 결국 남감리교 교단 재판에 회부되었다. 그는 교단을 탈퇴해 1900년 노스캐롤라이나에 독자적인 성결 단체를 세운 후, 1908년 홈스가 세운 장막성결교회와 연합해 오순절 성결교회(Pentecostal Holiness Church)를 설립했다. 그는 성화를 제2의 축복으로 받아들였고, 신유와 전천년설을 지지했다. 이후 아주사 부흥 운동이 일어나자 이를 지지해 오순절 교단으로 전환했다.[180]

침례교 팍스(J. H. Parks) 목사는 성결 교리를 받아들였고, 중생 이후에 신자가 타락해 구원을 잃어버릴 수 있다고 생각했다. 침례교 예정론자들은 팍스의 주장을 심각한 이단으로 정죄해 그를 축출했다. 이후 그는 하나님의 교회 산악총회(Church of God Mountain Assembly)를 설립했다.[181] 성결을 체험한 이후 성결 교리를 받아들인 많은 인물들이 하나님의 교회(Church of God)라는 이름을 가진 수많은 성결교단들을 탄생시켰다. 이들 대부분의 교회들은 아주사 부흥 운동이 터지자 방언을 동반한 성령세례 교리를 받아들임으로 오순절교회로 전향했다.

침례교 흑인 목사인 메이슨(Charles H. Mason, 1866~1961)은 1897

179) Joseph E. Campbell, *The Pentecostal Holiness Church, 1898~1948*(Eugene, Oregon: Wipf and Stock Publishers, 2016), p. 426.
180) H. V. Synan, "Crumpler, Ambrose Blackman," in *The New International Dictionary of Pentecostal and Charismatic Movements* edited by Stanley M. Burgess(Grand Rapids, MI: Zondervan, 2010), p. 566.
181) 빈슨 사이난, 《세계 오순절 성결운동의 역사》, p. 95.

년 성결 집회에 참석해 온전한 성화를 체험했다. 성결의 교리를 가르친다는 이유로 침례교에서 축출된 그는 미국 남부에 성결교로 인가를 받은 '그리스도파 하나님의 교회'(The Church of God in Christ)를 창립했다. 그는 회심, 성화, 신유, 성령의 임재를 강조했다. 그는 남부 지역에서 중요한 성결교회 지도자로 인정을 받으면서 성결 운동을 지지하는 백인들에게 목사 안수를 했다. 이후 로스앤젤레스에서 오순절 운동이 일어나자 직접 그곳을 방문해 성령세례와 방언을 체험함으로 오순절주의자가 되었다.

1896년, 노스캐롤라이나 크릭 성결 부흥 집회에서 성결의 은혜를 체험한 신자들 가운데 불세례를 경험하면서 방언으로 말하는 현상이 나타났다. 그들을 중심으로 온전한 성화를 강조하는 클리블랜드 하나님의 교회(Church of God, Cleveland)가 설립되었다. 성결 운동으로부터 깊은 영향을 받은 퀘이커 신자인 톰린슨(Ambrose J. Tomlinson, 1865~1943)이 이 집단에 합류하면서 지도자로 급부상했다. 성결주의자 마틴 냅(Martin Knapp)이 운영하던 '하나님의 성경학교'에서 공부했던 그는 열정적으로 집회를 인도했는데, 사람들이 소리치고, 바닥에 쓰러지고, 울부짖고, 손뼉치고, 경련을 일으키고, 여러 시간 동안 황홀경에 빠지는 현상들이 나타났다. 이후 아주사 운동에 영향을 받은 톰린슨은 방언을 수반한 성령세례를 제3의 축복으로 받아들이면서 오순절주의로 전환했다.

급진적 성결 운동

전통적인 웨슬리안 성결교단은 성령세례를 내적 성화인 성결로 규정한 반면, 급진적 성결 목회자들은 성령세례를 성화와는 구별된 '권능의 부여'로 해석했다. 이로 인해 성결교단은 성령세례를 성화로 해석하는 그룹과 권능으로 이해하는 그룹으로 양분되었다. 급진적 성결파는 중생과 성결, 성령세례를 서로 다른 세 은혜들로 구별했고, 신유와 세대주의적 전천년설의 교리를 받아들임으로 오중복음을 형성했다. 반면 전통적 성결파는 중생과 성화만을 받아들이고 신유와 재림의 교리를 반대했다.

감리교 목사 마틴 냅은 성화 지지자로, 감리교에서 탈퇴해 1897년 오하이오 주에 만국성결연맹을 결성한 이후 필그림 성결교회(Pilgrim Holiness Church)로 이름을 바꾸었다. 이 교단은 중생과 성화를 구별하고, 성화를 부패성의 제거로 보며 성령세례와 동일시하는 전형적인 성결파였다. "성화는 중생 이후에 발생하며, 성령세례에 의해 이루어진다. 이것은 모든 신자들을 위한 것으로, 순간적인 경험이고 믿음에 의해 이뤄진다. 이 은혜 체험자는 모든 죄로부터 깨끗케 하고, 구별시키며, 부름 받은 모든 사명을 수행할 수 있는 능력을 부여해 준다." [182]

필그림 성결교회는 이후 후천년설 종말론을 버리고 전천년설을 받아들여 신유 운동에 가담함으로 급진파로 탈바꿈했다. "우

---

182) Paul Westphal Thomas & Paul Wm. Thomas, *The Day's of Our Pilgrimage: The History of the Pilgrim Holiness Church*(Marion, Indiana: The Wesley Press, 1976), p. 325.

리는 육체의 치유에 대한 성경적 교리를 수용하며, 야고보서 5장 14~15절의 말씀에 따라 믿음의 기도로 치유 받는 것은 모든 하나님 자녀들의 특권이라 믿는다."[183] 이후 마틴 냅은 방언을 성령세례의 첫 번째 증거로 삼는 오순절 운동이 태동하자 이에 반대하고 계속 급진적 성결교단에 남아 있었다.

특이한 점은, 1894년 이전에 세워진 성결 그룹들은 계속 성결교회에 남았던 반면, 1894년 이후에 설립된 성결 그룹은 1906년 아주사 거리에서 오순절 부흥 운동이 일어나자 오순절교회로 전향했다는 점이다. 20여 개의 주요 성결교회들 중 남부 지역에 자리 잡은 네 개의 성결 그룹들은 성령세례, 신유, 전천년설을 받아들이면서 급진적 성결교회로 변모했고, 이후 아주사 운동의 영향 하에 오순절 교단이 되었다. 앞에서 언급한 불세례 성결교회, 오순절 성결교회, 그리스도파 하나님의 교회, 클리블랜드 하나님의 교회 등은 아주사 운동의 직접적인 영향을 받으면서 오순절교회로 탈바꿈하는 중요 세력이 되었다.

---

183) Paul Westphal Thomas & Paul Wm. Thomas, *The Day's of Our Pilgrimage*, p. 328.

오순절교회의 역사와 신학

제5장

현대 오순절 운동

급진적 성결 운동을 통해 중생, 부패성의 제거인 성화, 능력 부여로서의 성령세례, 신유, 세대주의적 전천년설로 이루어진 오중복음이 신학적으로 완성 단계에 도달했음을 알 수 있다. 방언의 신학을 제외한 현대 오순절 운동의 신학적 특징들이 1900년경 급진적 성결 그룹에서 모두 나타났다. 오순절 성결교회가 1901년 발행한 〈신앙 훈련〉(Discipline)을 보면 칭의, 두 번째 축복으로서의 성화, 기적적인 신유, 임박한 그리스도의 전천년적 재림과 같이 오순절교회가 받아들인 신학적 용어들이 등장함을 볼 수 있다.[184] 여기서 한 가지 빠진 것이 있는데, 이는 성령세례의 첫 번째 증거가 방언이라는 주장이다.

급진적 성결 운동의 직접적 영향을 받은 현대 오순절 운동은 찰스 파함의 성령세례의 증거가 방언이라는 신학적 주장과 함께 시작되었다. 그러나 오순절 신학자들 사이에 어빙, 파함, 시모어 중 누가 현대 오순절 운동의 창시자인지에 대한 논란이 있다.

---

184) *Discipline of the Pentecostal Holiness Church - 1901*(Dunn, N.C., 1901). Joseph E. Campbell, *The Pentecostal Holiness Church*, pp. 226-227.

유럽 오순절 신학자들의 입장에서 본다면, 영국의 에드워드 어빙(Edward Irving, 1792~1834)이 성령세례의 첫 번째 증거가 방언이라고 주장한 최초의 인물이다. 스코틀랜드 장로교 목사였던 그는 런던 리젠트 스퀘어 장로교회를 담임했던 인기 있는 설교자였다. 그는 초대 교회 사도들이 받았던 은사들, 특히 신유와 방언의 은사들이 오늘날에도 유효함을 믿었다. 1831년, 그의 교회에서 방언 체험이 터져 나오면서 영국 교회에 큰 파문을 불러일으켰다.

> 그녀는 자신을 통제할 수 없음을 깨닫고 교회의 규율을 존중해서 예배 부속실로 뛰어 들어가 알 수 없는 말을 하기 시작했다. 똑같은 충동을 느낀 다른 사람이 예배실의 옆 복도를 통해 교회의 중앙문 밖으로 뛰쳐나갔다. 그때 갑작스럽게 들려온 뜻을 알 수 없는 구슬픈 음성이 온 회중들을 혼란스럽게 만들었다 … 그(어빙 목사)의 말에 의하면, 이 일(방언)은 오늘 처음 일어난 것이 아니라 이전부터 있어 왔던 것으로, 그는 그동안 모든 회중들에게 이 일을 설명할 수 있는 적당한 때를 기다려 왔다고 말했다.[185]

어빙 목사 자신은 방언의 은사를 받지 못했으나, 방언이야말로 오순절 성령 충만을 확증하는 가장 강력한 증거로, 성령세례

---

185) William S. Merricks, *Edward Irving: The Forgotten Giant*(East Peoria, Illinois: Scribe' s Chamber Publications, 1983), pp. 179~180.

를 받았다는 불변의 징표이자 모든 은사들의 뿌리라고 설명했다. 그는 또한 방언이란 전혀 배우지 않은 외국어를 습득해서 선교하라는 하나님의 뜻이라고 말했다. 그날 처음으로 방언을 말했던 자매는 캠벨(Mary Campbell)이었고, 그는 그녀를 여 선지자로 여겼다. 여러 달에 걸쳐 교회의 많은 교인들이 방언을 말했고, 그는 교회가 혼란에 빠지지 않도록 주의하며 질서를 유지했다. 그는 당시 영국 교회가 관료주의 및 제도화되었다고 비판하면서 초대 교회처럼 성령을 의지하고 그 역사가 나타나는 교회가 되어야 함을 강조했다.

그러나 영국 장로교 런던 노회는 어빙과 방언하는 사람들을 '정신이 온전하지 못하고 신앙심이 약한 성도들'로 규정하고 방언 현상이 교단에 무질서를 일으킨다고 비판했다. 결국 장로교회는 그를 징계하기로 결정하고 교단에서 쫓아냈다.

1831년, 어빙은 그의 추종자들을 규합해 가톨릭 사도 교회(Catholic Apostolic Church)를 세워, 신약에 기록된 모든 성령의 은사들이 회복되었음과 신유와 방언을 중요한 교리들 중 하나로 가르쳤다.[186] 그러나 그의 사역이 본궤도에 올라가기 전인 1834년에 사망함으로 그의 사역은 영국의 작은 지역에만 국한되었을 뿐 해외에 널리 알려지지 않았다. 비록 어빙이 방언의 신학을 정립했다고는 할 수 있으나, 방언의 신학이 온 세계 교회에 퍼지면서 큰 영향력을 미친 사건은 미국 교회에서 일어났다고 해석하는 것이

---

186) Vinson Synan, *The Holiness-Pentecostal Tradition*, pp. 87~88.

정당하다고 할 수 있을 것이다.

찰스 파함

파함은 생후 6개월부터 열병에 걸려 오랫동안 병상에 누워 있었고, 어린 시절 내내 병치레를 했던 병약한 아이였다. 뇌염으로 추정되는 바이러스에 감염되어 생사의 고비를 넘기기도 하고, 아홉 살 때에는 류마티스 열에 감염되어 목숨이 위태로운 위기를 맞았다. 병을 고쳐 주시면 목회자가 되겠다고 하나님에게 서원 기도함으로 일시적인 병 고침을 받았으나, 의사가 되기로 진로를 바꿨을 때 또 류마티스 열에 시달렸다. 심각한 심장 질환과 함께 고열에 시달리고 있을 때, 울부짖으며 기도하던 중 강한 전류 같은 것이 온몸을 관통하더니 낫게 되었다. 놀라운 치유를 경험한 그는 이를 통해 자신의 목회 사명을 재확인하게 되었다.[187]

파함은 자신의 오랜 기간 동안의 병치레와 치유의 경험을 통해 신유에 대해 깊은 관심을 가졌다. 죄와 병에서 구원하는 사역을 해야겠다고 결심한 그는 1898년 캔자스 주 토피카(Topeka)에 '벧엘 신유의 집'(Bethel Healing Home)을 세웠고, 신유를 널리 알리기 위해 〈사도적 신앙〉(Apostolic Faith)이라는 잡지를 발행했다.

목회의 길에 들어선 파함은 은총의 제2의 역사인 온전한 성화를 받아들여 감리교 평신도 설교자로 활동했다. 그러나 고정된

---

187) Sarah E. Parham, *The life of Charles F. Parham: Founder of the Apostolic Faith Movement*(Joplin, Mo.: Hunter Printing Company, 1930), pp. 2~9.

틀에 얽매이기 싫어했던 그는 감리교의 엄격한 교권 제도에 큰 반감을 가지게 되었다. 그는 성결 운동에 대해 배우기 위해 미국 전역을 순회하면서 무디, 토레이, 심프슨, 고든 등의 영적 지도자들을 방문해 그들로부터 배움으로 그의 신학을 형성해 나갔다. 특히 심프슨의 가르침에 큰 감명을 받은 그는 십자가 구속에 신유가 포함되어 있다는 신유의 신학을 체계화했다. 그는 이들 케직 운동가들을 통해 세대주의적 전천년설을 수용하게 되었다. 그는 불세례 성결교회의 어원으로부터 성화 이후의 제3의 경험인 성령세례를 배웠다.

파함은 샌퍼드(Frank Sanford)가 설립한 성경 학원에서 아프리카 선교사로 부름을 받은 한 백인 학생이 아프리카 방언을 말하는 것을 목격하게 되었다. 그는 샌퍼드로부터 선교사 지망생들이 배운 적이 없는 외국어를 말하는 방언(Xenolalia)의 은사를 받았다는 이야기를 듣게 되었다. 외국어를 말할 수 있는 방언의 은사를 받은 사람은 그 언어가 사용되는 곳의 선교사로 나간다는 것이었다. 방언의 은사를 목격한 그는 방언이야말로 말세에 하나님이 세계 선교를 위해 주신 특별 은사로 해석했다.[188]

1900년, 파함은 토피카에 벧엘 성경학교(Bethel Bible College)를 설립해 신학생들에게 중생, 성화, 성령세례, 신유, 재림을 가르쳤다. 그리스도의 십자가 대속은 우리를 죄에서 구원하시어 영혼의

---

188) James R. Goff. Jr, *Field White Unto Harvest: Charles F. Parham and the Missionary Origin of Pentecostalism*(Fayetteville and London: The University of Arkansas Press, 1988), pp. 50~61.

중생을 가능케 하며, 부패성의 제거를 통해 성화를 이루며, 우리를 병으로부터도 치유케 한다는 것이다.[189] 학생들은 수업을 들으면서 기도에 전념했고, 토피카 시민들의 가정을 방문하면서 전도에도 열심을 냈다.

1900년 12월, 파함은 수업을 하던 중 40여 명의 학생들에게 '성령세례의 첫 번째 증거가 무엇인가?', '어떻게 성령세례 받은 사실을 알 수 있는가?' 라는 질문을 던지면서 성령세례를 받았다는 성경적 증거를 찾아오라는 과제를 내 주었다.[190] 성령이 그리스도인에게 임재하셨다는 성경적 증거를 요구한 것이었다. 학생들은 성경을 읽으면서 성령을 받았다는 증거가 무엇인지를 찾기 시작했다. 학생들 대부분은 성령의 은사를 체험하는 것이 오늘날에도 가능하며, '성령세례를 받은 첫 번째 증거는 방언을 말하는 것' 이라는 답안을 제시했다.

당시 파함은 방언을 하지 못했지만 학생들의 답변이 성경적이라는 확신이 들었다. 1900년 12월 31일, 그는 학생들과 함께 송구영신 철야 예배를 드리면서 성령의 은사를 간절히 사모하는 기도회를 인도했다. 그와 학생들은 한동안 열심히 기도했지만 아무런 현상이 나타나지 않았다. 30세의 신학생 오즈만(Agnes N. Ozman, 1870~1937) 양은 성령의 불세례를 간절히 사모하면서 기도하던 중 파함에게 안수 기도를 요청했다. 파함이 안수하면서 기도하자 갑

189) Edith L. Blumhofer, *The Assemblies of God*, p. 72.
190) Klaude Kendrick, *The Promise Fulfilled: A History of the Modern Pentecostal Movement*(Springfield: Gospel Publishing House, 1961), p. 50.

160 _ 오순절교회의 역사와 신학

자기 그녀가 중국어 방언으로 말하기 시작했다. 그때가 1901년 1월 1일 새벽이었다.

> 나는 오즈만 양에게 안수하며 간절히 기도드렸다. 내가 몇 문장들을 반복하며 기도하자 하나님의 영광이 그녀에게 임했고, 거룩한 기운이 그녀의 얼굴과 머리 주위를 감도는 것 같았다. 그녀는 이상한 중국말 같은 것을 말하기 시작했고, 그 후 사흘 동안 영어를 제대로 구사하지 못했다.[191]

오즈만 양을 뒤이어 곧 동료 신학생들은 배운 적이 없던 프랑스어, 독일어, 스페인어 등의 다른 언어들로 방언을 했다. 이때 파함도 성령의 충만함을 받고 다른 방언으로 말하기 시작했다. 방언 통역의 은사를 받은 학생이 그들을 위해 방언 통역을 해 주었다. 이 경험을 통해 파함은 방언이야말로 하나님이 온 세상에 복음을 전하기 위해 주신 초자연적 은사이며, 방언을 받은 선교사는 더 이상 외국어를 배울 필요가 없다고 확신했다. 그리고 외국어로 소통할 수 있는 은사인 외국어 방언을 받은 사람은 선교사로 나가야 한다고 믿었다.

존슨 형제는 일곱 가지 다른 언어들을 말하는 은사를 받

---

191) Sarah E. Parham, *The Life of Charles F. Parham*, pp. 52~53.

았는데, 그중 하나가 아랍어였다. 래더맨 자매는 터키어를 말한다. 오클랜드에서 어떤 사람이 거리에서 방언의 은사에 대해 설명하고 있을 때 래더맨 자매가 방언을 말했다. 마침 터키모자를 쓴 한 남자가 그 옆을 지나가고 있었다. 그는 그 소리를 듣고 깜짝 놀라서 그녀에게 어느 대학을 다녔냐고 물었다. 그는 자신이 이전까지 들었던 외국인의 터키어 중에서 그녀의 터키어가 가장 완벽하다고 말했다. 그는 콘스탄티노플에 있는 대학을 졸업한 지성인이었다. 그녀는 자신도 이해하지 못하는 언어를 성령이 주셨다고 설명했고, 그는 그녀를 위해 통역을 해 주었다.[192]

미국 교회의 역사를 살펴보면 파함 이전에도 대각성 운동이나 부흥 운동에서 방언 현상이 나타났다. 그들은 성령의 충만함을 받으면 방언을 말할 수 있다고 생각했다. 파함의 공로는 방언 신학을 정립했다는 데 있다. 그는 성령세례를 받은 1차적 증거가 방언임을 성경적·신학적으로 주장한 최초의 인물이 되었다.[193] 그는 '방언이야말로 성령세례 이전과 이후를 구분 짓는 요소', '성령이 인간의 입을 사용해서 자신이 알지도 못하는 언어를 말

192) William Seymour, "The Apostolic Faith Movement", *The Azusa Street Papers*(Foley, AL: Together in the Harvest Publication, 1997), p. 13.
193) John Thomas Nichol, *The Pentecostal*(Plainfield, NJ: Logos International, 1966), p. 25.

하게 하는 초자연적 은사'로 설명했다. 그는 성화와는 구별되는 제3의 축복인 성령세례가 있고, '성령세례를 받은 유일한 증거는 방언'임을 주장함으로 현대 오순절 운동의 교리적 기초를 놓았다.

세상이 점점 더 악해져 간다는 전천년설을 신봉한 파함은 방언의 은사가 나타난 것을 예수님의 재림이 가까웠다는 표정으로 해석했고, 이런 믿음은 곧 선교로 이어졌다. 말세에 성령을 부어 주심은 온 세계에 복음을 전파하라는 하나님의 뜻이며, 특히 외국어를 말하는 능력인 방언은 그 언어가 사용되는 곳으로 가라는 하나님의 명령이라고 믿었다.

파함은 제도적인 교회에 대해 비판적 견해를 가지고 있었기 때문에 교단이나 단체를 만들지 않았다. 그는 몇 년 동안 학생들과 함께 미국의 남서부 지역을 순회하면서 전도에 열중했다. 그러나 그의 주장은 널리 퍼져 나가지 못했고, 그의 영향력은 제한되었다.

파함은 개인적으로 여러 가지 문제점들을 가지고 있었다. 그는 의학적 가치를 부정하는 극단적인 신유론을 가지고 있었다. 당시 몇몇 신유 사역자들이 주장하는 '십자가의 구속에 치유가 포함되어 있다'는 교리를 접하고는 의약품과 병원을 포기했다. 또한 천국의 실재는 인정했으나 지옥의 존재를 부정하면서 악인의 영혼 소멸설을 수용했다. 믿는 자는 천국에 들어가지만, 믿지 않는 자는 지옥으로 가는 것이 아니라 죽음과 함께 그 영혼이 소멸되고 만다는 것이었다.

파함은 동성애자라는 구설수에 올라 피소되어 벌금을 물기도
했다. 당시 미국 사회는 백인과 흑인을 엄격히 구별하는 짐 크로
우 법안으로 인해 대중 화장실이나 교통 등을 구별했다. 백인 우
월주의에 빠진 그는 앵글로색슨족이야말로 이스라엘의 잃어버린
족속의 후예로 '선택받은 인종'이고, 흑인은 영혼도 없는 저주받
은 인종이라 생각했다. 그는 반(反) 유대적, 반 가톨릭적 인종차별
주의자였고, 백인 극우 단체인 KKK(Ku Klux Klan)를 적극적으로 지
지했다. 그의 백인우월주의 사상은 이후 자신의 제자였던 흑인
시모어가 아주사 거리에서 오순절 부흥 운동을 인도하자 그의 리
더십을 부정하기에 이르렀다.

〈찰스 파함〉

〈윌리엄 시모어와 아주사 부흥이 일어난 건물〉

윌리엄 시모어(1870~1922)

1904년, 영국의 웨일즈에서 이반 로버츠(Evan Roberts, 1878~1951)가 일으켰던 웨일즈 부흥 집회를 통해 3만여 명이 회심하고 2만여 명이 새신자로 등록하는 역사가 나타났다. 부흥회는 일정한 순서 없이 찬송, 설교, 기도, 간증 등으로 진행되었다. 그는 중생과는 구별되는 오순절적 성령세례를 설명했고, 성령세례를 받아야 함을 강조했다. 새벽까지 계속된 집회에서 사람들은 통성 기도를 하며 방언을 비롯한 초자연적 체험을 했다. 영어를 하지 못했던 독일 목사가 영어로 완벽하게 말하고, 신자들 중 일부는 황홀경 속에 고대 웨일즈어로 말하는 역사가 일어났다. 참석자들은 웨일즈 부흥이야말로 말세에 나타난 오순절 역사의 시작으로, 이 부흥이 전 세계로 퍼져 나갈 것으로 믿었다.[194] 웨일즈 집회에서

---

194) Edith L. Blumhofer, *The Assemblies of God*, pp. 100~101.

사용된 신학적 강조점이나 용어들은 이후 오순절 운동의 태동에 큰 영향을 주었다.

영국에서 부흥이 일어났다는 소식을 들은 미국 교회의 신자들은 미국에서도 부흥이 일어나기를 간절히 기도하기 시작했다. 초기부터 이민자들이 정착했던 동부는 전통을 강조한 반면, 미 서부는 개척지와 같은 곳으로 새로운 것을 추구하고 있었다. 제1차, 제2차 대각성 운동은 미국의 동부 지역을 중심으로 일어났고, 무디가 이끈 부흥은 중부에서 발흥한 데 반해 서부 지역은 개신교의 불모지와 같은 곳이었다.

찰스 파함이 오순절 신학을 정립했다면, 오순절 운동이 미국 전역과 전 세계로 퍼져 나간 데에는 윌리엄 시모어의 공이 크다고 할 수 있다. 그는 1870년 남부의 루이지애나 주에서 전직 흑인 노예였던 부모에게서 태어났다. 그는 노예 제도가 폐지된 1865년 이후에 태어났지만, 여전히 남부 지역의 지독한 흑인에 대한 편견과 가난으로 인해 정규 교육을 제대로 받지 못하고 철도 노동자나 호텔 웨이터를 하며 살아야 했다.

침례교회에서 신앙생활을 시작한 시모어는 이후 흑인 감리교회로 옮겼다. 1895년, 성결 운동가인 마틴 냅이 세운 하나님의 성경학교와 '저녁 빛 성도들'(Evening Light Saints)이란 성결 운동 분파를 통해 성결 운동을 접한 그는 사중복음을 받아들이게 되었다. 마틴 냅은 성화가 두 번째 축복이라는 견해 및 전천년설과 신유를 강조했고, 그리스도의 재림 이전에 성령의 놀라운 역사가 나타날 것이라 예언했다.[195] 그의 가르침을 통해 시모어는 종말의 증거인 휴거가 이루어지기 직전에 성령의 기름부으심이 온 세상에 나타날 것으로 믿었다. 그는 흑인 성결 운동 설교자로 사역에 몰두하던 중 천연두에 걸려 왼쪽 눈을 실명했고, 그 결과로 얼굴에 심한 상처를 가졌다.

성결교회 여성 목회자였던 패로우(Lucy Farrow)는 파함으로부터 방언 은사의 중요성을 배운 후 시모어에게 파함을 소개시켜 주었다. 시모어는 파함이 1905년 텍사스 휴스턴에 세운 성경 훈련학교에 등록해서 신학 교육을 받았으나, 남부의 전형적인 인종차별 정책으로 인해 백인 학생들과 한 교실에서 공부하는 것이 허락되지 않아 교실 밖에서 강의를 들어야 했다. 그는 파함으로부터 배우는 과정에서 성령세례는 제2의 은총인 성화와는 구별되는 제3의 체험임을 확신했다. "말세에 부어지는 하나님의 은사인 성령세례는 복음 전파와 섬김, 봉사를 위해 하늘로부터 능력을 받는 것이다. 성령세례를 받은 유일한 성경적 증거는 방언이다."[196]

1906년 2월, 시모어는 로스앤젤레스의 흑인 나사렛교회로부터 부흥회를 인도해 달라는 초청을 받고 그곳으로 갔다. 부흥회 첫날, 그는 사도행전 2장에 근거해 성령세례를 받은 결과 방언을 한다고 강력히 주장했다. 그러나 성화를 성령세례로 받아들인 나사렛교회의 목사와 성도들은 그의 주장에 격렬히 반대했다. 다음

---

195) 알리스터 맥그라스, 《기독교, 그 위험한 사상의 역사》, p. 670.
196) 빈슨 사이난, 《세계 오순절 성결운동의 역사》, pp. 122~123.

날 부흥회를 인도하기 위해 교회로 갔던 그는 교회의 문이 잠긴 것을 발견했다. 중생과 성화의 축복을 받아들인 나사렛교회는 방언을 동반한 제3의 축복 교리를 받아들일 수 없어 부흥회를 중단시켰던 것이었다. 졸지에 그는 낯선 곳에서 갈 곳이 없게 되었으나, 전날 그의 설교에 감동을 받은 리처드 애즈베리가 자신의 집에 시모어가 거처할 수 있도록 도와주었다. 1906년 4월 9일, 시모어는 그 집에 일곱 명의 사람들을 모아 놓고 비슷한 설교를 했고, 곧 놀라운 일이 벌어졌다. 그들은 황홀경에 빠지면서 방언을 말하고 바닥에 쓰러졌다. 방언을 하지 못했던 시모어도 이 모임에서 성령의 충만함을 받고 방언으로 말하기 시작했다. 이 놀라운 소식이 주변에 퍼지자 사람들이 몰려오기 시작했다.

1906년 4월 14일, 시모어는 이전에 흑인 감리교회 건물이었으나 문을 닫고 당시 건축 자재 창고로 쓰고 있던 아주사 거리에 있는 한 건물을 빌려 첫 집회를 가졌다. 건물 내부에는 아무런 시설도 구비되어 있지 않아 나무 상자 두 개를 포개어 강대상으로 사용했다. 수십 명의 사람들이 열정적으로 기도하던 중 하나 둘씩 쓰러지면서 방언을 하기 시작했다. 아주사 거리에서 일어난 종교적 현상은 곧 미국인들의 관심을 끌었다. 1906년 4월 18일, 샌프란시스코에 큰 지진이 일어나면서 많은 사람들이 지구의 종말이 다가온 것이 아닌가 하는 두려움에 사로잡혔다.

아주사 집회를 취재하기 위해 〈로스앤젤레스타임스〉(Los Angeles Times) 기자가 이 모임에 참석한 후 아주사 집회를 광신자들의 모임으로 규정한 톱기사를 실었다. '기묘한 언어의 혼란',

'정상적인 정신을 가진 사람들은 이해할 수 없는 이상한 소리', '아무런 의미도 없는 해괴한 말들을 지껄여 대는 새로운 광신자들의 집단', '아주사 거리에 있었던 광란의 도가니' 등과 같은 자극적인 표현으로 아주사 모임을 격렬히 비판했다.

〈로스앤젤레스타임스〉에 난 아주사 미션 기사(1906년 4월 18일)

이상한 교리를 믿는 신자들이 극도로 광적인 예배를 드리며, 급진적인 교리로 설교하고, 정신이상에 가까운 극도의 흥분으로 빠져들고 있다. 회중은 흑인들과 백인들로 구성되어 있으며, 신자들은 여러 시간 동안 몸을 앞뒤로 흔들고 울부짖으면서 신경을 자극하는 기도와 간구를 드리기 때문에, 밤이 되면 그 지역의 주민들은 공포에 휩싸인다고 한다. 더욱이 그 신자들은 '방언의 은사'를 받았으

며, 그 이상한 소리를 이해할 수 있다고 주장한다.[197]

비단 〈로스앤젤레스타임스〉뿐만 아니라 다른 일간지들도 아주사 거리에서 일어난 종교적 현상을 다루었다. "많은 경우들을 볼 때, 그들이 도달한 광란의 정도는 이미 정상적인 육체적 한계를 넘어선 것으로 보인다."[198] 그런데 아주사 모임을 광신자들의 집회로 매도하려는 목적에서 쓰인 모욕적 기사는 오히려 미국 전역에 아주사 운동을 알리는 홍보의 효과를 가져다주었다. 신문 기사를 읽은 후 호기심에 가득 찬 영적으로 목말라 있던 그리스도인들이 전국 각지에서 몰려들었다. 미국 전역을 비롯해 세계 곳곳에서 많은 방문객들이 찾아왔다. 심지어 신령파와 무당들, 영성주의(spiritualism), 크리스천사이언스, 신지학회(Theosophy) 회원들도 집회에 참석했다. 최대 800여 명을 수용할 수 있었던 창고 건물은 곧 사람들로 인산인해를 이루었다. 매일 건물의 모든 층과 지하실까지도 사람들로 가득 찼다.

시모어가 인도한 아주사 부흥 집회는 정해진 순서나 프로그램 없이 매일 열렸으며, 3년 반 동안 지속되었다. 매일 아침, 오후, 저녁에 걸쳐 세 차례의 예배가 있었으나 일정한 순서 없이 찬양, 설교, 간증, 기도 등으로 진행되었다. 대부분은 찬양과 기도로 채워졌고, 간혹 방언으로 찬양하는 새로운 형태도 나타났다. 그는

---

197) *Los Angeles Times*(April 18, 1906).
198) *New York American*(Dec. 3, 1906).

준비된 원고 설교가 아닌, 성령의 감동에 의한 즉흥적 설교를 즐겨 했기 때문에 설교 본문 말씀이나 주제도 미리 광고되지 않았다. 설교 주제는 웨슬리안 오순절 운동의 오중복음인 구원, 성화, 성령세례, 신유, 재림에 집중되었다. 시모어는 거듭남을 강조하며 성결해야 함과 성령세례를 받아야 한다는 설교를 자주 했고, 설교 후에는 중생, 성화, 성령세례와 방언, 신유를 위한 강단 초청이 있었다. 사람들이 나오면 그들을 위해 기도한 후 다음과 같이 선포했다: "성화는 우리를 원죄로부터 자유롭게 한다. 예수님의 보배로운 구속으로 질병은 파괴되었다." 집회가 끝나면 중생자, 성결자, 성령세례자로 구분해서 명수를 기재했다.

아주사 미션에 참석한 사람들이 구원을 위해, 성화를 위해, 성령세례를 받기 위해, 신유를 위해 울부짖고 소리치며 기도하던 중 강력한 성령의 임재가 나타났다. 성령세례를 경험한 사람들에게 다양한 형태의 종교적 현상들이 나타났는데, 사람들은 총에 맞은 것처럼 바닥에 쓰러지고, 거룩한 춤을 추고, 경련을 일으키고, 환상을 보고, 방언을 하고, 방언 통역과 방언 찬양을 하고, 예언하며, 황홀경에 빠졌다.

"일부는 방언으로 말했고, 일부는 예언의 은사를 받았다. 다른 이들은 하나님의 권능 아래 쓰러졌고, 하나님은 그들에게 놀라운 일들을 보여 주셨는데, '준비하라. 내가 곧 오리라'는 말씀을 이루시는 것 같았다."[199] "나는 한동안 심하게 울었고, 하나님의 권

199) William Seymour, "Other Pentecostal Saints", *The Azusa Street Papers*, p. 24.

능이 내게 임했다. 나는 바닥에 쓰러져 한 시간 반 정도 하나님의 권능 아래 있었다 … 나는 성령세례를 받았고, 새 방언으로 기도했다."[200] "건장한 남자들이 하나님의 놀라운 권능 아래 마치 풀잎처럼 여러 시간 동안 쓰러져 있었다."[201] 이런 다양한 신비 체험 및 초자연적 현상들은 1801년 케인 리지 집회에서 나타났던 종교적 현상들과 동일한 면들이 많았다.[202]

여기에 아프리카 출신인 시모어의 아프리카적 영성도 큰 특징으로 드러났다. 설교 도중 회중들은 '할렐루야'와 '아멘'을 크게 외쳤고, 열정적인 찬양과 춤들이 반복되었으며, 큰 소리로 예언하는 모습들이 나타났다. 아주사 미션에서는 계시를 받고 환상을 보는 사람들이 많았다.[203] 방언을 통해서 예언들이 자주 나타났는데, 예언의 주 내용은 구원, 심판, 권위, 권면, 종말 등이었다.

특히 방언에 대한 설교나 간증을 들은 사람들은 열정적으로 기도했고, 그 결과 방언의 은사를 체험했다. 안수함으로 많은 사람들이 성령세례를 받고 방언을 말하게 되었다. 방언은 주로 기도로 많이 나타났지만, 간혹 메시지를 선포하거나 예언하고 찬양하는 형태들로 터져 나왔다. 방언으로 하는 설교나 간증을 듣고 회심하거나 성령을 체험한 경우도 나타났다. 애나 홀(Anna Hall)이

---

200) Cecil M. Robeck, Jr., *The Azusa Street: Mission and Revival*(Nashville: Thomas Nelson, 2006), p. 178.
201) Frank Bartleman, *How Pentecost Came to Los Angeles*(Los Angeles, CA, 1925), p. 64.
202) 빈슨 사이난, 《세계 오순절 성결운동의 역사》, p. 130.
203) Cecil M. Robeck, Jr., *The Azusa Street*, p. 33.

라는 여 신자는 러시아 교회에 가서 자신이 알지 못하는 러시아어로 설교했고, 러시아 교인들은 그녀가 러시아어로 설교하는 것을 듣고 놀랐다. 사람들은 때때로 강하고 큰 소리로 혹은 조용하고 차분한 소리로 방언 노래를 불렀다. 모르는 글자를 쓰는 일도 있었는데, 그 글을 쓴 사람은 쓴 내용을 전혀 알지 못했다. 대신 그 언어를 아는 사람이 글의 내용을 통역해 주었다.

방언을 통역한 주 내용은 '예수님은 하나님이시다', '예수님에게만 찬양과 경배를 돌려야 한다', '주님은 곧 재림하실 것이다' 등이 주종을 이루었다.[204] 방언과 예언의 주 내용은 신자들을 향한 하나님의 훈계와 명령, 하나님의 약속과 신자의 사명, 성도의 영적 상태를 진단하고 회개를 촉구하는 메시지도 있었다. 방언을 비롯해 수많은 신유와 귀신 쫓음이 나타났다. 참석자들은 '심장병과 폐병에서 고침을 받았다', '귀신 들려 자살 직전에 있었으나 귀신으로부터 놓임을 받았다' 등과 같은 간증들을 했다.

시모어는 4페이지 분량의 무료 신문인 〈사도적 신앙〉을 발행해 아주사 미션에서 일어난 사역들을 알리기 시작했다. 1906년 9월에는 발행 부수가 5만 부가 넘을 정도로 큰 인기를 끌었다. 목회자와 평신도들에게 배부된 〈사도적 신앙〉의 주 내용은 하나님을 만났고, 성화되고, 치유 받았으며, 방언을 한다는 놀라운 초자연적 간증들로 가득 찼다. 성결교 신문인 〈믿음의 길〉(The Way of Faith)도 아

---

204) William Seymour, "A Message Concerning His Coming", *The Azusa Street Papers*, pp. 13~19.

주사 운동을 소상히 알렸다. 이 신문들은 많은 그리스도인들의 관심을 불러일으켰고, 신문에 실린 오순절 체험에 대한 간증을 읽고 기도하던 중 그와 비슷한 체험을 하기도 했다. "어떤 사람은 이 신문의 첫 페이지를 읽다가 성령세례와 방언의 은사를 받았다." [205]

아주사 미션은 종교적 현상뿐만 아니라 사회에서 소외를 당하던 사람들에게 큰 관심을 불러일으켰다. 로스앤젤레스는 많은 인종들이 모여 사는 도시였다. 아주사 미션에는 백인뿐만 아니라 흑인, 중국인, 스페인인 등이 몰려들면서 인종적 장벽을 깨뜨리고 화합을 이루었다. '성령은 인종이나 남녀의 구별 없이 모든 하나님의 자녀들에게 임재하신다. 모든 인종들은 하나님의 자녀이며 남녀는 평등하다'는 시모어의 설교 앞에 백인과 흑인을 철저히 구분하던 사회적 편견 및 갈등이 무너졌다. [206]

아주사 운동이 본궤도에 오르면서 예기치 않은 종교적 현상들이 나타나자 이에 대한 통제가 필요하다고 느낀 시모어는 그의 스승인 파함을 아주사 미션으로 초청했다. 그런데 아주사 미션의 여러 가지 상황들은 파함이 생각하고 있던 것과 많은 면에서 달랐다. 백인들만의 모임에 익숙했던 파함은 다인종이 함께 섞여 있는 것을 보고 거부감을 느꼈고, 남녀가 뒤섞여 있는 것을 성적으로 문란하다고 생각했다. 그리고 남부에서는 보지 못했던 극단

---

205) William Seymour, "The Second Chapter of Acts", *The Azusa Street Papers*, p. 21.
206) Frank Bartleman, *Azusa Street*(New Kensington, PA: Whitaker House, 2000), p. 54.

적인 종교적 현상들과 아프리카적 요소인 노래와 춤이 가득 찬 것을 보고 큰 충격을 받았다. 그는 방언을 알아들을 수 있는 외국어라 해석했으나 아주사 집회에서는 알아들을 수 없는 방언이 많이 나타났다.

결국 파함은 아주사 운동을 격려하기보다 이성과 상식의 경계를 넘어 버린 열광주의 및 극단주의에 빠졌다는 비판을 가했다. 아주사 집회에서 나타난 방언은 외국어가 아니기 때문에 비성경적 방언이며, 시모어는 악령에 사로잡힌 자로 사탄적 모임을 인도하고 있다고 비판했다. 이는 백인 우월론자인 파함이 흑인의 리더십을 인정할 수 없었기 때문이며, 또한 아프리카적 영성을 이해하지 못한 이유가 컸다.[207] 이 사건을 계기로 오순절 신학을 주창한 파함과 오순절 운동을 확산시킨 시모어는 인종적, 문화적, 신학적 차이로 인해 결별을 고하게 되었다.

아주사 미션에서 〈사도적 신앙〉의 발송 주소록을 관리하던 클라라 럼(Clara Lum)은 5만 명에 달하는 주소록을 크로퍼드(Florence Crawford)에게 넘겼고, 크로퍼드는 이 주소록을 가지고 오리건 주로 이사를 가 버렸다. 이로 인해 시모어는 〈사도적 신앙〉을 독자들에게 발송할 수 없게 되었다. 이 일을 계기로 아주사 미션은 점차 쇠락의 길을 걷게 되면서 오순절 운동의 중심지는 시카고와 남부로 옮겨졌다.

시모어는 아주사 미션을 통해 오순절 운동을 본궤도에 올렸

---

207) Edith L. Blumhofer, *The Assemblies of God*, p. 91.

고, 그로 말미암아 오순절 운동이 미국 전역과 전 세계에 퍼져 나가는 촉매의 역할을 감당했다. 오순절의 주요 교단들은 오순절 운동의 역사적 기원을 아주사 미션에 두고 있다.[208] 이러한 공로로 인해 예일대학 아일스트롬 교수는 시모어를 미국 교회사를 빛낸 마틴 루터 킹 목사와 W. E. B. 두보이스와 어깨를 나란히 하는 인물로 지목했다.

오순절 운동의 확산

시모어가 이끌던 로스앤젤레스 아주사 미션은 오순절 운동의 성지가 되었다. 전통 교단에 속했던 수많은 목회자들과 교회 지도자들, 평신도들은 아주사 미션에서 일어난 종교적 현상에 대해 큰 호기심을 가졌고, 직접 이곳을 방문해 오순절 체험을 하고 방언의 은사를 받았다. 오순절주의는 누구든지 직접적으로 하나님의 영을 체험할 수 있다고 강조했고, 참석자들은 오순절 성령의 권능과 은사가 회복되었음을 눈으로 확인하고 몸으로 체험했다. 고등 신학 교육을 받은 지적이고 냉소적이던 목회자들도 집회에 참석하자 이내 성령의 능력에 사로잡혀 '숨이 멎는 듯하고, 정신이 혼미해지며, 머리에 현기증이 나며, 눈앞이 캄캄해져 아무것도 보지 못해 움직이지 못했다.' 그들은 바닥에 쓰러져 양복이 더럽혀짐에도 아랑곳하지 않고 마룻바닥에 앉아 밤이 새도록 회개하며 성령세례 받기를 간구했다.[209]

---

208) 알리스터 맥그라스, 《기독교, 그 위험한 사상의 역사》, p. 678.

제도적·형식적 교회에서 영적으로 목말라 있던 전통 교회 신자들은 오순절 운동에 열광적인 반응을 보였다. 성령세례를 받고 방언을 말하는 이유는 그리스도의 증인이 되기 위해서다. 종교적 체험은 불신자에게 회심의 동기를 제공했고, 신자들은 복음 전파에 앞장섰다.

아주사 미션을 통해 오순절 운동이 확산되자 가장 극적인 반응을 보였던 것은 성결교회였다. 오순절 운동을 가장 신랄하게 반대하고 비판을 가한 교단이 웨슬리안 성결교회였다면, 아주사 미션을 가장 많이 찾아가 직접적으로 영향을 받고 적극적으로 오순절 운동을 환영하고 받아들이고 확산시킨 곳은 급진적 성결교회였다. 이들은 성령세례의 증거가 방언이라는 오순절 주장을 받아들임으로 온건한 성결교회로부터 쫓겨나 곧 오순절교회에 합류했다.

장로교 목사에서 성결 운동 지지자로 변신한 심프슨은 아주사 운동을 직접 조사한 후 방언이 성령세례 받은 증거라는 주장에 반대했다. 그런데 정작 자신이 설립했던 기독교선교연합회 소속의 교사와 학생들은 아주사 집회에 참석해 방언을 체험했다. 그러자 심프슨은 입장을 선회해 하나님이 주시는 성령의 축복을 거부해서는 안 된다며 방언의 은사를 받아들였다. 단, 방언은 성령세례를 받았다는 유일한 증거가 아니라 성령의 내주하심으로 인한 여러 은사들 중 하나라는 결론을 내렸다. 그는 방언하는 것을

---

209) Frank Bartleman, *How Pentecost Came to Los Angeles*, p. 83.

허용했지만, 그렇다고 장려하지도 않았다. '구하지도 말고 금하지도 말라'(seek not, forbid not)는 지시를 내리며 오순절 운동에 대해 온건한 입장을 보였다.[210]

성결 운동 부흥사인 바틀맨(Frank Bartleman, 1871~1936)은 1906년 〈믿음의 길〉이라는 간행물에 "오순절이 미국의 예루살렘인 로스앤젤레스에 도래했다"[211]고 기고하면서 아주사 운동에 대해 호의적인 반응을 보였다. "귀신이 쫓겨나고, 병자가 고침 받고, 많은 사람들이 하나님의 은총 안에서 구원받는 역사가 일어났으며, 성령의 능력으로 회복되고, 기름부음을 받았다."[212]

급진적 성결파에 속한 교인들 중에는 1906년 아주사 운동 이전부터 방언을 체험한 사람들이 있었다. 성결 캠프 집회에서는 성령세례를 받은 증거로 '거룩한 춤', '황홀경에서 소리치기' 혹은 '방언'을 인정하고 있었다. 남부의 일부 성결교단들은 방언을 성화의 증거들 중 하나로 혹은 제3의 축복으로 받는 새로운 언어로 이해했다.[213] 방언에 대해 알고 있었던 급진적 성결 운동 신자들은 아주사 미션에서 날아온 성령세례와 방언 신학을 별다른 저항 없이 받아들였다. 특히 남부 지역의 급진적 성결교단이었던 클리블랜드 하나님의 교회, 오순절 성결교회, 불세례 성결교회, 그리스도파 하나님의 교회 등의 지도자들은 아주사 미션을 직접

210) Edith L. Blumhofer, *The Assemblies of God*, pp. 188~189.
211) Frank Bartleman, *How Pentecost Came to Los Angeles*, pp. 54, 63.
212) ibid., p. 64.
213) 빈슨 사이난, 《세계 오순절 성결운동의 역사》, p. 141.

방문하거나 영향을 받아 방언 은사를 체험함으로 교단 전체가 전통적 오순절교회로 전향하기에 이르렀다.

성결 운동가 캐쉬웰(Gaston Cashwell, 1860~1916)은 미국 남부 지역에 오순절 운동을 확산시킨 공로로 '남부의 오순절 사도'로 칭함받는 사람이다. 1906년 12월, 아주사 미션에 대한 소식을 들은 그는 직접 아주사를 찾아갔다. 그는 비록 인종적 편견을 가지고 있던 전형적인 남부인이었으나 시모어에게 안수 기도를 요청했고, 곧 성령의 임재를 체험하면서 독일어 방언으로 기도하기 시작했다.[214]

오순절 성령 충만을 경험한 캐쉬웰은 미 남동부에서 오순절 집회를 열었다. 1907년 1월, 노스캐롤라이나 주 던(Dunn)에서 집회를 열자 수백 명의 성결교회 지도자들과 수천 명의 신자들이 참석했다. 그들이 열렬히 성령의 기름부음과 방언의 은사를 사모하며 간구하자 방언을 말하고, 거룩한 웃음을 터뜨리며, 하나님을 찬양하고, 춤추며 소리쳤다. 그가 인도한 집회를 통해 많은 성결교 목회자들과 신자들이 오순절주의자가 되었다.

캐쉬웰은 성결교단인 오순절 성결교회의 지도자들 중 한 사람이었는데, 그가 성령세례의 최초 증거가 방언이라 주장하자 이 교단을 설립했던 크럼플러는 캐쉬웰의 주장에 반대해 교단을 떠나고 말았다. 당시 오순절 성결교단은 열다섯 개의 교회가 가입

---

214) G. B. Cashwell, "Came 3,000 Miles for His Pentecost", *The Apostolic Faith*(Dec. 1906), p. 3.

되어 있었는데, 이들 중 열세 개의 교회가 캐쉬웰을 따라 '성령세례를 받는 순간 다른 방언으로 말한다' 는 오순절 교리를 받아들였다. 뉴잉글랜드에서 엄격한 칼빈주의에 대항해 알미니안주의를 수용한 자유의지 침례교(Free Will Baptist Church)는 성결교의 기본 전제인 성령의 순간적 역사로 모든 죄로부터 씻음 받아 깨끗하게 된다는 완전주의를 받아들였다. 이 교단 또한 캐쉬웰의 영향하에 오순절 메시지를 받아들이면서 오순절 자유의지 침례교회(Pentecostal Free Will Baptist Church)로 전향해서 침례교인들에게 오순절 운동을 알리는 역할을 감당했다.

성결교단인 클리블랜드 하나님의 교회의 지도자였던 톰린슨은 자신의 교회에 캐쉬웰을 초청해 부흥회를 가졌다. 캐쉬웰이 설교하던 중 톰린슨은 갑자기 강대상 의자에서 바닥으로 쓰러지면서 오순절 은혜를 체험하고 다른 방언으로 말하기 시작했다. 이 체험을 계기로 그는 성결과는 구별된 제3의 축복인 방언을 동반한 성령세례의 신학을 받아들여 성결교단에 속했던 교회를 오순절교회로 바꾸었다. 클리블랜드 하나님의 교회는 1917년부터 엄격한 십일조 제도를 교리로 지정해서 모든 교회들로부터 재정의 10퍼센트를 교단 본부에 납부하도록 했다. 교단의 통제권을 가지고 있던 톰린슨은 이후 공금을 횡령했다는 고소를 받고 총감독 직위에서 물러나게 되었다.[215]

남부 지역의 성결교 지도자였던 메이슨은 아주사 부흥에 대한

---

215) 빈슨 사이난, 《세계 오순절 성결운동의 역사》, pp. 244~245.

이야기를 들은 후 직접 아주사를 방문해서 오순절 은혜를 체험하고 방언을 말했다. 오순절 교리를 받아들인 그는 그가 설립한 '그리스도파 하나님의 교회'를 성결교회에서 오순절 교단으로 바꾸었다. 그는 남부 오순절 운동의 확산에 독특한 역할을 담당했다. 남부 오순절 운동가들 중 미국 주요 교단에서 안수를 받은 사람은 그뿐이었고, 그의 안수만이 법적으로 인정되었다. 성결교 목사 시절 메이슨은 많은 백인 성결교 목회자 후보생들에게 목사 안수를 베풀었는데, 그가 오순절 신앙을 받아들이자 그로부터 안수를 받았던 많은 백인 목사들도 오순절 신앙을 받아들였다. 이후 백인 목사들을 중심으로 새로운 오순절 교단인 '하나님의 성회'가 설립되었다. 그리스도파 하나님의 교회는 1980년대에 이르러 약 400만 명의 성도를 보유한 대교단으로 성장했고, 세계에서 가장 큰 오순절교회가 되었다.

아주사 미션을 방문한 순례자들에 의해 오순절 운동의 불길은 미 전역으로 확산되었다. 오리건 주에서는 크로퍼드가, 뉴욕 주에서는 브라운(Marie Brown)이, 인디애나 주에서는 플라워(Roswell Flower), 캐나다에서는 아규(A. H. Argue)와 워드(A. G. Ward)가 오순절 운동의 확산에 큰 기여를 했다. 아주사 미션을 직접 방문해 성령세례를 받고 방언을 경험한 대다수의 개신교 목회자들과 신자들은 본 교단에서 환영을 받지 못했고, 심지어 교회로부터 쫓겨나기도 했다. 수백 명의 감리교, 침례교, 장로교 목회자들이 소속 교회로부터 출교를 당한 후 그들은 곧 오순절교회에 가입했다.

하나님의 성회(Assemblies of God)

우후죽순으로 생겨나던 오순절교회들은 곧 타 교단들의 배척, 교리적 마찰, 오순절 설교자들의 감별 등의 이유로 교단 설립에 대한 필요성을 느끼게 되었다. 이 외에도 전도와 선교 사역, 훈련소 혹은 신학교의 설립, 교리적 분열 방지 등의 이유로 통합 기관의 설립에 대한 열망이 대두되었다.

초기 오순절 운동가들의 대부분은 19세기 웨슬리안 성결 운동의 영향을 깊게 받아 제2의 축복인 성화 교리를 받아들였다.[216] 찰스 파함과 윌리엄 시모어도 웨슬리안적 견해를 받아들여 중생과는 다른 경험인 성화를 제2의 축복으로 받아들였고, 성화란 타고난 죄 혹은 부패성을 제거하는 것으로 이 세상에서 성화를 이루는 것이 가능하다고 믿었다.

그런데 비웨슬리안적 배경을 가진 장로교나 침례교 사람들이 오순절 운동으로 넘어와 그 안에서 웨슬리안파와 비웨슬리안파로 나뉘면서 신학적 괴리가 생기기 시작했다. 특히 개혁주의적 영향을 받은 케직 운동가들은 그저 죄성을 억제할 뿐, 인간의 전적 타락으로 인해 부패성을 완전히 제거할 수는 없다고 생각했다. 성령세례를 통해 성화를 이루는 것은 불가능하며, 봉사와 전도를 위해 능력을 받는 것이라 믿었다. 이는 성령세례를 통해 성화를 이룬다는 웨슬리안적 해석과 큰 신학적 차이를 보인다.

비웨슬리안파인 침례교 목사 더함(William H. Durham, 1873~1912)

---

216) Klaude Kendrick, *The Promise Fulfilled*, pp. 31~36.

은 1907년 3월 아주사 미션을 직접 방문했고, 시모어가 안수하자 성령세례 및 방언을 체험했다. 그는 시카고에서 북 애비뉴 미션 (North Avenue Mission)을 오순절 운동으로 전환했고, 이 기관은 미 중서부 지역에서 오순절 운동을 이끄는 메카가 되었다. 그가 이끄는 집회를 통해 성령세례를 받아 방언을 말하고 병이 낫는 역사가 나타났다. 절름발이 청년이 '일어나라'는 그의 말 한마디에 고침을 받는 사건이 일어났다.

개혁주의적 신학을 가진 더함은 성화의 체험이 없이 곧장 성령세례를 받았기에, 회심의 순간 성화가 시작된다고 해석해 성화를 제2의 은총으로 보는 견해에 문제를 제기했다. 그는 그리스도의 십자가를 통해 구원과 성화가 완성되었다는 완성된 사역 (Finished Work)을 주장했다. 십자가 보혈의 능력은 죄만 담당하는 것이 아니라 신자의 성화도 단번에 이룬다는 것이다.[217]

더함에 의하면, 인간이 죄악 된 육체를 가지고 있는 한 이 세상에서 완전한 성화를 성취하는 것은 불가능하다. 성화란 성령세례를 통해 한순간에 이뤄지는 것이 아니라 은혜 안에서 점진적으로 성장하는 것이다. 그러므로 신자는 2차적 은혜를 추구할 것이 아니라, 회심과 함께 받은 성화를 지속적으로 발전시켜야 한다. 성화의 순간적 은혜를 부정한 그는 웨슬리안의 성화 신학을 거부하고 그리스도인의 경험을 회심과 성령세례의 두 단계로 규정했다.

217) R. M. Riss, "Finished Work Controversy", in *The New International Dictionary of Pentecostal and Charismatic Movements*, pp. 638~639.

그에게 있어 성령세례란 '쓴 뿌리의 제거'가 아닌 '섬김을 위한 권능'을 받는 것이다.[218)]

철저히 케직 운동의 성령세례 개념을 지지한 더함의 주장은 제2차적 성화 교리를 주장하던 웨슬리안파 오순절주의자들과 정면충돌을 일으켰다. 성화는 제2차적 축복이며 성취가 가능하다고 믿은 파함과 시모어는 더함의 가르침에 분개했다. 특히 파함은 하나님이 잘못된 교리를 가르친 자의 목숨을 거둬 가심으로 둘 중 누가 옳은지를 계시해 달라고 공개적으로 기도했다. 우연히도 더함은 1912년에 결핵으로 죽었다.

그러나 전통적 칼빈주의 신학을 추종한 장로교나 침례교 배경을 가진 오순절주의자들은 중생, 성화, 성령세례를 주장하는 웨슬리안의 견해를 배격하고 중생과 성령세례의 이중 구조를 강조한 더함의 주장을 지지했다. 더함의 노선에 선 남침례교 벨(Eudorus N. Bell) 목사와 고스(Howard Goss) 목사는 1913년 천막 집회 형태의 부흥 캠프를 열었다. 이 집회에서 교단 설립에 대한 의견이 강하게 제기되었고, 그 결과 1914년 4월 아칸소의 핫스프링스(Hot Springs)에서 총회가 열렸다. 약 300여 명의 관계자들이 모였고, 그들은 '하나님의 성회'를 세웠다.

하나님의 성회 총회장으로 선출된 벨은, 제2의 축복인 성결은 성경에 없는 비성경적 개념으로 가상적 체험에 불과하다고 비판

---

218) R. M. Riss, "Durham, William", in *The New International Dictionary of Pentecostal and Charismatic Movements*, p. 594.

했다. 그는 순간적 성화를 부정하고 점진적 성화를 추구해야 하며, 온전한 성화를 성취하는 것은 불가능하다는 입장을 천명했다. 1916년, 하나님의 성회는 '근본진리선언문'(The Statement of Fundamental Truths)을 신앙 고백으로 채택했다.

그 신학적 특징을 살펴보면, 전통적 삼위일체를 받아들이고, 칼빈주의의 예정론 대신 알미니우스의 자유의지 교리를 따르며, 침례교의 전통에 따라 유아 세례를 거부하고 고백자의 완전 침수에 의한 침례를 강조한다. 예수님을 구주로 믿는 믿음으로 구원을 받는다는 중생과 성령세례의 첫 번째 증거가 방언이며, 신유와 전천년설을 따르는 사중복음을 지지한다.[219] 하나님의 성회는 오순절 교단들 가운데 웨슬리안 전통에서 이탈해 개혁주의적·침례교적 배경을 가진 대표적 교단으로 성장했다.

하나님의 성회 교단 창립을 주도했던 목회자들은 흑인 오순절 목사인 메이슨으로부터 영향을 받고 목사 안수를 받았던 백인 목사들이었다. 흑인 지도자 메이슨을 중심으로 '그리스도파 하나님의 교회'가 설립된 것이라면, 백인 목사들을 중심으로 탄생한 교단이 '하나님의 성회'라 할 수 있다. 백인들로 이루어진 하나님의 성회 창립은 인종 차별적 문화 속에서 성장했던 백인들이 흑인 리더십을 인정하지 못한 사례로 평가되기도 한다.

1960년대 이후 성공회, 장로교회, 감리교회, 루터란교회 등 전

---

219) http://ag.org/top/Beliefs/Statement_of_Fundamental_Truths/sft_full.cfm P. C. Nelson, *Bible Doctrines*(Springfield, MO: Gospel Publishing House, 1962).

통적 교단들의 신자 수가 전성기에 비해 절반으로 축소되었다. 그러나 1960년대와 1970년대에 하나님의 성회는 22.9퍼센트가 성장해 총 교인 수가 60만 명에 달했고, 1990년대에는 200만 명, 전 세계적으로는 2,500만 명의 성도를 가진 대형 교단으로 성장했다. 오늘날에는 전 세계에 6,700만 명의 성도가 있다.[220]

세 가지 신학적 논쟁들

초기 오순절 운동은 성결을 강조하던 웨슬리안파가 주도했으나 성결의 완전성을 거부하는 개혁주의 성향의 하나님의 성회가 설립됨으로 오순절 운동 내에 여러 가지 신학적 논쟁들이 촉발되었다. 특히 하나님의 성회 내에서도 세 가지 주요 신학적 논쟁들이 진행되면서 오순절 운동은 분열을 겪게 되는 동시에 다양성을 가지게 되었다.

1) 완성된 사역(Finished Work)

더함의 '완성된 사역' 주장에 의해 오순절 운동은 최초의 큰 분열을 경험하게 되었다. 이는 성화에 대한 논쟁으로, 성화를 중생과 구별되는 제2의 은총으로 인정하느냐 마느냐 하는 신학적 견해의 차이를 드러냈다. 감리교적 유산을 이어받은 웨슬리안파 오순절주의는 제1차적 축복인 중생, 제2차적 축복인 '타고난 죄'(Inbred Sin)로부터의 정결인 성화, 방언을 동반한 성령세례를 제3의

---

220) http://ag.org/top/(2016년 12월 31일)

축복으로 칭했다. 여기에 신유와 재림을 포함시켜 오중복음을 발
전시켰다. 오순절 성결교회, 클리블랜드 하나님의 교회, 그리스
도파 하나님의 교회, 연합 오순절교회, 국제복음교회, 예언 하나
님의 교회, 오순절 하나님의 교회 등의 교단이 대표적인 웨슬리
안 계통의 오순절 교단들이다.

반면 개혁주의 성향의 오순절교회는 제1차 축복인 중생과 제
2차 축복인 성령세례를 강조함으로 성화 교리를 빼 버리고 신유
와 재림을 추가해 사중복음을 발전시켰다.[221] 하나님의 성회가 대
표적인 교단이다.

2) 오직 예수(Only Jesus)

하나님의 성회의 맥알리스터(R. E. McAlister) 목사는 초대 교회
사도들이 세례를 줄 때 성부와 성자와 성령의 삼위일체 이름으로
세례를 준 것이 아니라 오직 예수의 이름으로만 세례를 베풀었다
고 주장했다. 특히 사도행전을 보면 성부, 성자, 성령의 이름으로
세례를 준 적이 없다는 것이다: "이는 아직 한 사람에게도 성령
내리신 일이 없고 오직 주 예수의 이름으로 세례만 받을 뿐이더
라"(행 8:16), "바울이 이르되 요한이 회개의 세례를 베풀며 백성에
게 말하되 내 뒤에 오시는 이를 믿으라 하였으니 이는 곧 예수라
하거늘 그들이 듣고 주 예수의 이름으로 세례를 받으니"(행

---

221) 빈슨 사이난,《세계 오순절 성결운동의 역사》, pp. 189~190. 박명수,《근대 복음주
　　의의 주요 흐름》, p. 259.

19:4~5). 그는 전통적인 삼위일체론을 인정했지만 이들 성경 구절들에 근거해 오직 예수의 이름으로만 세례를 줘야 한다고 강조했다. 그의 주장은 이후 '오직 예수' 혹은 '예수 이름'(Jesus' Name) 논쟁으로 불렸다.

호주 출신인 하나님의 성회의 에와트(Frank J. Ewart) 목사는 사도행전 2장 38절[222]에 근거해 삼위일체의 이름이 아닌 '오직 예수의 이름' 으로만 세례를 줘야 한다고 강조했다. 그는 성부, 성자, 성령의 세 위격들의 구별성을 부정하면서 하나님의 신격에는 하나의 인격인 예수 그리스도만 있을 뿐이라고 주장했다. 그는 하나님 안에 삼위가 있는 것을 부정하고 오직 하나의 위격만 강조하는 단일성을 지지했다. 성부와 성령은 그리스도의 위격을 다른 측면에서 지칭하는 명칭일 뿐이라는 것이다. 그는 여기서 더 나아가 성부, 성자, 성령의 이름으로 세례를 받으면 구원받을 수 없기에 구원을 받기 위해서는 예수 이름으로만 다시 세례를 받아야 한다고 주장했다.[223]

에와트의 단일성 주장은 하나님의 성회 안에서 큰 논쟁을 불러일으켰는데, 특히 가장 큰 교회를 담임하던 헤이우드(Garfield Haywood) 목사가 '오직 예수 운동' 을 지지함으로 혼란에 빠졌다. 거기에다 하나님의 성회 창립자이자 의장이었던 벨도 단일성 이론을 받아들여 이전에 성부와 성자와 성령의 이름으로 세례를 받

---

222) "베드로가 이르되 너희가 회개하여 각각 예수 그리스도의 이름으로 세례를 받고 죄 사함을 받으라 그리하면 성령의 선물을 받으리니"
223) 빈슨 사이난, 《세계 오순절 성결운동의 역사》, pp. 197~198.

은 것은 무효이기에 '예수 이름'으로만 다시 세례를 받았다. 이후 벨 목사는 다시 삼위일체론 신앙으로 회귀했다.

파울러(James W. Fowler)는 세 위격이신 한 하나님의 전통적 삼위일체론에 근거해 단일성 운동은 교회사에 나타난 양태론적 이단에 불과하다는 비판을 가했다. 1916년, 하나님의 성회는 세인트루이스에 총회를 소집해서 '근본진리선언문' 제2조를 통해 전통적 삼위일체론을 지지하면서 단일론 사상을 배격했다.[224] 전통적 삼위일체론에 동의하지 않고 단일성을 지지하는 사람은 하나님의 성회 회원이 될 수 없다는 것이다. 총회는 사실상 에와트의 단일성 운동(Oneness Movement)을 양태론적 이단으로 정죄했다.

이 선언으로 인해 교단의 분열은 불가피했다. 585명의 회원들 중 단일성을 지지하던 156명이 하나님의 성회를 떠났다. 그들은 헤이우드 목사를 중심으로 세계오순절성회(Pentecostal Assemblies of the World) 교단을 창립해 단일성 신앙을 교리로 받아들이며 세례는 오직 '우리 주 예수 그리스도의 이름'으로만 행한다고 선언했다. 가장 큰 단일성 교단이 된 연합오순절교회(The United Pentecostal Church)는 "하나님이 구별된 세 위격으로 존재하신다는 삼위일체 개념은 하나님이 한 분이심을 일관되게 강조하는 성경의 계시에 어긋난다"고 공표했다.[225] 기독교 역사를 통해 숱한 삼위일체론 논쟁들이 벌어지고 이단들이 출현한 것처럼, 오순절 운동도 삼위

---

224) http://ag.org/top/Beliefs/Statement_of_Fundamental_Truths/sft_full.cfm
225) J. L. Hall, "United Pentecostal Church, International" in *The New International Dictionary of Pentecostal and Charismatic Movements*, pp. 1160~1165.

일체론 논쟁이 터져 나오면서 교단이 분열되는 사례가 발생했다.

3) 성령세례의 첫 번째 증거인 방언

다른 개신교 교단들과 비교할 때 오순절교회 신학의 가장 큰 특징은 방언 교리에 있다. 찰스 파함에 의해 완성된 고전적 오순절 신학은 성령세례의 1차적 증거가 방언임을 강조한다. 시모어가 방언을 강조한 것은 사실이지만, 방언이 성령세례의 유일한 증거라는 주장에는 반대했다. 그는 신자가 궁극적으로 추구해야 할 것은 방언이라기보다는 성령세례임을 강조했다.[226] '과연 방언은 성령세례의 1차적인 육체적 증거(initial physical evidence)인가?' 라는 질문은 하나님의 성회 안에 방언에 대한 논쟁을 불러일으켰다.

하나님의 성회의 보스워스(Fred Francis Bosworth) 목사는 오순절 운동이 방언을 강조하면서 방언을 주시는 분을 등한시하고 있다는 점을 지적했다. 은사를 주시는 분보다 은사를 더 강조하는 것은 문제라는 것이다. 그는 방언이 성령세례의 유일한 증거가 아니라 많은 증거들 중 하나라고 주장했다. 성령세례를 받으면 다양한 은사들을 받을 수 있는데, 방언은 그들 중 하나며, 성령세례를 받았다고 해서 모든 사람들이 다 방언을 말하는 것은 아니라는 것이다. 성령세례를 받은 신자들 중 방언을 하지 못하는 경우

---

226) William Seymour, *Azusa Street Sermons*(Joplin, Missouri: Christian Life Books, 1999), p. 65.

도 존재한다.[227]

보스워스가 방언이 성령세례의 유일한 증거가 아니라는 반론을 제기하자 하나님의 성회는 성령세례와 방언 사이의 관련에 대한 연구에 착수했다: '사도행전 2장의 마가의 다락방 사건에서는 방언이 나타난다. 사도행전 8장의 사마리아에서는 방언이란 용어가 나타나지 않는다. 사도행전 10장의 고넬료 사건에서는 방언이 나타난다. 사도행전 19장의 에베소 교회에서도 방언이 나타난다.' 하나님의 성회는 비록 사마리아에서의 방언 기록은 없지만 잠정적으로 방언이 나타났을 것이라 결론지었다. 성령세례를 받을 때마다 방언이 나타났지만, 그렇다고 매번 방언을 기록할 수는 없기 때문이다. 사마리아에서도 방언이 나타났지만 단지 기록하지 않았을 뿐이라는 것이다. 커(D. W. Kerr)는 "성령세례의 1차적 증거에 대한 오순절 신앙의 시금석은 유명한 사람들의 체험이 아닌 하나님의 말씀"이라고 단정 지었다.[228]

1917년, 하나님의 성회 총회는 방언이 성령세례의 유일한 증거라는 결론을 내렸다: "성령세례는 하나님의 영이 주시는 다른 방언으로 말하는 최초의 외적 표적(the initial physical sign)에 의해 증거된다"(행 2:4 참조). 이를 부정하는 사람은 하나님의 성회 회원이 될 수 없다. "성령세례는 성령이 가르쳐 주시는 대로 다른 언어로 말하는 1차적이고 분명한 표시가 동반된다는 분명한 증거가 있

---

227) R. M. Riss, "Bosworth, Fred Francis" in *The New International Dictionary of Pentecostal and Charismatic Movements*, pp. 439~440.
228) Vinson Synan, *The Holiness-Pentecostal Tradition*, p. 164.

음에도 이를 반대하고 가리는 것은 우리의 기본 교리에 어긋나며, 분명한 증언을 잘못된 것으로 비판하는 사람은 우리와 함께 회원직을 유지하는 것이 불합리하며 비성경적이다." [229)

총회의 결정에 반발한 보스워스는 1918년 하나님의 성회를 탈퇴해 새로운 교단을 세웠다. 1908년 그리스도파 하나님의 성회에서도 동일한 논쟁이 있었고, 투표에서 패배한 사람들은 '그리스도교회'(Church of Christ)라는 교단을 만들었다. '오직 예수', 삼위일체론, 방언 논쟁 등으로 인해 오순절 교단은 25개 이상의 교단들로 분열되었다.

흑인 오순절 운동

초창기 미국 교회에서 흑인들이 차지하는 비중은 매우 적었다. 1776년, 미국이 영국으로부터 독립하기 직전의 남부 식민지 인구 통계를 보면 전체 인구의 42퍼센트에 달하는 흑인 노예들이 있었으나 극소수의 노예들만 교회에 출석할 수 있었다. 자유가 없던 흑인 노예들이 교회에 출석하기 위해서는 백인 주인의 엄격한 허가가 있어야 했고, 흑인들만의 교회를 세울 수도 없었다. 그나마도 백인 목회자가 인도하던 침례교회나 감리교회에 출석하면서 백인들의 철저한 감독을 받아야 했다. 인종 차별이 심했던 남부에서 흑인 노예들은 교회에 출석해서도 백인과는 분리된 특별석이나 발코니에 앉아 예배를 드렸다.

---

229) Edith L. Blumhofer, *The Assemblies of God*, pp. 241~243.

그러나 점점 시간이 지나면서 흑인 노예들은 성경에서 자유나 평등의 개념을 발견했고, 출애굽기 이야기에 많은 관심을 가지면서 멤버십이 크게 늘어 갔다. 조지아 주의 경우 침례교회의 35~40퍼센트가 흑인들이었다.[230]

노예 해방 운동과 남북전쟁을 통해 인종에 따른 분열의 골이 깊어지면서 백인과 흑인 교회의 분리 현상이 뚜렷이 나타났다. 흑인 그리스도인들은 자신들의 역사와 문화적 기질과 맞는 방식으로 예배드리기를 원했고, 흑인들 특유의 예배와 설교 방식을 따랐다. 남북전쟁이 종결된 후 흑인 노예들은 자유를 얻었고, 흑인 그리스도인 또한 백인의 감독과 감시로부터 벗어나 독립된 흑인 교회들을 세워 나갔다. 특히 흑인 감리교회와 침례교회는 흑인들에게 적대적이던 사회에서 자유를 갈구하던 흑인들에게 영적 안식처를 제공하면서 큰 부흥을 맛보았다. 1890년, 흑인 인구의 51퍼센트는 아홉 개의 흑인 교단들에 속해 있었고, 흑인 교인들 중 8퍼센트만이 백인 교회에 출석하고 있었다. 그러나 흑인 그리스도인들의 비중이 늘어나 1929년에는 90퍼센트의 흑인들이 흑인 교회에 출석했다.

이런 종교적 상황에서 1906년 흑인인 시모어가 아주사 미션의 부흥을 주도했다. 아주사 운동은 미국 사회나 교회에서 지도자가 될 수 없었던 흑인의 주도하에 백인, 스페인인, 중국인, 흑인 등

---

230) 로저 핑크, 로드니 스타크, 《미국 종교 시장에서의 승자와 패자(1776~2005)》, p. 165.

이 동등한 위치에서 인종 혼합적 예배를 드린 충격적 사건이었다. 성령의 강력한 임재 속에 사회적 편견과 분열의 장벽이 허물어지면서 인종적 화해와 평등이 성취되었다. 이는 사회적 진화론에 근거한 백인 우월주의 및 흑인 차별주의(Jim Crow Laws) 등으로 인종 차별이 극심하던 당시로는 상상할 수 없었던 일이었다.

흑인 시모어의 주도하에 흑인의 종교와 문화가 자연스럽게 오순절 운동에 깊이 스며들었다. 특히 흑인들의 언어, 노래, 춤 등은 오순절교회 문화 형성에 큰 기여를 했다. 흑인들에게 음악은 노예로서의 고통과 박탈감, 절망을 위로하고 표현하는 방편이었다. 그들은 특유의 가락, 하모니, 템포로 이루어진 독특한 음악으로 자신들의 감정을 나타냈다. 흑인들의 예배는 열정적 설교자, 회중들의 열렬한 응답과 예언, 음악(spiritual song), 춤, 종교적 체험에 대한 강조 등이 독특한 신앙의 색깔을 만들어 냈다. 원형을 만들어 돌면서 노래하고, 춤추고, 손뼉을 치고, 발을 구르고, 리듬을 만들어 외치는 종교적 관습이 오순절 운동에도 나타났다.

흑인들의 종교적 목적은 예배를 통해 하나님을 만나고 그 속에서 초자연적 기쁨을 맛보는 데 있었다. 백인들이 주도하던 전통 교회는 교리와 규율이 엄격했고, 제도화된 예배에서 수많은 흑인들은 냉랭함과 싫증을 느꼈다. 그들은 종교적 감정을 마음껏 표현할 수 있는 교회를 찾았고, 이로 인해 많은 흑인들이 오순절교회를 선택하게 되었다. 오순절 예배의 열광적, 감정적, 종교적 특성들은 흑인들 특유의 아프리카적 영성과 문화와 잘 부합되었다. 흑인들은 오순절 예배에서 열정적으로 찬양하면서 춤을 추고 몸을 흔드는 것이 가능했고, 마치 고향에 온 것과 같은 편안함을 느꼈다. 백인들이 주도하던 침례교와 감리교 소속의 흑인 그리스도인들은 대거 오순절교회로 몰려들었다.[231] 대표적인 흑인 오순절 교단은 메이슨이 설립한 그리스도파 하나님의 교회로, 미국 내에만 650만 명의 교인들이 있다.[232]

여성 오순절주의자

미국은 오랫동안 흑인 노예의 인권을 무시해 온 것처럼 여성의 역할을 가정의 테두리 안에 두면서 여성의 인권을 무시했다. 제2차 세계대전이 끝난 해인 1918년에 이르러서야 여성들에게 투표권이 허용되었다. 미국 전통 개신교회는 남성 중심의 교권 제도를 구축하고 신학, 교리, 예전, 전통 등을 주도하면서 여성에게는 신학교 입학 및 목사로 안수 받는 것을 허용하지 않았다. 교회 내에서 여성의 위치는 남성에 비해 상대적으로 매우 낮았다. 제2차 세계대전이 끝난 뒤인 1950년대에 이르러서야 여성 목사 안수에 대한 본격적인 논의가 진행되었다.

이런 사회·문화적 상황에도 불구하고 19세기 말부터 성령의 충만함과 능력을 받은 여성 사역자들이 출현하기 시작했다. 대표적인 여성 부흥사였던 에터(Maria Woodworth Etter, 1844~1924)는 신유 사역자로 활동하면서 대형 집회들을 이끌었다. 그녀가 인도하던

---

231) Richard Ostling, "Strains on the Heart", *Time Magazine*(Nov. 19, 1990), pp. 88~90.
232) https://en.wikipedia.org/wiki/Church_of_God_in_Christ(2016년 12월 31일).

집회에서 많은 사람들이 죄를 고백하고 성령과 불세례를 받기 위해 기도했다. 그녀가 1890년 세인트루이스에서 신유 집회를 인도하는 동안 암, 종양, 청각장애 등과 같은 수많은 병들이 고침을 받았다. 그녀의 집회에서는 신유뿐만 아니라 방언, 축사, 환상, 기적, 쓰러짐 등의 종교적 현상들이 나타났다. 1913년, 캘리포니아에서 열린 세계 사도 신앙 캠프 집회(World-wide Apostolic Faith Camp Meeting)를 인도하면서 그녀는 2,000명 이상의 사람들에게 안수했고 그들은 신유와 기적을 체험했다.[233]

> 나이 든 한 자매가 푹 쓰러지더니 몸이 차가워지면서 경직되었다. 마치 죽은 사람 같았다. 맥박이 뛰는 것만 제외하고는 생명의 기운을 느낄 수 없었다. 우리는 자매를 강대상 소파에 눕혔다. 그날 그 자매는 오랫동안 그곳에 누워 있었다. 저녁 집회 때에도 두 명의 여자들이 같은 방식으로 쓰러졌다.[234]

초기 감리교회와 마찬가지로 오순절 운동은 태동하면서부터 사회적 약자였던 여성들이 두드러진 활약을 하면서 사역하고 설교하는 것이 허용되었고, 여성들은 오순절교회에서 리더가 될 수

---

233) W. E. Warner, "Woodworth-Etter, Maria Beulah" in *The New International Dictionary of Pentecostal and Charismatic Movements*, pp. 1211~1213.
234) Maria Woodworth-Etter, *Diary of Signs and Wonders*(Tulsa, Okla.: Harrison House, 1919), p. 48.

있었다. 현대 오순절 운동은 파함이 세웠던 벧엘 성경학교에서 오즈만 양이 최초로 방언을 말함으로 시작되었다. 오순절 운동이 아주사에서 터지자 많은 여성들이 몰려들었다. 아주사 미션을 이 끌던 시모어는 오순절 성령 강림이 남자와 함께 여성들에게도 임하는 것을 보고 요엘서[235]의 말씀이 성취되는 것을 목격했다. 그는 성령세례를 체험한 사람은 누구나 사역할 수 있다고 믿었기에 성령의 충만을 받은 여성도 소명 받은 자로 여겨 여성이 사역하고 설교할 수 있는 기회를 제공했다.

아주사 선교회를 이끌어 가던 열두 명의 장로들 중 여섯 명이 여성이었는데, 그들은 아주사 미션에서 찬양을 인도하고, 설교하고, 선교사와 목회자 후보생들을 발굴하고 임명하는 중책을 맡았다. 이는 오순절 운동이 그 시작부터 여성이 남성의 사역을 보조하는 기능이 아닌, 남성과 동등한 위치에서 주도적 역할을 담당했음을 말해 준다. 여성이 남녀 모임에서 지도자 역할을 담당하는 것은 당대의 문화 규범을 어기는 일이었다.

아주사 미션에서 성령 체험을 한 제니 무어(Jennie Moore)는 탁월한 리더십을 발휘한 여성 지도자였다. 그녀는 1906년 시모어가 여섯 명의 사람들과 방언의 은사를 받던 날 함께 있었는데, 이 소모임을 통해 아주사 미션이 탄생했다. 그녀는 1908년 시모어와 결혼했고, 1922년 시모어가 세상을 떠나자 1936년까지 아주사 미션을 이끌어 갔다.[236]

---

235) "내가 또 내 영을 남종과 여종에게 부어 줄 것이며" (욜 2:29)

〈사도적 신앙〉을 편집했던 클라라 럼과 오리건 주에서 사도적 신앙 운동을 주도했던 플로랜스 크로퍼드도 아주사 미션을 이끌어 가던 탁월한 여성 지도자들이었다. 크로퍼드는 1906년부터 아주사 미션에서 시모어와 동역하면서 여섯 명으로 구성된 행정위원회의 일원으로 사역했다. 그녀는 아주사 미션에서 일어난 모든 사건들을 기록으로 남겼고, 이를 바탕으로 〈사도적 신앙〉을 발행했다. 이 무료 신문은 오순절 운동을 미국 전역과 세계에 알리는 데 큰 공헌을 했다. 1909년, 그녀는 오리건 주로 이주해서 '사도적 신앙 교회'(Apostolic Faith Church)를 설립했다.[237] "로스앤젤레스에서 온 일군의 사역자들, 즉 에반스 부부와 플로랜스 크로퍼드가 인도한 집회에서 65명이 성령세례를 받았고, 30명이 성화되었으며, 19명이 회심했다."[238]

미국 교회 역사에서 가장 유명한 오순절 여성 사역자를 꼽으라면 맥퍼슨(Aimee Semple McPherson, 1890~1944)이라 할 수 있다. 캐나다 온타리오 구세군 가정에서 태어난 그녀는 오순절 전도자인 셈플(Robert Semple)과 결혼해서 중국 선교를 떠났으나 남편이 사망하는 바람에 뉴욕으로 돌아왔다. 회계사였던 맥퍼슨(Harold McPherson)과 재혼한 그녀는 1915년부터 임박한 종말론을 받아들

---

236) C. M. Robeck Jr., "Moore, Jennie Evans" in *The New International Dictionary of Pentecostal and Charismatic Movements*, pp. 906~907.
237) Estrelda Alexander, *The Women of Azusa Street*(Cleveland, Ohio: Pilgrim Press, 2005), pp. 29~30.
238) William Joseph Seymour, "Fire Still Falling", *The Azusa Street Papers*, p. 14.

여 복음을 전하는 차(Gospel Car)에 '예수님은 곧 오신다' 는 슬로건
을 달고 미국 전역으로 전도 여행을 다니면서 천막 집회를 인도
했다.

1921년, 그녀는 에스겔 1장 1~28절에 나오는 사람, 사자, 황
소, 독수리의 네 얼굴을 가진 짐승의 환상에 기초해 사중복음
(Foursquare Gospel)을 주창했다: 예수 그리스도는 사람들의 죄를 사
하시는 구원자요, 병과 사탄의 힘으로부터 구하시는 치료자요,
봉사와 복음 전파를 위해 성령세례를 베푸시는 분이요, 영광 중
에 다시 오실 왕이시다.[239]

> 예수님은 요한복음 3장 16절 말씀대로 우리를 구원하신
> 다. 그는 사도행전 2장 4절 말씀대로 우리에게 성령으로
> 세례를 주신다. 그는 야고보서 5장 14~15절 말씀대로 우
> 리의 육신을 치료하신다. 그리고 예수님은 데살로니가전
> 서 4장 16~17절 말씀대로 우리를 그에게로 영접하기 위해
> 다시 오신다.[240]

맥퍼슨은 1923년 로스앤젤레스 에 5,300명을 수용할 수 있는
건축학적으로도 탁월한 천사 성전(Angelus Temple)을 세웠는데, 이

---

239) C. M. Robeck Jr., "International Church of the Foursquare Gospel" in *The New
  International Dictionary of Pentecostal and Charismatic Movements*, pp. 793~794.
240) Raymond L. Cox ed., *The Four-Square Gospel*(Los Angeles: Foursquare
  Publications, 1969), p. 9.

건물은 당시 미국 교회에서 가장 큰 규모였다. 연극 무대처럼 꾸며진 설교단에서 그녀는 현대 음악과 연극, 영화, 오페라 등의 기법을 사용한 독특한 설교 방식을 도입해 1920년대 미국에서 가장 주목받는 부흥사로 발돋움했다. 그녀는 기존의 듣는 설교에서 보는 설교로 패러다임을 바꾸었는데, 특히 성경의 이야기를 재구성해 단막극으로 연출한 주일 저녁 예배는 큰 호응을 이끌었다. 그녀는 경찰복 차림으로 오토바이를 타고 강대상으로 뛰쳐나와 브레이크를 세차게 밟고는 경찰 호루라기를 불면서 흰 장갑을 낀 손을 회중을 향해 들고 이렇게 외쳤다. "잠깐! 여러분은 지금 지옥을 향해 달려가고 있습니다." 참석자들은 그녀의 설교에 매료되었고, 많은 사람들이 죄를 회개하고 예수를 영접하는 역사가 일어났다.

맥퍼슨은 라디오의 잠재적 가능성을 보고 1924년 미국 교회 최초의 기독교 라디오 방송국인 칼 사중복음(Kall Four Square Gospel)을 설립해 미 전역에 복음을 전했다. 1926년에는 사역자 양성 기관인 L.I.F.E.(Lighthouse of International Foursquare Evangelism) 성경학교를 세웠다. 그녀는 하나님의 성회에서 목사 안수를 받았으나 교단에서 독립해 나가 1927년 국제사중복음교회(International Church of the Foursquare Gospel)라는 교단을 창립했다. 이 교단은 여성 목사 안수에 적극적이어서 목회자들 중 37퍼센트가 여성들로 구성되어 있다. 이로 인해 구세군을 제외한 개신교회들 중 여성 목회자의 비율이 가장 높은 교단으로 알려져 있다.

구세군 신자였던 어머니의 영향을 받은 맥퍼슨은 복음 전파뿐만 아니라 자선 활동과 구제 사역에도 열심을 내었다. 1925년, 산타바바라에 큰 지진이 일어나자 그녀는 라디오를 통해 구호물자를 요청했고, 무료 배급소, 무료 진료소를 24시간 운영해서 난민들을 도왔다. 당시 불법 체류로 인해 당국의 도움을 전혀 받지 못하던 멕시코인들에게도 도움의 손길을 보냈다. 1930년대에는 미국이 경제적 대공황으로 인해 어려움을 겪자 그녀는 '시의 자매들'(City Sisters)이라는 빈민 구제 기관을 설립해 구제 활동에 적극적으로 참여했다. 무료 급식 시설을 만들어 음식을 나눠 주고, 무료 병원을 운영해서 아픈 자들을 치료해 주며, 과부나 생계를 유지해야 하는 여성들을 위해 일자리를 알선해 주었다. 구제 사역에 과도한 경비를 지출해서 한때 교회가 재정적으로 위기를 맞기도 했지만, 국제사중복음교회는 오늘날에도 도시 빈민, 고아, 노숙자들을 위한 다양한 구제 활동을 활발히 전개하고 있다.[241]

맥퍼슨이 열정적으로 가난한 자들을 돕자 오순절주의자들을 열광주의자 내지는 광신자로 오해하던 사람들의 인식이 크게 달라졌고, 이는 오순절 운동의 부흥으로 이어졌다. 몇 가지 아쉬운 점은, 그녀의 사생활에 남자관계를 포함한 여러 스캔들이 있었고, 신경안정제의 과다 복용으로 인해 54세의 젊은 나이로 사망했다는 것이다.

오순절 여성 사역자인 캐더린 쿨만(Kathryn Kuhlman, 1907~1976)은

241) C. M. Robeck Jr., "International Church of the Foursquare Gospel" in *The New International Dictionary of Pentecostal and Charismatic Movements*, pp. 793~794.

1960년대 대중 집회와 더불어 라디오와 텔레비전을 통해 신유 사역을 크게 펼친 부흥사다. 그녀는 성령의 능력에 의해 신유가 일어남을 강조했다. 집회를 인도하던 중이라도 성령이 하실 일을 보여 주시면 그녀는 이를 선포했고, 곧 성령의 기름부음과 함께 치유의 역사가 강하게 나타났다. 예배가 끝날 무렵 그녀는 손을 뻗어 병자를 위해 기도했고, 많은 사람들이 뒤로 넘어가면서 황홀경에 빠졌다. 특히 그녀는 성령이 보여 주시는 환상을 선포했는데, 주로 특정 질병의 이름을 말하거나 신체 부위 혹은 사람을 지칭하면서 병이 나았음을 선언했다. 그 후 병에서 놓임을 받은 사람들을 강대상으로 불러내어 간증을 시켰다.[242]

오순절 운동의 세계 선교

오순절 운동은 강력한 전도 및 선교 운동으로 이어졌다. 오순절 운동가들은 세대주의적 전천년설을 받아들였고, 성령세례를 종말론과 연계지어 해석했다. 그들은 아주사 미션을 통해 성령세례가 부어진 것을 주님의 재림이 임박했다는 증거로 받아들였다. 성령을 부어 주심은 말세의 징조로, 이방인들에게 복음을 전하라는 사명으로 이어진다. "오직 성령이 너희에게 임하시면 너희가 권능을 받고 예루살렘과 온 유대와 사마리아와 땅 끝까지 이르러 내 증인이 되리라"(행 1:8). 성령세례를 받았다는 것은 복음 전파를

---

242) R. N. A. Kydd, "Healing in the Christian Church," in *The New International Dictionary of Pentecostal and Charismatic Movements*, pp. 698~711.

위한 권능을 부여 받은 것이다.

오순절교회는 교회의 존재 목적이 그리스도의 지상 명령인 복음을 전하는 데 있으며, 선교는 성령의 능력을 받아야만 가능하다고 믿었다. 특히 하나님이 외국어를 말할 수 있는 능력인 방언의 은사를 회복시키신 것은 그만큼 주님의 재림이 가까웠다는 의미로, 방언의 은사를 받은 신자는 적극적으로 미국 전역과 온 세계에 복음을 전해야 한다고 생각했다. 방언은 말세에 세계 선교를 위해 주어진 외국어를 말하는 은사로서 이방인을 구원하기 위한 하나님의 능력이며, 특정 외국어를 말하는 은사를 받은 자는 그 언어를 사용하는 민족이나 지역으로 가서 복음을 선포하라는 선교의 사명을 받은 것이라고 믿었다. 아주사 미션에서는 스칸디나비아, 중국, 인도, 이집트, 아일랜드를 비롯한 외국어 방언들이 나타났는데, 특히 아프리카어가 많았다. 아주사 미션에서의 방언 통역을 통해서도 말세에 대한 경고들이 쏟아졌다.

> 시간이 얼마 남지 않았다. 성령의 권능으로 온전한 복음을 전하기 위해 많은 사람들을 보낼 것이다 … "너희는 온 천하에 다니며 만민에게 복음을 전파하라"(막 16:15)는 명령과 함께 방언의 은사가 주어진다. 주님이 배우지 않은 그리스어, 라틴어, 히브리어, 프랑스어, 독일어, 이탈리아어, 중국어, 일본어, 줄루어를 포함한 아프리카어, 힌두어, 벵골어 그리고 인도의 지방 방언들, 치페와를 포함한 인

디언 언어, 에스키모어와 수화를 주셨다. 사실 성령은 세
상의 모든 언어들을 당신의 자녀들에게 말씀하신다.[243]

  방언 통역의 내용 가운데 선교와 관련된 예언들도 쏟아져 나
왔다. "그는 내가 아프리카에서 많은 이들에게 복음을 선포하고,
순교의 고통을 당하도록 선택한 그릇이다."[244] "여러 언어를 은사
로 받은 선교사들이 해외 선교지로 이동 중이며, 어떤 이들은 자
신들의 길이 열리기를, 그리고 주님이 '가라!' 명하시기를 기다
리고 있다."[245] "그는 많은 방언들을 받았고, 예언의 은사도 받았
다. 그리고 여러 외국어로 글을 쓰기 시작했고, 외국으로 나가라
는 부르심을 느꼈다."[246]

  오순절주의자들은 방언을 동반한 성령세례를 종말의 징조로
보았기에 적극적으로 복음을 전했다. 아주사 미션에서 성령의 충
만함을 체험한 사람들로 인해 오순절 운동은 불 일듯 일어났고,
그들은 미 전역과 전 세계에 복음을 전하기 시작했다. "웨토쉬는
… 1년 동안 극심한 육체적 고통 속에 살았으나 기적적으로 구원
을 받고 치유를 경험했다. 최근에 그녀는 성령세례를 받고 방언
의 은사도 받았는데, 그녀는 이 복음을 전하기 위해 밖으로 달려
나갔다."[247] 오순절 체험을 한 신자들은 전도단을 구성해 대중 집

---

243) William Seymour, "Missionaries to Jerusalem", in *The Azusa Street Papers*, p. 10.
244) William Seymour, "The Lord Sends Him", in *The Azusa Street Papers*, p. 13.
245) William Seymour, "Fire Still Falling", in *The Azusa Street Papers*, p. 1.
246) William Seymour, "Missionaries to Jerusalem", in *The Azusa Street Papers*, p. 13.

회를 열고 정기 간행물을 발행해 오순절 메시지를 전했다.

실제로 방언의 은사를 받은 사람들은 그 언어가 통용되는 국가에 선교사로 가거나 그 언어를 사용하는 사람들에게 전도하는 것을 사명으로 받아들였다. 그들 대부분은 이름도 제대로 알려지지 않은 평신도들이 많았다. 성령세례를 받은 평신도 선교사들은 전도 및 세계 선교의 비전을 공유했고, 교단이나 소속 교회로부터 선교비 지원을 약속받은 바 없이 오직 하나님을 신뢰함으로 선교지로 출발했다. 오직 믿음으로 선교지로 출발하는 신앙 선교(Faith Mission)를 지향했다. 그들은 주님의 재림이 임박했기 때문에 선교지에서 주님의 재림을 맞이할 것이라 믿어 주로 편도(one way ticket)로 해외 선교에 나섰다.

수천 명에 달하는 평신도 선교사들은 미국과 세계 각지에 오순절교회들을 세워 나감으로 오순절 운동을 확장하는 데 큰 업적을 남겼다. 메리 럼시(Mary Rumsey)도 아주사 미션을 방문해서 방언을 동반한 성령세례를 받았고, '한국으로 가라'는 성령의 음성에 따라 교단이나 교회의 지원도 받지 않은 채 한국에 자비량 선교사로 온 평신도였다.

기독교 신학자들은 오래전부터 세계 기독교의 중심이 유럽과 북미를 중심으로 한 북반구에서 남미나 아프리카가 있는 남반구로 이동할 것이라 예상해 왔는데 그 예언은 적중했다. 1900년에는 세계 기독교 인구의 3분의 2가 유럽과 러시아에 있었다. 19세

---

247) William Seymour, "Sanctification and Power", in *The Azusa Street Papers*, p. 11.

기 말경부터 본격적인 개신교회의 세계 선교가 진행되면서 기독교는 서구에서 제3세계로 무게 중심을 이동하기 시작했다. 유럽의 기독교가 세속주의의 영향하에 급속한 쇠퇴를 경험하고 있는 동안 기독교의 불모지였던 남미, 아프리카, 아시아에서 개신교회의 성장과 확장이 두드러졌다. 그 결과 오늘날 그리스도인이 많은 지역은 서구가 아닌 남반구가 되었다.[248]

남반구에 있는 개신교의 급격한 성장은 그동안 세계 신학계를 주도하며 유럽 교회가 세워 온 전통적 신학 개념들에 대해 강한 도전과 질문을 제기하고 있다. 특히 서구 개신교는 지나치게 철학과 이성에 치우친 신학 체계를 고수함으로 영성이 약해지는 심각한 문제점이 나타나고 있다. 초자연적 세계관을 신봉하는 제3세계의 개신교회는 서구 신학이 가진 약점을 극복하면서 기독교의 성장을 주도하고 있다.

오순절 운동이 미국에서 태동하기는 했지만 가장 많은 오순절 신자들을 가진 곳은 제3세계다. 오순절 운동 또한 남반구로 중심 이동을 하고 있는 중이다. 남미나 아프리카, 아시아 지역은 초자연적 세계관을 유지하고 있고, 초자연적 세계를 믿는 이들에게 기적이나 신유, 귀신 쫓음 등의 종교적 현상들은 자연히 큰 관심을 불러일으켰다. 이들 지역에서는 교리나 이성에 바탕을 둔 전통적 선교 방식보다는 성령의 능력을 강조하는 오순절적 선교 방식이 큰 반향을 불러일으켰다. 오순절 운동은 타 종교와의 영적 전투를

---

248) Philip Jenkins, *The Next Christendom*, pp. 6~10.

통해 하나님의 살아 계심과 우월성을 증명해 보였고, 이들 지역의 문화와도 융화함으로 선교에 큰 효과를 거둘 수 있었다.

특히 남미와 아프리카 교회들은 오순절적 혹은 은사주의적 경향이 매우 강하다. 오순절교회는 남미에서 가톨릭교회에 대항하는 세력으로 성장하고 있고, 아프리카에서는 이슬람과 경쟁하면서 급성장하고 있다. 세계 오순절 운동에서 미국이 여전히 막강한 영향력을 행사하고 있지만, 멤버십이나 발언권 등에서는 제3세계가 주도권을 잡고 있다. 오순절교회는 열정적인 선교 활동으로 인해 오늘날 개신교 가운데 가장 큰 교단으로 성장하게 되었다.

남미

16세기와 17세기 유럽의 강자로 자리 잡았던 스페인과 포르투갈은 라틴아메리카를 식민지로 삼아 강압적인 종교 정책을 펼침으로 가톨릭교회가 제도적 종교로 자리 잡았다. 이에 남미의 공식 국교인 가톨릭교회는 오랜 기간 독주해 왔다. 뒤늦게 전통 개신교회들이 남미에 선교사들을 파송하면서 선교에 뛰어들었으나 대부분의 선교는 실패로 끝나고 말았다. 그나마 정착한 개신교회들도 가난한 자들과 소외된 자들을 돌보면서 사회 참여를 강조했다.

특정 종교가 오랫동안 독점하고 대부분의 개신교회들이 제자리걸음을 하고 있는 상황에 오순절 운동이 도전장을 내밀었다. 20세기 초, 그들은 남미의 가난하고 소외된 사람들에게 하나님의 능력으로 복음을 전하면서 엄청난 성장을 이루어 가톨릭교회를 대처할 수 있는 대안으로 떠오르고 있다.[249]

이탈리아 왈도파 출신인 프란체스콘(Luigi Francescon, 1866~1964)은 1907년 더함의 집회에서 성령세례를 체험했다. 그는 친구였던 아토리니와 함께 미국 내에 최초의 이탈리아 오순절교회를 세웠다. 그들은 1909년 아르헨티나로 선교를 가 '아르헨티나 오순절교회'(Iglesia Cristiana Pentecostal de Argentina)를 설립했다. 이 교단에 소속된 미래 비전 교회(Iglesia Vision de Futuro)[250]는 십만 명의 성도를 가진 대형 교회로 성장했다. 그는 1910년 브라질로 가 '기독교 심의회'(Congregationi Christiani)를 세웠고, 이 단체는 백만 명의 회원을 가진 단체로 급성장했다.[251]

시카고의 의사였던 후버(Willis C. Hoover, 1858~1936)는 감리교 선교국으로부터 칠레로 파송을 받은 후 제일감리교회를 세워 성화를 강조하는 성결 운동을 통해 6천여 명의 신자를 가진 대형 교회로 성장시켰다. 이후 그는 칠레 감리교의 총회장이 되었다.

1905년, 그는 인도의 한 여학교에서 학생들이 황홀경에 빠져 환상을 보고, 예언을 하며, 방언을 말하는 등 놀라운 성령의 역사가 일어났다는 소식을 듣게 되었다. 하루는 후버의 교회 성도가 꿈속에서 예수님을 만나는 체험을 했고, 후버 또한 환상 중에 불로 세례를 줄 것이라는 예수님의 계시를 받았다. 그는 성령세례를 받기 위해 기도 모임을 열었는데, 곧 신유의 기적을 맛보고, 방언을 말하고, 성령 춤을 추며, 환상을 보는 현상들이 나타났다.

249) 알리스터 맥그라스,《기독교, 그 위험한 사상의 역사》, p. 725.
250) http://visiondefuturo.org/
251) Vinson Synan, *The Holiness-Pentecostal Tradition*, p. 134.

교회가 성령의 불길에 사로잡혔다는 소문이 퍼져 나가면서 엄청
난 신자들이 몰려들었다.

> 이런 일은 이전에 칠레에서 한 번도 보지 못했던 경이적
> 인 일이었다. 사람들은 춤을 추기 시작했고, 영적 환상을
> 보았고, 천사들의 말(방언)을 하기 시작했으며, 이런 놀라
> 운 영적 부흥이 계속되리라는 예언이 나왔다 … 그들은
> 경찰서 안에서도 춤추며, 방언을 말하며, 예언했다.[252]

후버가 성령 체험을 했다는 사실을 알게 된 칠레 감리교는 후
버의 성령 운동을 사탄의 역사로 규정하고 비판을 가했다. 오순
절 운동에 부정적 시각을 가지고 있던 지도자들은 1909년 '비성
경적, 비합리적, 반감리교적'인 주장을 유포한다는 이유하에 그
를 감리교에서 축출했다. 후버는 감리교에서 제명되면서 '칠레
오순절 감리교회'(Pentecostal Methodist Church of Chile)를 설립했다.
이 교회는 가톨릭교회와 개신교회들로부터 엄청난 핍박을 받았
음에도 불구하고 칠레에서 가장 큰 개신교 교단으로 성장했다.
특히 산티아고(Santiago)에 있는 '호타베취 감리교 오순절교회'
(Jotabeche Methodist Pentecostal Church)는 1988년 약 30만 명의 신자를
가진 세계에서 두 번째로 큰 교회로 등극했다.[253]

---

252) Ignacio Vergara, *El Protestantismo en Chile*(Santiago: Editorial del Pacifico, 1962),
   pp. 110~111.

교회 건물인 복음 성전(Evangelical Cathedral)은 16,000석의 좌석을 가지고 있으며, 2천 명에 달하는 성가대와 오케스트라를 위한 공간은 따로 마련되어 있다. 이 건물은 외국 교회의 경제적인 도움 없이 칠레 성도들의 자발적인 헌금으로 건축되었다. 주일에 전 교인이 함께 예배할 수 없어 지성전에서 예배를 드리고 매달 한 주만 본교회에서 예배드리는 것이 허용되고 있다. 예배는 오순절적인 열정이 뜨거우며, 기적과 은사들이 나타나고 있다.[254]

호타베취 교회는 1964년부터 웨슬리가 창안한 감리교의 '구역' 모임을 본떠 가정교회 형태인 '부속 성전'을 통해 교인들을 돌보고 있다. 산티아고에만 백여 개에 달하는 부속 성전들이 있다. 칠레 오순절 신자들은 전 국민의 20퍼센트가량인 200만 명 정도로 추산되는데, 이는 개신교 전체 신자의 80퍼센트에 해당하는 수다. 이런 이유로 후버는 '칠레 오순절 운동의 아버지'라 불리고 있다. 반면 오순절 운동을 배척했던 칠레 감리교회는 이후 사회 복음 운동으로 전환하면서 성도 수가 급감하고 말았다.

인디애나 주 버그(Daniel Berg)와 빙그렌(Gunnar Vingren)은 기도하던 중 '파라'라 불리는 지역에 선교사로 가라는 성령의 계시를 받았다. 브라질 상파울로로 간 그들은 '하나님의 성회' 교단을 설립하면서 동시에 회중 교회(Congregacao Crista)를 세웠다. 이 교회는 상파울로 시 전역에 380개의 부속 예배당을 가진 교회로 성장

---

253) Donald A. McGavran, *Understanding Church Growth*(Grand Rapids, MI: Wm. B. Eerdmans Publishing, 1990), p. 5.
254) 빈슨 사이난, 《20세기 성령 운동의 현주소》, pp. 38~39, 97~101.

했다. 리우데자네이루(Rio de Janeiro)에 있는 마두레이라 교회(Madureira Church)는 3만여 명의 교인들을 가진 교회로 성장했다.[255]

에디로 마테드는 1977년 '우주적 하나님 나라 교회'(Igreja Universal do Reino de Deus)를 창립했는데, 이 교회는 1990년대 브라질 전역에 약 600만 명의 신도를 가진 대형 교단으로 성장했다. 이 교단은 신유와 축사가 활발히 일어나며, 강렬한 영적 체험과 물질적 축복을 강조한다. 이 교회는 브라질 최대의 텔레비전 방송국, 정당, 프로 축구 팀을 소유한 재벌 교회가 되었다. 오늘날 40여 개국에 선교사들을 보냄으로 활발한 선교 활동을 하고 있다.[256]

국제사중복음교회의 멜로(Manoel de Mello) 선교사는 1954년 '브라질 그리스도 교회'(Brasil Para Cristo)를 창립했다. 이 교단은 20년 후인 1974년, 전국에 4천 개의 교회와 백만 명의 재적 성도를 가진 대교단으로 성장했다.[257] 오순절 부흥사 토미(Tommy Hicks)는 1954년 아르헨티나 선교 길에 올랐다. 그는 52일 동안 200만 명의 군중들에게 말씀을 전했는데, 마지막 집회가 열린 축구 경기장에 20만 명이 넘는 사람들이 몰려들었다.[258] 카를로스(Carlos Alberto Annacondia)는 악한 영과의 영적 전쟁을 강조하면서 아르헨

---

255) ibid., p. 39.
256) 필립 젠킨스, 《신의 미래》(서울: 도마의길, 2009), p. 138. http://www.universal. org/
257) Peter Wagner, *Look Out! Pentecostals Are Coming*(Carol Stream, IL: Creation House, 1973), pp. 25, 116.
258) "But What About Hicks?", *Christian Century*(July 7, 1954), pp. 814~815.

티나의 오순절 운동을 이끌어 큰 부흥을 일으켰다.[259]

남미에서 하나님과의 인격적인 관계를 원해 가톨릭에서 개신교로 개종하는 신자들의 수가 늘어 가고 있다. 1960년대에는 남미 인구의 90퍼센트가 가톨릭 신자였으나 그 비율은 최근 69퍼센트로 줄어들었다. 세계에서 가장 빠른 속도로 성장하고 있는 남미 개신교회는 유럽이나 미국 교회와 아무런 유대 관계가 없는 토착민 교회들이 많으며, 그들 대부분은 오순절주의의 형태를 취하고 있다. 오순절 운동은 남미의 도시 빈민자들과 소외당한 사람들에게 하나님의 살아 계심을 증거하면서 큰 호응을 얻고 있다. 성령세례, 치유, 방언, 계시 등을 강조하는 오순절적 예배가 큰 반향을 일으키면서 개신교인들 중 75퍼센트가 오순절 계통에 속해 있다. 감리교, 침례교, 장로교 소속 교회들도 사람들을 끌어들이기 위해 교회 이름에 '오순절'이란 용어를 붙이고 있다.

세계 10대 교회들 중 두 번째, 세 번째, 여덟 번째 교회가 남미에 있다. 브라질과 멕시코의 경우 전체 인구의 90퍼센트가 기독교일 정도로 교세가 크다. 오늘날 브라질, 멕시코, 아르헨티나, 칠레, 페루, 에콰도르, 콜롬비아, 파나마, 엘살바도르, 온두라스에서 가장 큰 개신교 교단은 오순절교회다. 특히 브라질, 칠레, 과테말라, 니카라과의 오순절 신자 수는 다른 개신교 교회들의 전체 신자들을 합한 수보다 많다.[260] 남미에서 지속적으로 오순절

---

259) http://www.carlosannacondia.org/
260) 알리스터 맥그라스, 《기독교, 그 위험한 사상의 역사》, p. 724.

신자들이 증가하고 있고 그들의 종교적 헌신도 또한 매우 높다.

아프리카

미국 내에서 흑인 오순절교회들이 부상하면서 이는 자연스럽게 아프리카 선교로 이어졌다. 감리교 목사였던 레이크(John G. Lake)는 그의 아내가 폐렴에 걸려 사경을 헤매던 중 도위의 신유 집회에 참석해 기적적인 치유를 경험했다. 그는 시온 시를 세운 도위를 도와 장로로 시무했고, 하나님의 부르심 끝에 1908년 남아프리카공화국의 선교사로 떠났다. 그가 세운 시온기독교회는 1993년 600만 명의 성도를 보유한 대교단으로 성장했다. 해마다 열리는 부활절 모임에 약 200만 명의 사람들이 몰리고 있다.[261]

메이슨이 창립한 그리스도파 하나님의 교회는 전 세계에 선교사들을 파송하고 있는데, 특히 아프리카와 남미에서 큰 성장을 경험하고 있다. 백인 선교사들을 배척하던 아프리카인들은 미국에서 온 흑인 선교사들을 환영했고, 그리스도파 하나님의 교회는 200만 명 이상의 성도를 소유하게 되었다.[262]

독일 출신의 오순절 부흥사인 본케(Reinhard Bonnke)는 남아프리카 지역에서 50만 명이 운집한 전도 집회를 통해 오순절 메시지를 전해 왔다. 그는 1990년 나이지리아에서 백만 명이 동시에 들을 수 있는 음향 시설을 구비해 기독교 역사상 가장 큰 대중 전도

---

261) ibid., p. 669. 빈슨 사이난, 《20세기 성령 운동의 현주소》, pp. 113~114.
262) https://en.wikipedia.org/wiki/Church_of_God_in_Christ(2016년 12월 31일).

집회를 인도했다.[263]

아프리카는 오순절 선교사들에 의해 오순절 운동이 발전되기도 했지만, 오히려 토착적 기독교가 오순절적 성향을 가지고 있다고 해석하는 것이 맞다. 아프리카 교회들은 초자연적 세계관에 근거해, 복음주의 계열에 속한 교회들이라 할지라도 오순절적 경향이 강하다. 전체 인구의 50퍼센트 이상이 그리스도인인 나이지리아는 영국의 식민 통치를 받으면서 조용한 성공회식 예배가 주류를 이루었으나, 아프리카 특유의 종교적·문화적 전통에 근거해 하나님의 임재와 성령의 능력을 강조하는 예배들이 주도권을 잡기 시작했다. 하나님의 계시가 임할 경우 듣는 즉시 선포해야 한다고 생각해, 설교 도중에라도 일어나 이를 선포하고, 같은 찬양을 여러 번 반복해서 부르며, 손수건을 꺼내 예배당을 돌며 춤을 추는 등 토착화 현상들이 크게 나타났다.

쿠무이(William Kumuyi)는 1977년 나이지리아 수도 라고스에 깊은 생명 교회(Deeper Life Church)를 개척하면서 수많은 기사와 이적들을 일으켰다. 5만 명을 수용할 수 있는 운동장처럼 생긴 페이스 예배당(Faith Tabernacle)에서 예배를 드리고 있는데, 약 20만 명 정도가 출석하는 세계에서 네 번째로 큰 교회로 성장했다. 이들은 아프리카 전역에 약 4천여 개의 지교회들을 가지고 있다. 이 교회의 성장으로 인해 라고스는 아프리카 오순절 운동의 중심 도시로 인정받고 있다. 나이지리아에서 오순절 운동의 강한 영향으로 인

---

263) 빈슨 사이난, 《20세기 성령 운동의 현주소》, pp. 40~41.

해 전통 개신교 교단들도 은사주의적 요소들을 도입한 예배를 드리고 있다.[264]

　아프리카의 경우 자생적으로 설립된 독립교회들이 많으며, 그들 대부분은 오순절적 현상을 동반한 방언, 신유, 축사, 환상, 예언 등과 같은 초자연적 현상들을 강조한다. 현상적으로는 오순절 운동과 매우 흡사하나 신학이나 제도적 측면에서는 독자적인 모습을 갖추고 있다. 케냐의 경우 전통적 오순절주의자들이 전체 인구의 33퍼센트이고 신오순절주의와 오순절 경향의 독립교회 신자들을 포함할 경우 56퍼센트에 이른다. 짐바브웨 하나님의 성회(Zimbabwe Assemblies of God Africa)와 은혜 성경 교회(Grace Bible Church) 등을 세운 지도자들은 해외 오순절 교단들의 영향이나 지원을 전혀 받지 않고 자체적으로 교회를 설립했다. 이 교회들은 개교회의 자치를 원칙으로 삼고 있다.[265]

　아프리카에서의 개신교 성장은 기독교의 중심지가 북반구에서 남반구로 이동하게 된 주요 요소들 중 하나다. 1900년에 아프리카의 인구는 천만 명이었고, 그들 중 9퍼센트만이 그리스도인이었다. 2005년에는 인구가 4억을 넘었고, 그리스도인은 46퍼센트를 차지한다.[266] 1985년, 아프리카 기독교는 주로 북부와 서부에 집중되어 있는 이슬람의 교세를 추월해서 아프리카 대륙의 주

---

264) A. U. Adogame, "Deeper Christian Life Mission" in *The New International Dictionary of Pentecostal and Charismatic Movements*, p. 574.
265) 알리스터 맥그라스, 《기독교, 그 위험한 사상의 역사》, p. 717.
266) ibid., p. 707.

류 종교가 되었다. 아프리카에서 가장 빨리 성장하는 기독교 교단은 성령의 능력과 은사들을 강조하는 토착적 오순절교회다.[267]

유럽

아주사 미션에 관한 소문이 유럽 교회에 퍼지자 수백 명의 목사들이 아주사 운동을 보기 위해 로스앤젤레스를 방문했다. 노르웨이 감리교 배럿(Thomas Ball Barratt) 목사는 오슬로 선교 사역을 위한 기금 조성을 위해 뉴욕을 방문했다. 그는 우연히 아주사 미션에서 발행한 〈사도적 신앙〉을 읽게 되었고, 이것이야말로 오랫동안 기다려 왔던 늦은 비 성령의 역사임을 직감했다. 이미 성결을 체험한 바 있던 그는 〈사도적 신앙〉에 실린 성령세례와 동일한 체험을 하기를 사모했다. 로스앤젤레스로 갈 형편이 되지 않았던 그는 호텔방에 들어가 간절히 기도하던 중 다음과 같이 오순절 체험을 했다.

> 나는 환한 빛 속에서 놀라운 능력으로 충만해졌고, 알 수 없는 외국어를 큰 소리로 외치기 시작했다. 발음과 언어 형태로 판단해 보건대 그것은 7~8개 정도의 언어였던 것 같다 … 그중에서도 가장 감격스러웠던 것은 내가 들어본 것들 중 가장 순수하고 기쁨에 찬 언어로 된 바리톤의

267) Allan H. Anderson, *To the Ends of the Earth: Pentecostalism and the Transformation of World Christiantiy*(Oxford: Oxford University Press, 2013), p. 253.

독창이 터져 나왔을 때였다.[268]

1906년 12월, 이 체험을 한 배럿은 곧장 노르웨이 오슬로로 돌아가 2천 명을 수용하는 체육관에서 유럽 최초의 현대 오순절 집회를 열었다. 이 집회에 참석한 감리교인과 침례교인들은 거룩한 웃음과 거룩한 춤을 추고 방언으로 기도했다.

> 초교파적으로 많은 사람들이 집회 장소로 몰려들었다. 많
> 은 이들이 오순절 성령 체험을 했고 방언으로 기도하기
> 시작했다 … 구원받기 원했던 많은 사람들이 구원을 받았
> 다. 수백 명의 사람들은 성결한 마음을 간구했고, 성령의
> 불이 성결케 된 자들 위에 떨어졌다. 이 집회에 참석했던
> 사람들은 각자 성령의 불을 지닌 채 고향으로 돌아갔
> 다.[269]

배럿 목사의 오순절 운동은 런던, 스톡홀름, 캘커타 등으로 확산되면서 그곳에서도 방언이 터지기 시작했다. 유럽 오순절 운동에 대한 그의 공로로 인해 그는 '서유럽의 오순절 사도'로 불린다. 스웨덴 침례교 페드루스(Lewi Pethrus) 목사는 배럿의 집회에 참

268) Thomas Ball Barratt, *When the Fire Fell: An Outline of My Life*(Oslo, Norway: Alfons Hansen & Sonner, 1927), pp. 99~126.
269) Stanley H. Frodsham, *With Signs Following*(Springfield, MO: Gospel Publishing House, 1946), pp. 71~72.

석해 성령세례를 체험하고 오순절 신앙을 가졌다. 교단은 그가 침례교 신앙을 저버렸다는 이유로 제명해 버렸고, 그는 스톡홀름에 빌라델비아 교회(Philadelphia Church)를 개척했다. 그곳에 놀라운 오순절 부흥이 일어나 교회는 7천여 명으로 성장했다. 이 교회는 유럽의 독립 교회들 중 가장 큰 교회가 되었고, 라디오 방송국을 운영하고 일간 신문을 발행하며 전 세계에 선교사들을 파송하고 있다.[270]

프란체스콘의 동역자였던 롬바르디(Giacomo Lombardi)는 이탈리아로 가 오순절교회를 개척했다. 프란체스콘은 1928년 자신의 조국 이탈리아를 방문해서 '이탈리아 오순절교회'(Italian Pentecostal Church)를 조직했는데, 이 교회는 다른 개신교회들을 합친 것보다 두 배나 많은 신자들을 가신 교회로 성장했다. 제2차 세계대전 이후에는 '이탈리아 하나님의 성회'(Italian Assemblies of God)로 개명했고, 현재 백만 명의 재적 성도를 보유하고 있다.[271]

미국 부흥사인 오스본(T. L. Osborn)은 유럽의 대표적 가톨릭 국가들인 프랑스, 스페인, 포르투갈 등에 오순절 운동을 소개했고, 그 결과 개신교단들 중 가장 큰 교세를 가지게 되었다. 1970년에는 프랑스 전체에 복음주의 및 오순절교회가 800여 개에 불과했으나, 2000년에 들어서서는 그 숫자가 1,800개로 늘었다. 가톨릭 교회가 강한 유럽 국가들에서 대부분의 전통적 개신교회들은 정

---

270) 빈슨 사이난, 《20세기 성령 운동의 현주소》, p. 95.
271) Walter Hollenweger, *The Pentecostals*, pp. 251~266. http://www.assembleed-idio.org/

체하거나 퇴조를 보이는 반면, 은사주의 계열의 개신교회는 성장 일로를 걷고 있다.[272]

유럽은 급속한 세속화 현상으로 인해 기독교의 영향력이 급속히 약화된 지역이 되고 말았다. 북미나 남미, 아프리카, 아시아 등에 비하면 오순절 운동의 성장이 미미하다고 할 수 있다. 최근 아프리카나 남미의 이민자들이 유럽에 크게 유입되면서 그들을 통해 오순절 운동도 확산일로에 있다. 포르투갈에는 브라질 오순절주의자들이 이민을 가 대형 교회를 이루고 있다. 영국, 우크라이나, 헝가리에서는 아프리카 출신들을 중심으로 흑인 오순절교회가 세워지고 있다.[273]

아시아

스페인의 식민지였다가 독립한 필리핀은 전통적인 가톨릭 국가다. 미국 개신교회는 서구식 기독교만을 강조하다 선교에 실패했다. 그런데 오순절교회가 마닐라를 중심으로 성장해 가고 있다. 태국과 싱가포르에서의 오순절 운동이 확산되고 있는데, 특히 1981년에 설립된 태국의 '방콕교회의 희망'(Hope of Bangkok Church)은 4만여 명의 신자들을 확보하며 그 영향력이 커져 가고 있다. 중국 교회의 경우에는 정부의 종교 통제로 인해 정확한 정

272) 알리스터 맥그라스, 《기독교, 그 위험한 사상의 역사》, p. 701.
273) David Martin, *Pentecostalism: The World Their Parish*(Oxford, UK: Blackwell, 2002), pp. 28~70.

보를 구하고 통계를 내는 것이 불가능한 상태다. 그러나 가정교회를 중심으로 오순절적 현상과 신학이 두드러지게 나타나고 있다.[274]

기독교는 선교하는 지역의 문화와 주로 상극 관계를 유지했다. 전통적 개신교회는 선교지의 고유문화에 대해 부정적인 태도를 취했고, 신자들에게 그들의 문화를 배척하도록 유도했다. 이런 자세의 문제로 인해 토착민들은 선교사들을 '제국주의의 앞잡이'로 해석하기도 했다. 그러나 선교지의 실제 상황은 선교사들에게 서구의 문화와 교회 질서를 강요하기보다 선교지의 고유문화를 존중하고 참여할 것을 요구했다. 각 지역 문화에 걸맞은 기독교의 사상과 신앙을 찾아내는 작업이 필요했다. 선교사 모임에서 발전한 세계교회협의회(WCC)는 서구식 기독교 문화를 강요하기보다 선교지의 고유문화에 적합한 방법을 사용해 복음을 전해야 함을 강조했다.[275]

찰스 파함은 전쟁을 '자발적 살인'으로 규정하면서 무력에 의한 선교에 반대했다. 1917년, 하나님의 성회는 평화주의를 교단의 선교 원칙으로 삼으면서 힘의 논리에 바탕을 둔 제국주의적 선교가 아닌 평화주의적 선교를 지향했다. 오순절 운동은 종교의 본질을 초자연성에 대한 체험으로 해석해 성령의 능력으로 인한

---

274) 알리스터 맥그라스,《기독교, 그 위험한 사상의 역사》, pp. 727~730. Allan H. Anderson, To the Ends of the Earth, p. 256.
275) 알리스터 맥그라스,《기독교, 그 위험한 사상의 역사》, pp. 709~711.

하나님을 만나는 데 중점을 두었다. 선교지의 문화적 신념과 가치관 등에 대해 호의적인 태도로 접근했고, 그 지역의 역사와 전통에 적합한 형태의 예배와 신학을 발전시켰다. 근본주의가 현대 문화에 대해 적대감을 표출한 데 반해, 오순절 운동은 현대 문화 및 미디어를 전도 및 선교에 적극적으로 활용했다. 대중음악을 교회 음악에 접목시켜 열정적인 복음성가와 율동을 도입하고, 현대 방송 매체를 도입해 선교하고 있다.[276] 그 결과로 세계에서 가장 빨리 성장한 교단이 되었다.

오순절 운동에 대한 비판

아주사 미션을 통해 오순절 운동이 폭발적으로 일어나자 기존 전통 개신교회들은 곱지 않은 시선을 보였고, 곧 오순절 운동에 대해 광신주의, 열광주의, 이단 정죄 등과 같은 신랄한 견제와 비판을 가하기 시작했다. 오순절 신자들은 초기부터 혹독한 비난과 고통을 당해야 했는데, 이는 물리적인 핍박과 폭력으로도 이어졌다. 오순절주의자들은 신유의 은사를 행하고 방언으로 기도하던 중 광신도로 몰려 매를 맞거나 감옥에 갇히기도 하고, 법정에 서기도 했다. 사람들은 오순절교회를 약탈하고, 집회용 천막을 불태우며, 오순절 신자들을 협박하고, 때리고, 마을에서 쫓아냈으며, 심지어 죽이기도 했다. 기존 개신교회들로부터 오순절 운동은 수십 년 동안 수많은 핍박과 비판에 시달려야 했다. 이로 인해

---

276) ibid., pp. 703, 711.

오순절주의자들은 20세기에 가장 많은 박해와 핍박을 받은 그리스도인들로 평가되고 있다.[277]

오순절교회가 오해와 핍박을 받게 된 가장 큰 이유는 방언을 비롯한 종교적 현상들 때문이었다. 오순절 집회에서는 방언, 방언 통역, 거룩한 춤, 거룩한 웃음, 신유, 바닥에 쓰러짐 등과 같은 광신적이고 열광적이며 감정적인 현상들이 많이 나타났다. 오순절 교인들은 다른 개신교 신자들로부터 기피 인물로 찍혔고, 그들의 자녀들도 학교에서 '거룩하게 구르는 자'(holy roller)라는 놀림을 받았다. 전통 개신교회들에서는 나타나지 않는 이런 현상들로 인해 오순절 신자들은 정신 나간 광신자 혹은 정서적으로 불안한 정신 이상자로 여겨졌다. 또한 오순절주의자들은 성경보다는 신비적 체험을 숭배하는 자들이라 여겨졌다. 오순절 신자가 마술 가루(magic powder), 황홀경(trance), 격한 감정, 성적 난잡 등과 연루되어 있다는 유언비어가 퍼짐으로 오순절 운동에 대한 편견, 적대감, 의심이 팽배했다.[278]

이 외에도 평신도 및 여성 설교자를 내세우고, 흑인이 포함된 인종 혼합적 예배를 드리는 것도 당시의 문화적 규범과 맞지 않아 비판의 대상이 되었다. 초기 오순절 운동에 합류한 사람들 중 교육을 제대로 받지 못한 자들, 농사를 짓던 시골 사람들, 막노동 하는 사람들, 흑인들, 여성들 등은 소외 계층에 속한 사람들이었

277) 빈슨 사이난, 《20세기 성령 운동의 현주소》, pp. 126~127.
278) ibid., p. 123.

고, 이들이 모여 집단 히스테리 증상을 나타낸다고 평가했다.

오순절 운동에 가장 민감한 반응을 보인 것은 성결교회였다. '방언은 성령세례의 유일한 성경적 증거'라는 오순절 주장은 성결교 안팎에 신학적 혼란과 분열을 야기했다. 전통적 성결교회는 성화와 성령세례를 동일시했기 때문에 성화와 성령세례를 구별하는 오순절적 주장을 받아들일 수 없었다. 초기 오순절주의자들은 대부분 성결 그룹에서 활발히 사역하던 성결 교인들로 아주사 운동을 전후로 오순절 운동에 합류했다. 오순절 운동이 급진적 성결주의자들을 흡수하면서 성결교 교인들이 대거 오순절교회로 옮겨 가자 교단 존립에 큰 위협을 느꼈다.

이에 성결교회는 오순절 운동에 대해 강력한 비난을 퍼붓기 시작했다. 성결교는 능력 부여로서의 성령세례 신학과 방언 교리에 대해 이단 정죄와 교권적 파문을 단행했다. 오순절 운동을 방언 운동으로 비하하고 감정주의 및 열광주의, 분리주의 등으로 오도했다. '시모어는 사탄의 도구다', '지옥의 바람이 불어오고 있다', '광란의 정도가 정상적 한계를 넘었다'는 등등의 비판이 쏟아져 나왔다. 오순절주의자들은 감정적·황홀경적 경향이 과도하며 선정적인 것만 추구하는 사람들이라는 것이다.

성결교회인 '불기둥교회'(Pilar of Fire Church)의 설립자인 엘마 화이트(Elma White)는 그녀의 회중들이 아주사 미션으로 넘어가고 전 남편인 화이트(Ken White)가 방언을 체험하고 오순절 신자가 되자 이에 격분해서 도덕적이고 감정적인 비평을 쏟아 냈다. 아주사 주동자인 시모어는 사탄의 도구이자 '소돔 성의 통치자'요,

방언은 '사탄적 횡설수설'이며, 아주사 운동은 '마귀 숭배의 절정'이라고 비판했다.

화이트는 1910년, 《*Demons and Tongues*》(마귀와 방언)란 저서를 출판하면서 '방언을 말하는 것은 귀신 들린 결과'로 규정하고 오순절 추종자들은 '귀신 들린 사탄 숭배자'로 몰아붙였다. "오순절 세례라 하는 방언 운동은 육에 속한 것이며, 사탄에게 속한 것이다." [279] 그녀는 또한 아주사 집회는 남녀가 껴안고 뒹구는 '자유연애의 침대'라고 비난했다. "오순절 운동은 말세에 하나님의 백성을 넘어뜨리려는 사탄의 마지막 계교다. 늦은 비 운동으로 알려진 이 운동은 하나님의 옛 백성들을 유혹하는 사탄의 거대한 계획이다." [280] 화이트는 여성 오순절 부흥사인 맥퍼슨을 '주술을 외는 마녀'로 평가 절하했다. 오순절 운동에 대해 선구자 격인 그녀의 책은 오늘날에도 발행되어 반(反)오순절주의자들에게 영향을 미치고 있다.

성결 운동가인 갓비(William B. Godbey)는 성령세례를 성령의 능력으로 죄에서 정결케 되는 성화로 이해했다. 그는 아주사 운동의 소란과 무질서를 목격하고 큰 충격을 받아 곧 비난에 앞장섰다. 시모어는 사탄의 설교가, 사기꾼, 점쟁이, 마법사, 요술쟁이로 사탄의 영을 받은 무당이며, 방언은 아무런 쓸모가 없는 것으로 비성경적이며 귀신의 영을 받아 횡설수설하는 것이라는 비난

---

279) Elma White, *Demons and Tongues*(Bound Brook, NJ: Pentecostal Union, 1910), p. 82.
280) Edith L. Blumhofer, *The Assemblies of God*, p. 181.

이 그것이다. 그는 방언이 외국어를 말하는 능력이라는 것에 반론을 제기했다. "시모어의 집회에서 방언을 받은 일곱 사람들이 자기 방언을 일본어라 생각하고 일본으로 갔다. 그러나 일본에서 그들의 방언을 알아듣는 사람은 아무도 없었다."[281]

아이언사이드(H. A. Ironside)는 1912년《거룩: 진실과 거짓》(전도출판사 역간)이란 저서에서 오순절의 방언을 정신병적 현상으로 설명했다. 그는 아주사 미션을 '정신 나간 광신자' 혹은 '광기' 등의 용어로 비판을 가했다. 스톨리(H. J. Stolee)는《Speaking in Tongues》(방언)라는 저서에서 방언을 정신적 불안, 환각 증세, 우울증, 편집증, 과대망상, 히스테리, 강박증 등과 같은 정신병적 현상으로 규정했다. 오순절 예배는 아프리카인들이 행하는 주술 의식을 본뜬 것으로 결국 사탄의 영이 주도한다는 것이다.[282]

케직 사경회와 성경학원 운동, 신앙 선교 운동 등에 헌신했던 피어선(Arthur Tappan Pierson)은 방언에 대해 성경을 연구한 후 신약에는 방언이 있었으나 오늘날에는 사라졌다는 결론을 내렸다. 방언은 성령세례의 유일한 증거가 아니라 성령의 여러 가지 은사들 가운데 하나이며, 통역의 은사 없이는 신자들에게 아무런 유익이 없다는 것이다. 그러면서 아주사 미션에서 나타난 방언은 성경에 나오는 방언과 다른 것으로 일종의 심령술이라는 결론을 내렸

---

281) W. B. Godbey, *Tongue Movement Satanic*(Zarephath, NJ: Pillar of Fire, 1918), p. 6.

282) H. J. Stolee, *Speaking in Tonuges*(Minneapolis, MN: Augsburg Publishing House, 1963), p. 77.

다.[283]

　전형적인 성결 운동가인 브레시가 세운 나사렛교회는 반(反)오순절 운동의 요새가 되었다. 로스앤젤레스 지역의 성결 운동을 이끌던 그는 아주사 미션에 몇 명의 교인들을 보내 조사를 시켰고, 성결교회의 전통과 교리에 부합되지 않는다는 결론을 내렸다. 그는 오순절 운동이 성결교회 회중들에게 큰 해악을 끼치고 직접적인 위협이 되자 적극적으로 반대에 나섰다. "시모어가 성화와 성령세례를 구분하는 것과 성령세례의 본질을 방언으로 규정한 것은 이단적이다. 방언이란 말하는 사람이나 듣는 사람에게 아무런 의미도 없는 허튼 소리 혹은 중얼거림에 불과하다. 아주사 방언은 흉내를 낸 것이거나 사탄의 영을 받은 것이다."[284]

> 그들이 말하는 방언이란 뜻 모를 소리에 불과하며, 무의미하게 중얼거리는 소음일 뿐이니 그들은 가련한 소란꾼들이다. 그들은 신앙에 불만족하는 무리로 이전에 결코 성결케 된 적이 없었던 사람들이다. 그들은 내적인 진실한 신앙을 송두리째 버리고 기이하고 놀라운 기적들을 쫓아가다 파멸에 이르게 될 사람들이다.[285]

---

283) Dana Robert, *Occupy Until I Come: A. T. Pierson and Evangelization of the World*(Grand Rapids, MI: Wm. B. Eerdmans Publishing, 2003), pp. 190~191.
284) Phineas Bresee, "The Gift of Tongues", *Nazarene Messenger*(December 13, 1906)
285) ibid.

브레시는 성화를 경험한 신자가 다시 성령세례를 받아야 한다는 오순절 교리를 이단으로 정죄하고 법으로 금했다. 그는 1919년 교회 이름을 '나사렛오순절교회'(Pentecostal Church of Nazarene)에서 '오순절'을 빼 버리고 '나사렛교회'(Church of Nazarene)로 바꿀 정도로 오순절 운동에 대한 혐오증을 나타냈다.

무디 성경학교 원장인 토레이는 아주사 미션의 무질서를 보고 오순절 운동을 하나님의 역사가 아닌 소돔 성 사람들에 의해 탄생한 부도덕한 모임으로 규정했다. 오순절 운동은 동성애자에 의해 창시된 것으로 방언은 일종의 영적 사기라고도 말했다. 케직 운동가였던 그는 성령세례란 죄 씻음이라는 웨슬리안 성결론을 거부하고 이를 능력을 받는 것으로 해석했다. 방언은 성령세례의 1차적 증거가 아니라는 것이다. 그는 학교나 모임에서 방언하는 것을 강력히 금했다. 그의 태도는 무디 성경학교의 공식적 입장이 되었고, 이후 복음주의가 오순절 운동을 거부하는 근거를 제공했다.[286]

자유주의의 고등비평과 진화론에 대항해 일어난 근본주의는 은사 중지론 신학에 근거해 은사 지속론을 주장하는 오순절 운동을 신랄하게 비판했다. 성경의 완성 이후로 방언과 신유는 중단되었기에 이를 주장하는 것은 비성경적이라는 것이다. 또한 오순절 운동은 열광주의 및 감정주의적이며, 방언은 성령세례의 증거가 아니라 귀신 들려 하는 것이라는 것이다. "오늘날 가장 광범위

---

286) Edith L. Blumhofer, *The Assemblies of God*, pp. 192~193.

하게 나타나는 사탄의 역사를 들자면, 아마 초대 교회에 있었던 방언의 흉내를 내고 있는 작당들일 것이다." [287]

종종 '방언 운동'이라 일컬어지는 현대 오순절 운동의 물결이 전국을 휩쓸고 있다. 그들의 광신적이고 비성경적인 신유의 물결은 많은 교회들에게 골칫거리가 되고 있으며, 근본주의 성도들의 건전한 복음 증거에 심각한 타격을 주고 있다.

이 모임은 알려지지 않은 언어로 방언하는 것을 포함해서 속죄 가운데 총체적인 신유가 포함되어 있다고 주장하는 광신적 신유와 예수와 그의 사도들의 기적적인 표적, 신유의 영속성을 주장해서 오늘날 교회가 이런 기적들을 행하지 못하는 이유를 불신앙 때문이라고 주장한다. 우리는 현대 오순절주의에 공식적으로 반대할 것을 결의한다. [288]

1928년, 세계근본주의협의회는 오순절주의를 '광신적이며 비성경적' 무리로 규정했다. 1941년, 근본주의 정신하에 미국교회협의회(American National Council of Churches)를 설립한 매킨타이어(Carl McIntire)는 방언을 '배교의 증거들 중 하나'로 규정했다. [289] 근

287) Louis S. Bauman, *The Modern Tongues Movement Examined and Judged*(Long Beach, CA: Alan S. Pearce, 1941), p. 1.
288) *The Pentecostal Evangel*(Aug. 18, 1928), p. 7.

본주의 목사인 폴웰(Jerry Falwell)은 방언을 말하는 사람이 강단에 서는 것을 금하고 있고, 밥존스 대학(Bob Jones University)은 방언으로 기도하는 사람이 발견되면 24시간 내에 학교를 떠나도록 조처하고 있다. 근본주의 신학교들은 오순절주의자를 입학시키지 않는다는 학사 규정을 고수하고 있다.[290]

　전통적 개신교회들은 오순절 운동에 부정적인 반응을 보였고, 배척하며 이단시했다. 오순절 신앙을 받아들인 목회자나 신자들은 적극적으로 정죄당하고 파문되었다. 오순절 신앙을 받아들인 전통 교회 신자들은 두 가지 선택을 할 수밖에 없었다. 자신의 오순절 체험에 대해 침묵하면서 본 교회에 남아 있거나, 아니면 자신의 믿음을 고백하고 교회에서 출교당하는 것이었다. 아주사 미션을 통해 성령세례 및 방언을 체험한 장로교, 감리교, 침례교, 성결교 목사들과 신자들은 소속 교단으로부터 핍박을 받고 쫓겨났다. 반면 교회의 미움을 살까 봐 자신의 성령 체험을 숨기고 조용히 지내던 '다락방 오순절 교인'(Closet Pentecostals)들도 많았다.

　전통 개신교 교단들이 오순절 운동에 가한 핍박과 비판을 살펴보면 오늘날 오순절 운동에 쏟아지고 있는 비판과 비교할 때 크게 달라진 것이 없음을 알 수 있다. 당시 오순절교회에 쏟아진 핍박과 오해는 오늘날에도 반복되고 있다. 보수적인 교단이나 개혁주의, 근본주의, 남침례교는 오순절 운동이 자신들의 전통과

289) Carl McIntire, *Christian Beacon*(April 27, 1944), p. 8.
290) 빈슨 사이난, 《20세기 성령 운동의 현주소》, pp. 130~131.

교리와 맞지 않는다는 이유로 오늘날에도 이단으로 정죄하며 신랄한 비판을 가하고 있다. 만약 오순절 운동이 예수가 유일한 구세주임을 부인하거나, 정통적 삼위일체론을 부정하거나, 예수의 신성과 인성을 받아들이지 않으면 이단이라 할 수 있다.[291] 하지만 그 외의 신학적·은사적 다름으로 인해 이단 정죄를 하는 것은 바람직하지 않다고 생각한다.

극단적 사례들

전통적 교회들이 오순절교회를 이단시하는 어려운 상황 속에서 오순절 운동 내에 여러 가지 극단적인 사례들이 터져 나오면서 오순절 운동에 부정적인 영향을 미쳤다. 간혹 방언을 지나치게 강조하다 보니 '방언을 받아야 구원받은 것이다' 라는 주장을 하기도 한다. '오직 예수' 논쟁을 불러일으켰던 에와트는 '방언의 은사를 받은 사람만 구원받는다' 는 주장을 했고, 하나님의 성회는 그를 이단으로 정죄했다.[292] 몇몇 급진적 교회에서는 '방언받은 것이 곧 구원받은 것' 이라고 해석한다. 이는 명백히 잘못된 교리다. 성경의 어느 구절도 성령의 은사와 구원을 연결시켜 말한 부분은 없다. 방언이 구원의 조건이 될 수 없기에, 구원받는 데 있어 방언은 불필요하다.

---

291) 정통과 이단에 대해 좀 더 알기를 원한다면 필자의 책을 참고하길 바란다. 김신호, 《이단 바로 보기》(서울: 서로사랑, 2013).
292) David Reed, "Aspects of the Origins of Oneness Pentecostalism", in Vinson Synan, ed., *Aspects of Pentecostal-Charismatic Origins*(Plainfield, NJ, 1975), pp. 143~168.

간혹 '방언을 하는 사람은 방언을 못 하는 사람보다 영적으로 우월하다'고 주장하는 경우가 있다. 고린도 교회에서는 방언의 은사를 받은 자들이 하나님에게 소위 직통 계시를 받았다는 영적 우월감 내지는 교만함으로 방언을 경험하지 못한 자들을 한 단계 낮은 신앙인으로 업신여기기도 했다.[293] 그러나 은사는 한 성령으로부터 오는 선물이기에 그리스도 안에서 고급 신앙, 중급 신앙, 저급 신앙인으로 나눌 수는 없다.

오순절교회는 감기로부터 죽은 사람을 일으키는 신유의 기적을 중생의 신학과 같은 수준으로 강조했다. 집회에서 신유가 일어나지 않으면 실패했다는 평가를 받기도 했다. 파함은 부패성의 제거인 성화를 경험한 사람은 죄의 결과로부터 발생한 질병으로부터도 완전한 고침을 받는다고 주장했다. 성화의 능력은 질병의 원인과 기질을 멸절시킨다는 것이다.

신유를 지나치게 강조하면서 여러 가지 부작용들이 나타났다. 파함은 신유의 교리를 너무 강조하다 보니 의학적 가치를 완전히 부정했다. 질병의 치유를 위해서는 그리스도의 속죄만으로도 충분하다고 강조하다 보니 병의 치료를 위해 의사나 약 등의 인간적 수단들을 사용하는 것을 금했다. "당신이 치료받기 위해 많은 약들을 사용하지만 그것은 헛된 것이다 … 의학과 의사들은 구약과 신약에서 하나님과 인류에 대항하는 가장 사악한 죄들과 연결

293) Donald W. Burdick, *Tongues: To Speak or Not to Speak*(Chicago: Moody Press, 1969), pp. 45~47.

되어 있다 ⋯ 신유를 믿는 우리는 병이 낫기를 원하는 사람을 위해 기도하고, 그 결과 그들은 치유될 수 있다."[294]

신유를 교리로 받아들인 급진적 성결교회와 오순절교회는 일체의 의학적 도움을 거부하고 오직 믿음과 기도에 의한 기적 치유를 강조했다. 심지어 의사를 찾아가는 사람은 믿음이 없는 자이며, 약은 믿음 없는 사람들이나 먹는 독약으로 취급했다. 이런 상황에서 신자가 병원을 찾아가거나 약을 복용하는 것은 믿음이 약하거나 신앙을 잃어버린 것으로 여겨졌다.[295]

오순절 목사인 브리튼(F. M. Britton)은 '예수님의 속죄는 육체의 치유를 위해 충분하기에 병의 치료를 위해 인간적 수단을 사용하는 것은 불필요하다'는 믿음에 근거해 의사와 약품의 사용을 극단적으로 반대했다. 병원과 의약품은 불신자를 위한 것이며, 신자가 약을 먹는 것은 비성경적이라는 것이다. 자신의 아들이 심하게 아팠으나 의사의 진료와 약 복용을 거부하다 죽었다. 그의 아내 또한 병원 진료를 거부하다 사망했다. 1915년, 바니(Walter Barney) 목사도 병든 딸에 대한 의학적 치료를 거부하다가 사망했다. 그는 살인 혐의로 재판에 송부되어 유죄 판결을 받았다.[296]

오순절교회의 극단적인 신유에 대해 반기를 든 사람들이 있었다. 오순절성결교회의 소로우(Watson Sorrow) 목사와 볼링(Hugh

---

294) Charles F. Parham, *A Voice Crying in the Wilderness*(Baxter Springs, KS: Apostolic Faith Bible College, 1944), pp. 39~52.
295) Joseph E. Campbell, *The Pentecostal Holiness Church*, pp. 203~205.
296) Vinson Synan, *The Holiness-Pentecostal Tradition*, p. 192.

Bowling) 목사는 병의 치료를 위해 의사에게 진찰을 받거나 의약품을 사용하는 것은 죄가 아니라고 주장했다. 병원과 약품은 하나님이 허락하신 선물이라는 것이다. 그러나 그들은 이 주장으로 인해 교회에서 제명되었다.[297] 이처럼 오순절 운동 초기에는 의술을 거부하는 것을 규율처럼 받아들이는 경향이 높았다. 이후 오순절교회의 신유 신학이 발전하면서 신유에 대한 태도에 많은 변화가 있어 현재는 병원에 가거나 의약품을 복용하는 것을 하나님의 치유로 받아들이고 있다.

1909년, 하나님의 교회 헨슬리(George Hensley) 목사는 마가복음 16장 17~18절의 "믿는 자들에게는 이런 표적이 따르리니 곧 그들이 내 이름으로 귀신을 쫓아내며 새 방언을 말하며 뱀을 집어올리며"에 근거해 뱀을 다루는 것은 구원받은 자의 의무라고 가르쳤다. 그는 예배 시간에 맹독을 가진 뱀을 가져와 신자들이 만지게 했다. 그의 맹목적인 뱀 다루기는 오순절 운동에 대한 일반인들의 부정적 시각을 부추기는 데 기여했다. 전통적 오순절 교단들은 뱀을 다루는 것을 광신적 행위로 규정했다.[298]

297) Joseph W. Williams, *Spirit Cure: A History of Pentecostal Healing*(New York: Oxford University Press, 2012), p. 37.
298) Jimmy Morrow, *Handling Serpents*(Macon, GA: Mercer University Press, 2005), pp. 16~29.

오순절교회의 역사와 신학

제6장

신오순절 운동 및
신사도 운동

1906년, 아주사 미션을 통해 알려진 오순절 운동의 결과로 고전적 오순절교회(Classical Pentecostalism)가 설립되었다. 그러나 오순절교회는 전통 개신교회로부터 광적이고 비성경적이며 이단 사이비라는 맹비난을 받았고, 이 경향은 1950년대까지 유지되었다. 재침례교의 분파인 메노나이트교회 더스틴(Gerald Derstine) 목사는 1954년 성령세례를 받고 방언으로 말하기 시작했다. 그가 인도하던 집회에서 회개와 더불어 환상, 신유, 예언, 방언 등의 은사들이 터져 나왔다. 메노나이트 재직들은 그의 집회를 해산시켰고, 더스틴 목사에게 사탄의 지시를 따랐다고 공식적으로 사과하면 목사직의 면직을 무효화하겠다고 제안했다. 그는 성령의 역사를 귀신의 역사로 고백할 수 없었기에 그들의 제안을 거절한 후 교회에서 출교를 당했다.[299]

이런 출교나 이단 정죄는 오순절 교인들에게 일상적인 일이었다. 거부, 이단 정죄, 추방은 아주사 미션 이후 50년간 오순절 교

299) Gerald Derstine, *Following the Fire*(Plainfield, NJ: Logos International, 1980), pp. 83~165.

인들이 겪어야 했던 시련이었다. 오순절교회 내에서 타 개신교회들로부터의 핍박을 피하고 기독교 연합 단체에 합류하기 위해서는 방언이나 예언, 병자를 위한 치유 등의 오순절 색채를 크게 약화시켜야 한다는 주장까지 제기되었다.

그러나 비난과 핍박이 거세질수록 오순절 운동에 관심을 갖는 사람들이 늘면서 성장해 갔다. 1940년대에 이르러서야 오순절교회에 대한 편견이 서서히 무너지면서 기독교 단체에 가입할 수 있는 길이 열렸다. 근본주의가 사회 참여를 반대하자 이에 반대하는 신자들을 중심으로 1942년 복음주의협의회 NAE(National Association of Evangelicals)가 결성되면서 교회는 정치적, 사회적 문제들에 대해 침묵할 것이 아니라 오히려 사회와 문화 개혁을 위해 적극적으로 활동해야 함을 강조했다. 1943년, NAE는 오순절 교단들에게 가입을 권유했고, 오순절교회들은 이 제의를 환영하고 멤버로 가입했다. 오순절교회의 NAE 가입은 오순절 운동이 기독교 단체에 의해 받아들여진 최초의 사건이었다.[300] 하나님의 성회 의장이었던 짐머만(Thomas Zimmerman)은 1960년 NAE 회장에 당선되었다.

NAE 총회는 그동안 각자 활동했던 수십 개로 나누어진 오순절 교단의 지도자들이 모일 수 있는 기회를 제공했고, 이는 1948년 열두 개의 오순절 교단들이 '북미오순절협회'(Pentecostal Fellowship

---

300) William Menzies, *Anointed to Serve: The History of the Assemblies of God*(Springfield, MO.: Gospel Publishing House, 1971), p. 182.

of North America)를 설립하기에 이르렀다. 백인 오순절교회들만 가입이 가능했던 북미오순절협회는 1994년 인종차별에 대한 잘못을 회개하고 모든 인종들이 참여할 수 있는 '북미 오순절 및 은사주의 교회협의회'를 세웠다.

파함은 임박한 종말론에 근거해 미국의 자본주의와 부에 대한 강조를 날카롭게 비판했다. 그런데 오순절 사업가인 샤카리안(Demos Shakarian)이 1952년 국제순복음실업인회(Full Gospel Business Men's Fellowship International)를 결성함으로 오순절 운동의 부에 대한 개념에 변화가 일어났다. 캘리포니아에서 낙농업으로 크게 성공한 그는 오럴 로버츠 목사의 도움을 받아 '성령으로 충만한 사람은 사업에도 성공하고, 건강하며, 물질적 축복을 받는다'는 슬로건하에 순복음 신학을 알리는 데 심혈을 기울였다. 기존 오순절교회의 이미지는 가난한 자, 배우지 못한 자, 소외당하고 실패한 자들이 모이는 곳으로 인식되었는데, 사업에서 성공한 기업가들로 구성된 순복음실업인회는 오순절 운동에 대한 이미지를 바꾸는 데 큰 공헌을 했다.[301]

그들에 의하면, 성령세례를 받은 사람은 하나님으로부터 건강과 부도 겸해서 받는다. 성령 충만한 사람들은 사업에 성공하며, 다른 경쟁자들보다 나은 품질의 제품을 만들고, 훌륭한 집에서 살게 된다. 초기 오순절교회는 하위 계층들이 모이는 곳이었던 반면, 순복음실업인회는 '건강과 번영 신학'을 강조하면서 오순

301) Walter Hollenweger, *The Pentecostals*, pp. 6~7.

절 운동이 중산층 운동으로 발돋움하는 데 이바지했다.[302] 샤카리
안의 영향으로 인해 오순절교회는 점차 영적 신비와 함께 물질적
축복을 강조하기 시작했다.

플레시스(David J. Du Plessis, 1905~1987)는 오순절 교단인 사도 신
앙 선교회(Apostolic Faith Mission)에서 회심과 성령세례를 경험했다.
그는 오순절 신학을 타 교단에 알리는 사도의 역할을 감당함으로
'미스터 오순절'(Mr. Pentecost)로 불렸다. 1947년, 스위스 취리히에
서 제1회 오순절세계대회(Pentecostal World Conference)를 개최하는
데 주도적 역할을 감당했고, 1949년에 총회장이 되었다. 그는
1954년 세계교회협의회 총회에 비공식적 오순절 대표로 참석했
고, 1962년 가톨릭교회의 제2차 바티칸공의회에 참석해 가톨릭
교회 내에 은사주의 운동이 일어나는 데 큰 공헌을 했다.

플레시스의 돌출 행위는 오순절교회 지도자들을 격노케 했고,
하나님의 성회로부터 출교를 당하기에 이르렀다. 그러나 그는 외
부로부터 큰 지지를 받았다. 1974년, 개신교회에 오순절 신학을
적극적으로 알려 신오순절 운동이 태동하는 데 큰 기여를 한 공
로로 미스터 오순절로 불리게 되었고, '20세기 최고의 신학자들
열한 명'에 선정되었다. 1983년, 교황 요한 바오로 2세는 그가 가
톨릭교회에 끼친 공로와 은사주의 운동에 기여한 공로로 비가톨
릭인으로는 최초로 공훈상(Good Merit)을 수여했다. 이후 그는 '로

---

302) Demos Shakarian, *The Happiest People on Earth*(Old Tappan, NJ: Chosen Books,
    1975).

마가톨릭교회와 오순절교회 사이의 신학적 대화'(International Commission for Catholic-Pentecostal Dialogue)에서 의장직을 맡았다.[303] 그의 공로로 인해 개신교회와 가톨릭교회에서 신오순절 운동이 태동하게 되었고, 비주류에 속하던 오순절 운동은 주류에 편입할 수 있게 되었다.

오럴 로버츠(Oral Roberts, 1918~2009)

오클라호마 오순절성결교회의 무명 설교자였던 로버츠는 예수님의 속죄에 구원과 신유 및 축복이 다 포함되어 있다고 믿었다. 그러기에 예수님이 우리의 죄를 사해 주셨다는 사실을 인정하는 순간 질병에서도 놓임을 받는다고 믿었다. 그는 1947년부터 미 전역에서 대형 신유 집회를 열었다. 그가 커다란 천막을 치면 수많은 병자들이 몰려들었고, 그는 그들 한 사람 한 사람을 직접 안수해서 영혼, 마음, 육체의 전인적 치유를 위해 간절히 기도했다. 그의 집회를 통해 놀라운 신유의 역사가 나타났고, 수천 명의 사람들이 병이 나았다고 간증했다.

로버츠 목사는 1950년 중반부터 텔레비전을 통해 복음 전파를 시도했고, 그의 신유 사역은 이로 인해 미 전역에 방송되었다. 1960년대 초에는 수백만 명의 시청자들이 텔레비전을 통해 그의 신유 사역을 지켜보았고, 그가 2만 명을 수용할 수 있는 천막 집

303) David du Plessis, *A Man Called Mr. Pentecost: David du Plessis as Told to Bob Slosser*(Plainfield, NJ: Logos International, 1977).

회를 인도할 때마다 초교파적으로 신자들이 몰려들었다.[304]

로버츠 목사는 1965년 오클라호마 털사(Tulsa)에 오럴 로버츠 대학교를 설립했는데, 이 대학은 석사 학위를 준 최초의 오순절 신학대학원이었다. 당시 오순절 목회자를 양성하는 고등 교육 기관이 전무했던 터에 오럴 로버츠 대학교는 오순절과 은사주의 목회 후보생들을 훈련시키는 중심 기관이 되었다. 그는 1969년 미연합감리교회(United Methodist Church)에 소속되어 활동했는데, 이 사건은 오순절 목회자가 전통 교단에 받아들여진 상징적인 사건이 되었다.[305]

데니스 베넷(Dennis Bennett, 1917~1991)

1960년대에 이르러 오순절 운동에 대한 부정적인 시각에 큰 반전이 일어나면서 전통 개신교회들이 오순절 운동을 받아들이는 기적과도 같은 일이 벌어졌다. 휘튼 트리니티 성공회 윙클러(Richard Winkler) 목사는 1956년 성령세례를 체험하면서 교인들에게 방언과 신유 및 축사를 강조했다. 이 사실을 알게 된 성공회 위원회는 그 교회에서 일어나고 있는 사건을 조사하기로 결정했고, 연구 결과 방언을 사탄의 미혹이나 속임수로 규정해 이런 현상들이 다시는 재발되지 않도록 제재를 가했다. 위원회의 결정에서

---

304) David Harrell, *All Things Are Possible: The Healing and Charismatic Revivals in Modern American*(Bloomington, Indiana: Indiana University Press, 1975), pp. 225~238.
305) ibid., pp. 225~238

특이한 점은 윙클러 목사를 성공회에서 축출하는 대신 절제를 요구하면서 사역을 허락했다는 점이었다.[306] 불과 얼마 전까지만 하더라도 성공회 내에서 오순절주의자로 낙인이 찍히면 탄핵하고 축출했었던 것에 비해 이 결정은 오순절 운동에 대한 미묘한 변화를 보여 준 상징적 사건이 되었다.

신오순절 운동(Neo Pentecostal Movement) 탄생의 중심에는 성공회의 베넷 목사가 있었다. 캘리포니아 반 누이스(Van Nuys)에 있는 성마가 성공회(St. Mark's Episcopal Church) 담임목사인 베넷은 네 명의 부교역자들과 함께 2,600명의 성도를 가진 대형 교회를 운영했다. 그는 명문 시카고대학교와 시카고신학대학원을 졸업한 교양 있고 세련된 목회자였다. 그는 시카고신학대학원에서 '방언은 사도시대에 끝났고, 현대 오순절 방언은 무식한 사람들이 감정적 흥분에 빠져 개 짖듯 내는 소리' 라고 배웠다. 성공회의 영국식 교육을 받은 그는 감정을 드러내지 말라는 엄격한 교육을 받았기에 감정을 표현하는 것에 대해 부정적 견해를 가지고 있었다.

그러나 성공적인 목회를 하고 있었음에도 불구하고 그의 마음에는 사역에 대한 기쁨과 평안이 없었다. 하나님의 살아 계심과 역사하심에 대해 설교하고 가르쳤지만 정작 본인의 삶에서는 현존하시는 하나님을 느낄 수 없었다. 성령에 대해 가르치면서도 막상 자신은 성령이 추상적이고 이론적인 존재로 느껴졌다. 그는

---

306) Kilian McDonnell, *Presence, Power and Praise: Documents on the Charismatic Renewal*, vol. 1(New York: Paulist Press, 1980), p. 20.

성령의 위로, 기쁨, 능력 등에 대한 확신을 가지고 있지 못했고, 자신의 심령이 메말라 가고 있음을 지각했다.

베넷 목사는 영적인 목마름을 해소할 무엇인가를 간절히 소망하면서 사도행전을 읽으며 묵상했다. 그러던 중 '사도행전에 나오는 사람들은 성령을 받아 신비로운 방언을 말했는데, 왜 지금은 성령세례와 방언의 은사가 없을까?' 라는 의문을 품게 되었다. 그는 신중히 성경을 읽기 시작했고, 성경이 성령세례 및 방언을 지지하고 있다는 사실을 발견했다. 그리고 만약 이들 사건이 역사 속으로 사라지지 않았다면 오늘날에도 이를 체험할 수 있다는 결론에 다다랐다.

1959년, 40대 중반에 들어선 베넷 목사는 성령세례를 받기 위해 기도하기 시작했다. 그는 성령세례를 받고 방언을 말하는 젊은 부부를 만나 그들로부터 감명 깊은 간증을 듣고 성령 받기를 더 간절히 사모했다. 그는 동료 신부 한 명과 성령세례를 경험한 젊은 신자의 도움을 받아 성령세례를 체험하게 되었다.

> 나는 약 20분 동안 통성으로 기도했다. 적어도 그 정도의 시간이었을 것이다. 내가 기도를 그만두려는 순간 이상한 일이 일어났다. 마치 발음하기 어려운 말을 하려고 애쓰는 것처럼 내 혀가 꼬부라지더니 새로운 말을 하기 시작했다. 나는 즉시 몇 가지 사실들을 깨닫게 되었다. 첫째, 그것은 심리적 속임수나 발작이 아니라는 점이었다 … 그

것은 이전에 알지 못했던 새로운 말이었고, 갓난아기가 옹알거리는 것과 같은 소리는 아니었다. 그 말은 문법, 구문이 있었고, 높낮이와 표현이 있는 아름다운 언어였다.[307]

베넷은 이 경험 이후로 끊임없이 방언이 하고 싶어졌고, 마음에는 기쁨과 평안이 가득 참을 느꼈다. 며칠 후, 그는 자신의 아들이 눈을 다치자 손을 얹고 기도했고, 아들의 눈이 치료됨을 목격했다. 그의 교인들 중 도로시라는 여성이 교통사고로 인해 엉덩이뼈가 부러지는 사건이 발생했다. 의사는 그녀가 영원히 걷지 못하고 휠체어 신세를 지게 될 것이라고 진단했다. 그는 교인들과 함께 그녀를 위해 안수 기도했고, 그녀는 치유함을 받고 걷게 되었다.

베넷 목사는 주일 설교를 준비하던 중, '성령세례 경험을 간증하라'는 성령의 음성을 듣게 되었다. 그래서 그는 1960년 4월 3일 주일 예배 시간에 '성령이 나의 입을 사로잡아 방언으로 이해할 수 없는 찬양과 감사의 말을 했다'는 간증을 했다. 1부 예배에서 회중들은 관대하고 너그러운 반응을 보였다. 그러나 2부 예배에서 회중들의 분노가 터져 나왔다. 그가 설교를 하는 도중임에도 불구하고 '저주받은 방언하는 자를 몰아내라'는 소리가 나왔고,

---

307) Dennis Bennett, *Nine O'clock in the Morning*(Gainesville, FL: Bridge-Logos, 1970), pp. 20~21.

분노한 부교역자는 신부복을 강단 바닥에 벗어 버리고 "나는 더 이상 이 사람과 사역할 수 없다"고 외치며 뛰쳐나갔다. 담임목사가 기이한 경험을 했다는 소문이 퍼져 나갔고, 교구 위원들은 그를 광신자로 비난했다. 교회 재정 위원장은 그의 사임을 요구했고, 그는 그 자리에서 물러났다.[308]

성공회 주교들은 베넷의 사례를 판결하기 위해 모임을 가졌고, 교회에서 방언을 말하는 것을 금지시켰다. 그들은 덕망 있는 그를 교단에서 쫓아내는 대신 워싱턴 주 시애틀의 성누가교회(St. Luke's Church)로 좌천하기로 결정했다. 당시 성누가교회는 신자가 몇 십 명에 불과해 문을 닫을 위기에 처해 있었다. 1960년, 성누가교회로 부임한 그는 자신의 믿음을 철회하지 않고 성령세례를 강조하면서 성령의 바람을 불러일으켰다. 그는 교인들에게 성령 받기를 강조했고, 곧 신자들은 방언을 경험하면서 신유도 크게 나타났다. 예수의 이름으로 귀신이 쫓겨나고, 방언, 방언 통역, 치유, 예언, 기적 등 여러 가지 성령의 은사들이 나타났다. 몇 년 후 성누가교회는 2천 명 이상의 신도들이 모이는 대형 교회로 성장했다.

베넷 목사가 여전히 오순절 사역을 펼치고 있다는 사실을 알게 된 성공회 파이크스(Jame A. Pikes) 주교는 성공회 내에서 방언하는 것은 이단이라며 방언을 금지시키는 내용의 편지를 교회들에게 발송했다. "이 특별한 현상(방언)으로 인해 교회의 평화와 단결

---

308) ibid., p. 61.

이 와해될 지경에 이르렀으며, 건전한 교리와 교회 질서에도 큰 위협이 되고 있다."[309] 그런데 성공회 교단 잡지인 〈살아 있는 교회〉(Living Church)는 "방언은 더 이상 이상한 이단 분파에게서나 나타나는 현상이 아니다. 그것은 우리 교회에서 신실하고 믿음이 좋은 사람이라는 평판을 듣는 성직자나 평신도들 가운데서도 일어나는 현상이다"[310]고 보도했다. 시사 주간지 〈타임〉(Time)은 "하나님의 냉동 인간이라 불리는 성공회 내에서도 방언이 나타나고 있다"[311]고 보도했다.

베넷 목사는 그의 경험을 《오전 9시, 성령이 임하는 시간》(서로사랑 역간)이라는 책으로 출판했고, 이 책은 베스트셀러가 되었다. 유명 인사가 된 그는 주요 개신교 교회들로부터 초청을 받아 자신의 오순절 경험을 가르치고 설교했다. 그는 중생과 성령세례를 다른 경험으로 구별했고, 방언뿐만 아니라 방언 통역, 예언, 치유, 축사 등과 같은 성령의 은사와 능력을 하나님의 선물로 여겼다. 그의 사례는 타 교단의 신자들에게 성령세례와 방언 및 신유 체험을 간절히 원하는 동기를 부여했다. 세련되고 명망 있고 교양 있는 성공회 목사가 가난하고 감정적이고 과격한 하층민들만 하는 줄 알았던 방언을 말한다는 사실은 많은 신자들에게 방언이

---

309) Frank Farrell, "Outburst of Tongues: The New Penetration", *Christianity Today*(Sept. 13, 1963), pp. 3~7.
310) John L. Sherrill, *They Speak with Other Tongues*(Old Tappan, NJ: Spire Books, 1964), p. 6. Living Church(July 17, 1960).
311) *Time*(August 15, 1960), pp. 52~55.

이상한 교파의 종교적 현상만이 아님을 상기시켜 주었다.

무기력한 신앙생활을 하던 사람들, 성령세례에 대해 적대시하고 무관심했던 사람들도 그의 간증을 듣고 읽으면서 방언 받기를 사모하며 영적인 체험을 했다. 베넷 목사의 사례는 오순절교회 소속이 아닌 전통 개신교 목사가 오순절 신앙을 신봉했음에도 불구하고 교단에서 축출되지 않고 소속 교단에 남아 오순절 신앙을 설파해도 된다는 면죄부를 부여한 상징적 사건이 되었다. 그의 사례가 기폭제가 되어 1960년대를 전후로 전통 개신교단들은 오순절 신학을 적극적으로 수용해 새로운 성령 운동을 일으킨 신오순절 운동 혹은 은사주의 운동(Charismatic Movement)이 출현했다.

신오순절 운동의 확산

1960년대에 접어들면서 오순절 운동에 대한 수용은 교회에만 국한되지 않고 대학교나 신학교로도 퍼져 나갔다. 1963년, 예일 대학교 기도회에 참석했던 교수들과 학생들은 히브리어나 스웨덴어로 된 방언을 말했다. 아이비리그 대학의 교수와 학생들은 오순절교회의 '구르는 자' 와는 거리가 먼 지성인들이었다. 특이한 점은, 그들은 충분한 자제력을 가지고 신비적 발작이나 황홀경에 빠지지 않고 마치 영어로 기도하는 듯한 모습을 보였다는 점이다.[312] 그동안 오순절 운동이 가난한 자나 교육받지 못한 하층 계급을 중심으로 일어난 반면, 예일대 방언 사건은 지성인 그

---

312) *Time*(March 29, 1963), p. 52.

룹에서도 오순절 현상이 일어난 놀라운 사건으로 해석되었다. 이전과는 다른 사회 그룹에서 다른 형태로 성령세례와 방언을 말하는 양상들이 계속 나타났다. 프린스턴신학교에서 이십여 명의 학생들이 방언을 체험했고, 곧 서른다섯 명의 학생들도 이 경험에 합류했다.

성공회뿐만 아니라 방언을 천대하고 이단시하던 장로교의 신자들도 성령세례를 받는 사건들이 발생했다. "지금 남부 캘리포니아 지역에서만 약 2천 명의 성공회 신자들이 방언을 말하고 있는 것으로 알려져 있다. 세계에서 제일 큰 장로교회인 할리우드 제일 장로교회(First Presbyterian Church of Hollywood)에서도 약 600명의 성도들이 방언을 체험한 것으로 보인다."[313] "이들은 방언을 받는 과정이나 방언을 말함에 있어서 감정적으로 치우치지 않았다. 대중 집회에서 방언으로 기도하는 것보다 개인적으로 방언을 사용하는 것을 중요시 여겼다."[314]

루터란교회의 비트링거(Arnold Bittlinger) 목사는 처음에는 방언을 강력히 부인했으나 부흥하고 있던 미국의 루터란교회들을 방문하는 동안 그의 생각을 바꾸었다. 그는 방언을 비롯한 각종 영적 현상들이 큰 혼란 없이 행해지는 것을 보고 큰 충격을 받았다고 고백했다. 그는 방언과 신유의 교리를 받아들여 이에 대한 사역을 펼쳤다. 신유에 대한 신학적 연구에 들어간 교단은 신유를

---

313) Frank Farrell, "Outburst of Tongues: The New Penetration", pp. 3~7.
314) ibid., pp. 3~7

거부할 아무런 이유가 없다는 결론을 내렸다.

루터란교회의 신오순절 사도로 불리는 크리스텐슨(Larry Christenson) 목사는 《Charismatic Renewal among Lutherans》(루터란교회에서 일어난 은사 갱신 운동)라는 저서를 출판하면서 현대 오순절 체험은 새로운 것이 아니라 초대 교회의 입회 의식들인 세례, 견진성사, 성체성사의 한 부분으로 해석했다. "초대 교인들은 물세례를 받을 때 성령세례를 간구했고, 이후 성령의 은사들이 나타났다."[315]

크리스텐슨은 오순절 운동의 신학을 수용함으로 발생할 수 있는 문제들에 대해 우려를 표명하기는 했지만, 방언 및 은사를 체험한 신자들을 교회에서 내쫓을 것이 아니라 교회의 구성원으로 인정해야 한다고 강조했다. 성령세례를 통해 그리스도의 영의 임재를 경험한 신자들은 교회에 더 충성하며 성결과 헌신을 보이고 기도에도 열심을 낸다는 것이다. 그는 "방언 말하는 것을 무시하거나 금해서는 안 된다. 그렇다고 모든 그리스도인들이 반드시 방언을 해야 하는 것으로 규정해서도 안 된다"[316]는 입장을 밝혔다. 루터란교회는 매년 미니애폴리스(Minneapolis)에서 은사주의자들을 위한 집회를 열고 있는데, 이는 대표적인 신오순절 집회로 자리 잡았다.

1950년대 말까지만 하더라도 오순절주의는 모든 개신교단들

---

315) Larry Christenson, Charismatic Renewal among Lutherans(Minneapolis: Bethany House Publishers, 1976), p. 48.
316) Kilian McDonnell, Presence, Power and Praise, pp. 207~210.

로부터 배척을 받았으나 1960년대에 들어서면서 인정을 받기 시작했다. 1960년대 말, 방언 현상이 성공회, 루터란교회, 감리교회, 장로교회 등으로 확산되면서 많은 교회들이 성령세례와 방언 신학을 받아들이기 시작했다. 오순절 운동을 맹렬히 비판했던 성결교회도 태도의 변화를 보였다. 1965년, 성결연합회(National Holiness Association)는 방언하는 신자들을 회원으로 받아들였다. 1970년에는 연합장로교회, 1971년에는 성공회, 1973년에는 루터란교회가 공식적으로 성령세례 및 방언을 인정하면서 방언하는 성도들이 교회에 남아 있을 수 있음을 밝혔다. 연합장로교회는 "방언은 무시되어서도 안 되고 금해서도 안 된다. 반면 그것은 정죄되어서도 안 되고, 그리스도인의 체험을 위한 규범이 되어서도 안 된다"[317]고 밝혔다.

최근까지도 오순절 운동을 공식적으로 반대하는 대표적 교단인 남침례교는 1970년대에 설문조사를 했는데, 선교사들 중 약 75퍼센트가 방언을 말했고, 목회자들 중 50퍼센트가 방언을 하나님이 주신 특별한 은사로 인정하고 있다는 결과를 보고 받았다. 2015년, 남침례교는 '방언을 말하는 사람은 선교사로 나갈 수 없다'는 오래된 규정을 폐기하고 '방언하는 사람도 선교사로 나갈 수 있다'고 선포했다.[318] 애틀랜타의 '새생명침례교회'(New Birth Baptist Church)는 오순절적 성향을 가진 담임목사가 부임해서 예배

---

317) ibid., pp. 207~210
318) Bob Smietana, "International Mission Board Drops Ban on Speaking in Tongues", *Christian Today*(May 14, 2015).

를 오순절식으로 개편하고 방언과 치유를 허용한 지 10년 만에 300명의 성도가 1만 8천 명으로 급성장했다.[319]

1977년, 오순절주의자와 은사주의자들은 미주리 주 캔자스의 총회에 모여 연합 집회를 열었다. 오순절교회를 비롯해 로마가톨릭교회, 루터란교회, 장로교회, 성공회, 감리교회 등으로부터 온 신자들은 방언으로 찬양하고 춤을 추었다. "1977년 7월 21일, 새로 싹트기 시작한 은사주의 운동의 대규모 모임에 수만 명이나 되는 초교파 그리스도인들이 성경을 들고 찬양을 부르며 경기장 안을 메웠다."[320] 캔자스 대회 이후 은사주의 단체들은 교단별로 대회를 개최했다.

영국 성공회의 경우, 젊은 목회자들을 중심으로 은사주의 운동이 확산되고 있다. 1978년, 2천 명의 성공회 성도들이 영국의 캔터베리 대성당에 모여 방언, 방언 통역, 예언 및 신유의 기도를 드렸다.[321] 1984년 조사에 의하면, 미국 성공회 감독들 중 47퍼센트가 은사주의 갱신을 지지했고, 교구들 중 약 40퍼센트가 은사주의에 우호적 태도를 보였다. 심지어 성공회가 오순절 운동을 수용하는 것이 더디다고 생각한 사람들을 중심으로 1992년 은사주의 성공회(Charismatic Episcopal Church)가 설립되었다.[322] 1960년대

---

319) Valerie G. Lowe, "The Long Way to Build a Church", *Ministry Today*(Sept/Oct., 1977), pp. 32~40.
320) David X. Stump, "Charismatic Renewal: Up to Date in Kansas City", *America*(Sept. 24, 1977), p. 166.
321) 빈슨 사이난, 《20세기 성령 운동의 현주소》, p. 122.
322) https://www.iccec.org/

이후 신오순절 운동이 대두되면서 전통 개신교회의 목회자와 신자들은 신유와 방언과 같은 오순절적 체험을 받아들이면서 오순절 운동이 전통 개신교회에 큰 영향을 끼치기 시작했다.

로마가톨릭교회의 은사주의 운동

초대 교회는 성령의 은사와 신유에 대해 열린 입장을 취했고, 중세 교회를 대표하는 가톨릭교회는 초대 교회의 유산을 물려받아 성령 받는 것과 견진성사를 결부시켰다. 가톨릭교회는 귀신을 쫓고, 병자를 위한 안수를 통해 치유를 강조했으며, 성례전을 통해서도 기적이 나타날 수 있음을 강조했다. 성찬식을 위해 준비된 빵과 포도주에 모든 병의 치유를 위한 특별한 능력이 있다는 미신적 믿음을 통해서 실제로 치유가 나타나기도 했다.

오히려 가톨릭교회에 대항해 일어난 종교 개혁가들은 가톨릭교회가 받아들였던 성령의 은사들과 기적에 대해 반대하면서 이를 미신으로 치부했다. 가톨릭교회가 은사 지속론을 지지하는 것에 반대해, 개신교는 성경이 완성된 이후 더 이상의 계시와 은사는 중단되었다는 은사 중지론을 신학적 입장으로 내세웠다.[323]

1517년, 마틴 루터의 주도하에 종교 개혁이 일어나자 가톨릭교회는 트렌트 공의회(1545~1563)를 통해 개신교도들에 대한 핍박을 가했다. 오랫동안 유럽에서 가톨릭교회로부터 핍박을 받던 개신교도들은 미국으로 종교의 자유를 찾아왔다. 그들 대부분은 가

---

323) 도널드 데이턴, 《오순절운동의 신학적 뿌리》, p. 39.

톨릭에 대한 증오심을 가지고 있었고, 가톨릭 신자들을 그리스도
인으로 인정하지 않았다. 가톨릭 신자들 또한 개신교를 성례전도
제대로 갖추지 못한 비정상적 기독교 혹은 이교도로 취급했다.
1928년, 교황 비오 11세는 개신교도들이 가톨릭교회로 복귀하고
교황권에 복종하는 것만이 개신교가 인정받을 수 있는 유일한 길
임을 천명했다. 이처럼 가톨릭교회와 개신교는 오랫동안 서로를
인정하지 않고 적대시했다.

개신교는 미국 초기부터 주도권을 잡고 미국 교회를 이끌어
갔다. 그런데 19세기 유럽으로부터의 이민 물결이 밀려오면서 이
런 양상에 큰 변화가 일어났다. 특히 아일랜드와 이탈리아 등 유
럽의 가톨릭 국가들로부터 수백만 명의 이민자들이 미국으로 몰
려들었고, 그들은 뉴욕, 보스턴, 필라델피아와 같은 대도시에 살
았다. 미국 개신교는 이들 가톨릭 신자들을 적으로 규정해 버렸
다.[324] 개신교회는 밀려드는 가톨릭 이민자들을 피해 도시를 떠나
시외로 나가 버렸다.

가톨릭교회는 유럽에서 온 오갈 데 없는 가난한 노동자들과 이
민자들을 위해 도시 중심에 성당을 세운 후 그들에게 예배 좌석을
제공하고, 직업 훈련 및 직업을 알선해 주고, 영어 교육을 실시하
는 등 그들을 위해 헌신해 큰 호응을 얻었다. 그 결과 1800년에
5만 명 정도로 약세를 보이던 가톨릭교회는 불과 50년 만인 1850

---

324) 로저 핑크, 로드니 스타크, 《미국 종교 시장에서의 승자와 패자(1776~2005)》, pp.
662~665.

년경에 미국 최대의 기독교 교단으로 등극했고, 1906년에는 1,400만 명의 가톨릭 교인을 가질 만큼 크게 성장했다.[325] 가톨릭 교회는 놀라운 부흥에 기반해 1960년 가톨릭 신자인 케네디를 대통령에 당선시킬 정도로 그 세력을 키워 나갔다.

이런 가톨릭교회에도 오순절 성령의 바람이 불기 시작했다. 엘레나 궤라(Elena Guerra) 수녀는 가톨릭교회가 성령에 대해 무관심한 것을 안타까워해 교황 레오 13세에게 편지를 써 성령에게 드리는 '9일 기도'(NOVENA)를 교회의 공식적 절기로 제정해 줄 것을 요청했다. 그녀의 편지를 읽고 감동한 교황은 1897년 '성령에 관하여'(On the Holy Spirit)라는 회칙을 발표하면서 성령에 대한 '9일 기도'를 공식 절기로 선포한 후 성령님과 그 은사들에 대한 새로운 인식을 촉구했다.[326]

1960년대에 접어들면서 가톨릭교회와 개신교회는 기존에 서로를 적으로 규정했던 적대적 관점에서 벗어나 호의적인 태도로 바라보기 시작했다. 교황 요한 23세는 백여 년 만에 공의회를 소집했다. 1962년 개최된 제2차 바티칸 공의회에는 2,500명의 주교들뿐만 아니라 개신교도들도 초청되어 가톨릭교회의 개혁에 대해 논의했다. 가톨릭교회는 개신교에 대한 방언 신학을 폐기하고 개신교회를 '분리된 형제'(Separated Brethren)로 인정했다. 또한 이전에 라틴어로만 진행되었던 미사를 그 지역의 언어로 드리게 되

325) ibid., pp. 66~67.
326) 빈슨 사이난, 《20세기 성령 운동의 현주소》, pp. 65~66.

었고, 평신도들의 성경 읽기가 허용되었다. 예배 시간에 회중들이 찬송가를 부르는 것과 손뼉을 치는 것 또한 허용되었다.[327]

벨기에 추기경인 수에넨스(Leon Joseph Cardinal Suenens)는 가톨릭교회에 불어오는 성령의 바람을 감지하면서 가톨릭교회가 성령의 역사를 통해 갱신되어야 함을 강조했다. 가톨릭교회 은사주의 운동의 지도자 역할을 감당했던 그는 성령의 인격성과 은사적 특성을 설명하면서 교회를 세우기 위해서는 성령의 은사들의 절대적 중요성을 강조했다.

> 바로 지금이 신비한 주의 몸을 세우기 위해 이런 은사들의 절대적 중요성을 철저히 밝혀야 할 때다. 우리는 무슨 수를 써서라도 교회의 계급적인 구조가 교회 전체에 퍼져 있는 성령의 은사들과 아무런 연관이 없는 행정적 기구라는 인상을 줘서는 안 된다.
>
> 사도 바울에게 그리스도의 교회는 행정적 조직이 아닌 성령의 은사들과 봉사가 살아 있는 유기적인 그룹이었다. 성령은 모든 그리스도인들에게 임재하시며, 각 사람에게 특별하게 임하신다. 그는 각 사람에게 모든 은사들을 주시는데 "우리에게 주신 은혜대로 받은 은사가 각각" 다르다(롬 12:6).[328]

---

327) 빈슨 사이난, 《세계 오순절 성결운동의 역사》, pp. 290~291.

수에넨스의 탄원으로 인해 가톨릭교회는 성령의 은사들이 현재에도 나타나고 있다는 은사 지속론을 지지했다. 그의 헌신과 공로로 가톨릭교회는 은사 갱신을 승인하면서 요한 23세는 성령의 부으심을 선포했고, 제2차 바티칸 공의회가 진행되는 동안 성령에 대한 강조와 은사적 본질을 다루는 문서들이 발간되었다. 3년에 걸쳐 공의회가 진행되는 동안 '주여, 당신의 기사를 오늘날에도 새로운 오순절처럼 나타내소서'라는 기도가 지속되었고, 오늘날 초대 교회의 오순절과 같은 표적과 기사가 동반된 영적 부흥이 일어나기를 기원했다.[329]

특히 미국 가톨릭교회는 부흥회, 기적적 치유, 종교적 체험, 영성 회복 등을 강조했다. 가톨릭교회는 정기적으로 교구별 부흥회를 열면서 수개월간에 걸쳐 교구 전도 집회를 준비했다. 부흥회에서는 찬송과 기도가 강조되었고, 신자들은 죄를 회개하면서 울음바다가 되었으며, 종교적 현상들이 나타났다.[330] 주교들은 아주사 미션에 대해 호기심을 가지고 있었고, 오럴 로버츠의 신유 집회가 가톨릭 신자들에게 큰 영향력을 끼치고 있다는 사실을 인식했다.

가톨릭교회의 성령에 대해 열려 있는 자세와 오순절 운동에 대

---

328) Francis Sullivan, *Charism and Charismatic Renewal*(Dublin, Scotland: Gill and McMillan, 1982), pp. 9~15.
329) The Document of Vatican II (1966), pp. 492~493.
330) 로저 핑크, 로드니 스타크, 《미국 종교 시장에서의 승자와 패자(1776~2005)》, pp. 192~195.

한 지속적 관심은 결국 가톨릭 은사주의를 태동시키는 원동력이 되었다. 가톨릭계 대학에서 방언을 동반한 성령세례가 나타나면서 오순절 운동은 가톨릭교회에 직접적인 영향을 미치게 되었다.

1967년, 펜실베이니아에 위치한 가톨릭계 듀케인대학교 (Duquesne University)의 신학과 교수였던 키퍼(Ralph Kiefer)와 스토레이(Bill Storey)는 성령에 대한 연구를 하던 중 성령의 임재에 대해 큰 관심을 가지게 되었다. 그들은 성공회 신부의 도움을 받아 기도하던 중 성령세례를 받고 방언을 말하게 되었다.[331] 이들은 교수와 학생들을 위한 주말 수양회를 갖기로 계획했고, 20여 명의 사람들이 참석했다. 그들은 하루 종일 사도행전을 배웠으며, 성령세례를 간구했다. 갑자기 한 학생이 마룻바닥에 엎드러졌고, 어떤 사람은 몸을 가눌 수 없을 정도로 웃기 시작했으며, 어떤 학생은 바닥에 데굴데굴 구르기 시작했다. 찬양이 울려 퍼지는 가운데 바닥을 뒹굴고, 큰 소리로 외치고, 눈물을 흘리고, 웃으며, 방언을 말하는 역사가 나타났다.

> 성령이 나를 통해 기도하시자, 이전에 큰 소리로 기도하던 것을 부끄러워하던 나의 수줍음이 사라졌다. 교수들이 몇몇 학생들에게 안수하기 시작했지만, 우리 대부분은 무릎을 꿇고 기도하는 동안 이미 성령세례를 받은 상태였

---

331) Kevin and Dorothy Ranaghan, *Catholic Pentecostals*(Paramus, NJ: Paulist Press, 1969), p. 26.

다. 일부는 방언으로 기도하기 시작했고, 어떤 이들은 영
분별, 예언, 지혜의 은사를 선물로 받았다. 그러나 가장 소
중한 선물은 우리를 하나로 묶는 사랑의 열매였다.[332]

　듀케인대학에 나타난 종교적 현상들을 분석해 보면 아주사 미
션에서 나타난 현상들과 큰 차이를 볼 수 없었다. 고전적인 오순
절 현상들인 큰 소리로 웃고, 황홀경에 빠지며, 바닥에 뒹굴고,
하나님의 이름을 높이고, 울며, 방언하는 현상들이 대동소이함을
알 수 있다.[333]
　듀케인대학에서 발생한 것과 비슷한 현상이 곧이어 가톨릭계
인 노트르담대학교(Notre Dame University)에서 재현되었다. 오순절
성령 체험을 간절히 원하던 학생들은 하나님의 성회 목회자들에
게 도움을 요청했고, 그들이 함께 모여 기도하던 중 성령의 임재
를 체험했다.

　　성령세례를 받는 데 있어 방언하는 것이 신학적인 필수
　　조건이 되지 않는다 하더라도, 우리는 방언 말하기를 간
　　절히 원하고 있었기 때문에 방언 문제는 쉽게 해결되었다
　　… 그들이 다가와서 안수를 하기도 전에 우리는 이미 방

---

332) ibid., p. 35.
333) Edward O' Connor, *The Pentecostal Movement in the Catholic Church*(Notre
　　Dame, Ind.: Ave Maria Press, 1971), pp. 31~35.

언으로 기도하며 찬양하고 있었다.

안수하는 사람들 중 한 사람이 아랍어 같은 방언으로 기
도하기 시작했다. 그러자 옆에 있던 사람도 다른 방언으
로 기도했다. 몇 분 지나지 않아 안수 기도를 받은 모든 사
람들이 방언으로 기도를 드렸다.[334]

학생들의 종교적 체험에 놀란 노트르담대학은 가톨릭교회에
방언에 대한 조사를 요청했다. 케빈 래너건(Kevin Ranaghan) 교수가
연구 위원으로 지정되었고, 그는 연구에 착수해 그 결과를
《Catholic Pentecostals》(가톨릭 오순절주의자들)라는 저서를 통해 발
표했다. 그는 방언을 포함한 성령의 은사들은 오순절 운동이 처
음으로 강조한 것이 아니라 가톨릭교회의 초기 전통에 기인한다
고 해석했다. 초대 교회는 새신자를 교회의 멤버로 받아들이는
입교 의식에서 세례, 견진성사, 성체성사와 함께 성령세례를 강
조했다. 노트르담대학에서 일어난 방언 현상은 오순절교회로부
터 수입한 것이 아니라 가톨릭의 초기 전통과 정확히 일치한다.
그는 방언의 은사를 긍정적으로 평가하면서 성령 체험 혹은 방언
을 경험한 신자들일수록 자신의 신앙과 전통을 깊이 이해하고,
성경을 열심히 읽으며, 교회에 대해 깊은 충성과 헌신을 보인다
고 보고했다.[335]

---

334) Kevin and Dorothy Ranaghan, *Catholic Pentecostals*, pp. 38~57.
335) ibid., pp. 38~57.

가톨릭교회의 1969년 '교리연구위원회의 보고'(Report of the Committee on Dotrine)에 따르면, 노트르담대학에서 일어난 운동은 성경적 기초에 근거하며 가톨릭 신학과도 부합한다는 결론을 내렸다. 가톨릭교회는 교회 내에 일어나고 있는 오순절 현상을 환영하는 결정을 내렸다. 성령 운동을 금해서는 안 되고 발전·성장할 수 있도록 장려해야 한다는 것이었다. "(성령) 운동에 속한 많은 사람들은 영적 문제에 대한 새로운 인식을 가지게 되어 성령의 활동에 대해 강한 의식을 가지고, 하나님을 찬양하며, 그리스도에 대한 깊은 헌신의 자세를 소유하게 된다."[336) 노트르담대학에서는 매해 은사주의 집회를 여는데, 1만여 명의 신자들이 참석하고 있다.

미국 가톨릭교회는 1967년 이후 매년 인디애나 주 사우스벤드(South Bend)에서 국제 은사주의 대회를 열고 있다. 가톨릭 신자들 중 1970년에 약 3만 명, 1974년에는 약 35만 명이 방언을 체험했다.[337) 1974년, 가톨릭교회 내에 1,800개의 은사 모임이 활동하고 있었다. 1975년, 가톨릭 은사주의자들이 오순절을 기념하기 위해 로마의 베드로성당에 모였다. 교황 바오로 6세가 참석한 가운데 성령의 충만함을 입증하는 현상들이 나타났고, 은혜를 간증하는 시간을 가졌다.

가톨릭교회는 오순절 운동 자체를 환영하면서 적극적으로 받

---

336) Kilian McDonnell, *Presence, Power and Praise*, vol. 2, p. 104.
337) Kevin and Dorothy Ranaghan, *Catholic Pentecostals*, pp. 56~57.

아들였고, 이 운동을 '은사 쇄신 운동'(Charismatic Renewal Movement)으로 발전시켰다. 성령의 은사를 사모하는 평신도들에게 주말 수양회를 통해 성령 체험을 할 수 있는 길을 열어 주었다. 오늘날 백여 개국에서 대규모의 은사 쇄신 운동이 전개되고 있다. 오순절 운동은 가톨릭교회에 큰 영향을 끼쳐 가톨릭교회 내에 교회 갱신 운동으로 발전하고 있다.

> 은사주의 운동이 전개되고 있는 곳에서 예수 그리스도를 구주로 믿는 믿음이 강하게 나타난다. 이 운동은 개인 기도와 합심 기도와 같은 기도에 대한 흥미를 불러일으킨다. 은사주의 운동에 참여한 사람들은 영적 가치에 대한 의미를 깨닫게 되며, 성령의 사역에 대해 새롭게 인식하며, 하나님에 대한 찬양과 그리스도에 대한 헌신을 강하게 가진다. 많은 사람들은 헌신된 마음으로 성찬에 참여하며, 신실한 자세로 교회에서 집행하는 성례전에 참여한다. 그리고 주의 어머니 마리아에 대한 존경은 새로운 의미를 갖게 되고, 많은 사람들이 교회에 대한 강한 소속감을 가진다.[338]

로마가톨릭교회가 오순절 운동을 인정하고 적극적으로 오순

---

338) Kilian McDonnell, *Presence, Power and Praise*, vol. 2, pp. 104~113.

절 신학을 도입하고 권장한 것은 오순절 운동에 있어 중대한 전환점이 되었다. 가톨릭교회 내에 신오순절 운동이 확산되면서 많은 가톨릭 신자들이 성령세례를 받음으로 방언과 신유 등의 은사들을 체험하고 있다. 가톨릭 신학자들은 오순절 운동을 통해 나타난 성령의 은사들의 출현을 하나님이 오순절교회를 승인하신 증거로 간주하고 있다. 오늘날까지도 '로마가톨릭교회와 오순절교회 사이의 신학적 대화'가 심도 있게 진행되고 있다.[339]

신오순절 운동의 특징

오순절 운동은 전통 기독교에 직·간접적 영향을 끼쳤고, 그들 교회들 중 오순절 운동을 긍정적이고 능동적으로 받아들인 결과로 신오순절 운동이 태동했다. 그렇다고 신오순절 운동이 오순절교회의 모든 것을 그대로 받아들인 것은 아니므로 중요한 신학적 차이를 보이고 있다.

첫째, 오순절 운동은 중생과 성령세례를 서로 구별된 체험으로 해석하는 반면, 신오순절 운동은 대체적으로 중생(물세례)과 성령세례를 동일 사건으로 해석하는 경향이 강하다. 불신자가 예수 그리스도를 구주로 영접할 때, 그는 구원을 받는 동시에 성령으로 세례를 받는다는 것이다. 물세례를 받을 때 성령세례가 주어지나, 방언과 같은 은사나 종교적 체험은 물세례를 받는 순간 나

---

339) http://www.vatican.va/roman_curia/pontifical_councils/chrstuni/sub-index/index_pentecostals.htm

제6장 | 신오순절 운동 및 신사도 운동 _ 261

타날 수도 있고 그 이후에 나타날 수도 있다고 주장한다.[340] 오순절 운동은 성령세례를 받을 때 방언의 은사를 받는다고 주장하는 반면, 신오순절 운동은 구원과 함께 성령세례를 받으나 은사는 그 순간에 받을 수도 있고 그 이후에 받을 수도 있다는 입장을 가진다.

둘째, 신오순절 운동은 개혁주의 성향의 오순절교회와 마찬가지로 순간적 성화를 받아들이지 않고, 성화를 전 생애를 통해 발전시켜 가는 과정으로 이해한다. 그리고 신자는 이 세상에서 완전한 성화를 이룰 수 없다고 주장한다.

셋째, 전통적 오순절교회가 성령세례의 유일한 증거가 방언이라 생각하는 반면, 신오순절 운동은 방언을 성령세례를 받은 증거들 중 하나로 해석한다. 초기 은사주의자들은 대부분 방언을 말했으며, 방언을 오순절 체험에서 필수적 요소로 간주했다. "성령 충만을 간구하는 자들은 즉시로 또는 이후에 방언을 말하게 된다."[341] 그러나 신오순절 운동의 방언에 대한 공식적 입장은 '성령세례를 받았다고 해서 반드시 방언을 말하는 것은 아니다' 이다. 성령세례를 받을 때 즉각적으로 은사가 나타날 수도 있고, 어느 정도의 시간이 경과한 이후 은사가 나타날 수도 있다는 견해다. 성령세례를 받은 신자는 성령의 아홉 가지 은사들을 받게 되는데, 방언은 그 은사들 중의 하나다. 오순절교회가 방언을 하

---

340) 빈슨 사이난, 《20세기 성령 운동의 현주소》, pp. 197~198.
341) Larry Christenson, Charismatic Renewal among Lutherans, p. 48.

지 못하면 성령세례를 받지 않은 것으로 해석하는 반면, 신오순절 운동은 방언을 말하지 못한다 하더라도 다른 은사가 나타나면 성령세례를 받은 것으로 해석한다.

아주사 미션을 통해 전통적 오순절교회들이 설립되었고, 전통적 교회들 중 오순절 운동을 받아들인 교회들은 신오순절 운동을 펼쳐 나갔다. 그런데 전통적 오순절교회에 소속되지도 않고 신오순절 운동을 받아들인 개신교 전통 교단에도 합류하지 않은 새로운 형태의 독립 단체들이 나타나기 시작했다. 이 독립 단체들은 전통적 오순절 교단에도 가입하지 않고 신오순절적 성향을 가진 기존 개신교단에도 합류하지 않은 채 자신들만의 새로운 성령 운동을 펼쳐 나갔다. 이들은 오순절 운동이나 신오순절 운동과는 다른 양상을 가진 새로운 은사주의 물결로 해석된다.

제3의 물결

'제3의 물결'은 볼리비아에서 16년 동안 선교사로 활동한 후 풀러신학교의 선교학 교수가 된 피터 와그너(Peter Wagner, 1930~2016)가 '목회 갱신'(Pastoral Renewal)이란 글에서 사용한 용어다. 세대주의자였던 그는 오순절 운동을 혐오하고 있었고, 치유와 기적을 미신적인 것으로 간주했다. 그러나 감리교 선교사 스탠리 존스(Stanley Jones)의 신유 집회에 참석해 기도하던 중 목의 혹 제거 수술로 인한 후유증에서 고침을 받았다.[342] 이 사건을 계

---

342) 피터 와그너, 《제3의 바람》(서울: 하늘기획, 2006), p. 46.

기로 오순절 운동에 대한 인식을 바꾸게 된 그는 볼리비아에서 오순절교회가 놀라운 성장을 하고 있는 것을 목격하게 되었다.

오순절 운동을 연구한 와그너는 아주사 미션에서 시작된 전통적 오순절 운동을 첫 번째 물결로, 전통 교단들에 일고 있는 신오순절 운동을 두 번째 물결로 언급했다. 그리고 그는 '제3의 물결'이란 용어를 만들어 내면서 오순절 교단이나 은사주의 교회에 소속되어 있지 않은 채 성령의 은사를 적극적으로 활용하는 정통교회 내의 복음주의자들을 지칭한다고 규정했다. "1980년대에 나는 정통 복음주의자와는 다른 그리스도인들이 오순절주의자나 은사주의자가 되지 않고도 성령의 초자연적인 역사를 체험하는 것을 보았다."[343]

당시 많은 전통 교회들이 오순절주의나 신오순절주의를 받아들이지는 않았지만, 은사주의적 예배를 도입하기 시작했다. 레이크 애비뉴 회중교회를 다니고 있던 와그너는 성경 공부를 인도하면서 능력 사역을 조화시켰다. 제3의 물결에 속한 교회들은 내적 치유 및 육체적 치유가 필요한 사람들을 불러내어 기름을 바른 후 치유를 위한 기도를 했다. 이들 교회들은 기도 팀을 운영하면서 병자를 고치며 귀신을 쫓아내는 사역을 했고, 이로 인해 표적과 기사, 신유, 축사 등과 같은 초자연적인 역사들이 나타났다.[344]

---

343) Peter Wagner, "A Third Wave?", *Pastoral Renewal*, VIII, no. 1(July-August, 1983), pp. 1~5.
344) Vinson Synan, *In the Latter Days*(Ann Arbor, Michigan: Servant Books, 1984), pp. 136~137.

전통 오순절 운동이 방언과 신유를 특별히 강조한 데 반해, 제3의 물결은 신약에 기록된 모든 영적 은사들의 현재성을 강조한다. 그리고 복음 선포에서 '표적과 기사와 이적'이 수반되어야 함을 강조한다.

> 제3의 물결의 특징적인 점은 성령의 사역으로 인한 최종
> 적 결과에 있지 않다. 성령의 역사하심으로 병든 사람이
> 치료를 받고, 절름발이가 걸으며, 귀신이 추방되고, 그 밖
> 의 신약에 기록된 초자연적 능력들이 재현된다. 이런 일
> 들은 오순절 운동이나 은사주의 운동에서 오랫동안 나타
> 나고 있었다. 그러나 그들과 명확히 다른 점은, 성령세례
> 의 의미와 성령세례를 확증하는 방언의 의미에 다른 의견
> 을 제시한다.[345]

제3의 물결은 신오순절주의와 마찬가지로 회심과 성령세례를 동일시해 중생 이후의 또 다른 체험을 부인한다. 회심할 때 성령 세례를 받는다는 것이다. 제3의 물결은 방언을 성령세례의 1차적 증거가 아닌 수많은 은사들 중의 하나로 해석한다. 회심할 때 성령 충만 혹은 성령의 능력 주심을 부여받아 기적과 치유 및 방언 등과 같은 성령의 은사들을 체험할 수 있다는 것이다.

---

345) Peter Wagner, *The Third Wave of the Holy Spirit: Encounting the Power of Signs and Wonders Today*(Ann Arbor: Servant Pubns, 1988), p. 18.

피터 와그너가 제3의 물결을 주창하기는 했지만 신오순절 운동과 신학적 주장이 비슷하다. 이후 그는 제3의 물결 대신 신사도 운동을 전개하면서 제3의 물결 이론은 오순절 운동 내에 주된 범주로 자리매김하지 못했다는 평가를 받고 있다.

예수의 사람들(Jesus People)

척 스미스(Chuck Smith, 1927~2013)는 전통 교회들이 복음 전파하기를 회피하던 히피들에게 구원과 해방의 복음을 전하는 데 일평생을 바쳤다. 1960년대, 베트남 전쟁에 참전한 미국 정부의 방침에 반발하는 반문화적·반사회적 성향의 히피(Hippie) 문화가 형성되었다. 그는 1965년 캘리포니아 서부 해안가에 위치한 코스타메사(Costa Mesa)에 스물다섯 명의 멤버들과 갈보리 채플(Calvary Chapel)을 개척했다. 그는 마약과 주술에 찌든 히피들에게 관심을 보여 그들을 자신의 집에 살게 했고, 이로 인해 열두 명의 히피들이 교회에 출석하기 시작했다. 기존 성도들은 스미스 목사의 히피들 사역에 반대했고, 교회에 출석하던 히피들을 동등한 신자로 인정하지 못했다. 그러나 스미스 목사가 히피족들을 전도해 그들이 구원을 받고 성령의 능력으로 마약으로부터 해방되는 기적을 보고 열렬한 동역자들이 되었다. 수백 명의 젊은이들이 예수님을 구주로 영접하고 해안가에서 세례를 받았다. 교회가 폭발적으로 성장하면서 1970년대에 4천 명을 수용할 수 있는 새 성전을 지었고, 곧 25,000명의 신자들이 몰려들었다.[346]

갈보리 채플은 형식과 제도에 매인 예배로는 성령의 사역을 제한한다고 생각해 자유롭고 참여적인 예배를 갈구했다. 그 결과 찬양과 말씀의 단순한 구조를 가진 예배를 시도했다. 교회 내에 전통적인 파이프오르간을 놓지 않는 대신 기타와 드럼, 전자오르간을 중심으로 한 가스펠 락(Gospel Rock)을 찬양과 경배에 접목시켰다. 전통적인 찬송가 대신 현대 기독교 음악인 CCM(Comtemporary Christian Music) 형태의 찬양과 경배를 중심으로 한 예배는 신자가 하나님과의 개인적·인격적 교제를 가지는 데 초점을 맞추었다. 갈보리 채플의 찬양은 '마라나타'(Maranatha)라는 찬양 팀을 통해 전 세계로 퍼져 나갔다. 똑같은 예복을 입은 성가대는 사라지고 평상복을 입은 찬양 팀이 주일 예배에서 찬양을 인도했다. 심지어 목사도 성직자의 딱딱한 복장을 벗어 버리고 청바지와 티셔츠의 평상복을 입고 설교했다. 전통 기독교 문화에 반기를 든 '예수 운동'(Jesus Movement)은 전통적 개신교 예배가 고집해 오던 제도적 틀을 깨뜨리면서 특정 제도 및 형식에 매이지 않는 새로운 예배 스타일을 창출했다.[347] 예수 운동의 영향으로 인해 많은 교회들이 전통적 형태의 예배에서 벗어나 성가대 대신 찬양 팀을 주일 예배에 세우고, 찬송가 대신 복음성가를 부르며, 정장 대신 청바지 문화를 만들어 냈다.

스미스 목사는 교회란 하나님의 말씀을 가르치고, 성도의 교제가 이루어지며, 성령의 인도함을 받아야 한다고 생각했다. 그

---

346) 이상훈, "갈보리 채플과 예수 운동", 《목회와 신학》(2015, 10).
347) 알리스터 맥그라스, 《기독교, 그 위험한 사상의 역사》, p. 656.

는 모든 프로그램을 배제한 채 오직 성경만을 가르쳤다. 말씀도 성경의 첫 장부터 마지막 장까지 한 구절씩 풀어 나가는 강해 설교가 주를 이루었다. 일종의 성령 운동이자 문화 사역이기도 한 '예수의 사람들' 운동은 사회 변혁에 큰 공헌을 했다.

교회 구조도 전통적 상하 관계가 아닌 평신도들의 적극적인 참여를 촉진하는 수평적 구조를 지향한다. 척 스미스와 성경 학교에서 훈련받은 열정 있는 평신도들이 나가 1,500개가 넘는 교회들을 세웠다. 갈보리 채플은 기존 개신교회들이 교단을 만들어 교단 소속 교회들이 교단의 감독과 지시를 철저히 따라가는 제도적 형태를 배제했다. 갈보리 채플에 가입한 교회들은 갈보리 채플의 비전과 철학을 따라야 한다는 지시 외에는 별다른 조항을 강요하지 않고 독립 교회 형태로 유지되고 있다. 이는 교단 개념을 탈피한 '같은 생각을 가진 교회들의 연대'다.[348] 오늘날 캘리포니아를 중심으로 엄청난 성장세를 보이고 있다.

빈야드 운동(Vineyard Movement)

존 윔버(John Richard Wimber, 1934~1997)는 1960년대 록음악 그룹인 '라이처스 브라더스'(Righteous Brothers)의 작곡가였고, 영국의 '비틀스'에서 영입을 원했던 대중 음악가였다. 1962년, 결혼 후

---

348) Jessica Russell, Debra Smith and Tom Price, "They Called It the Jesus Movement", Calvary Chapel Magazine, 58(2014): 20. 알리스터 맥그라스, 《기독교, 그 위험한 사상의 역사》, pp. 755~756.

아내와의 갈등으로 인해 이혼의 위기에 처했을 때 퀘이커 성경 공부에 참석한 그는 회심과 종교적 체험을 했다. 1970년, 퀘이커 교단에서 안수를 받은 그는 아주사대학에 편입해 신학 공부를 한 이후 1974년 풀러신학대학원에 진학했다.

윔버는 교회가 합리주의적이고 물질주의적 세계관에 굴복해서 기적적 치유와 초자연적 은사에 대한 성경의 강조를 잃어버렸다고 주장했다. 그는 1982~1986년까지 풀러신학교 선교대학원에서 '이적, 기사 및 교회 성장'(Signs, Wonders and Church Growth)이라는 과목을 가르치게 되었다. 그는 현대 교회가 합리적이고 과학적인 서양 세계관에 굴복해 성경에 기록된 기적에 대한 강조를 잃어버렸다고 해석했다.[349] 또한 하나님이 기사와 이적들을 통해 초대 교회를 인도하신 것처럼 하나님은 오늘날의 교회가 초대 교회의 모습을 회복하길 원하시며, 이는 성령의 초자연적 은사와 기사, 이적이 나타남으로 가능하다고 주장했다. 그의 수업에서 학생들은 기도해서 방언을 받고, 예언을 하며, 귀신을 쫓아내고, 병자를 위한 기도로 신유를 체험했다. 윔버의 수업에 참석하고 있던 피터 와그너 교수는 기도하던 중 고혈압을 치유 받았다. 이 강의는 풀러신학교에 많은 논쟁을 불러일으켰고, 결국 교수진과 이사회의 압력으로 폐강되었다.

윔버는 하나님의 능력으로 말미암는 전도인 '능력 전도'

---

349) Jack Deere, *Surprised by the Voice of God: How God Speaks Today Through Prophecies, Dreams and Visions*(Grand Rapids, MI: Zondervan, 1996), p. 281.

(Power Evangelism)와 '능력 치유'(Power Healing)를 강조하면서 성령의 표적과 기사를 통해 불신자들을 구원하고 신자의 삶을 변화시켜야 함을 강조했다. "복음을 전파하기 위해서는 성령님의 임재와 기름부음이 있어야 하고, 능력 행함이 나타나야 한다. 예수의 증인은 효율적인 복음 전파를 위해 기사와 이적을 행할 수 있는 능력을 받아야 하는데, 그중 대표적인 것이 신유와 귀신 쫓음이다. 교회는 성령의 초자연적 능력으로 선교지를 묶고 있는 사탄의 세력들을 물리쳐야 한다."[350] "하나님 나라는 말에 있는 것이 아니라 표적과 기사가 동반된 능력에 달려 있기에, 하나님의 능력이 나타나는 곳이 하나님 나라다. 특히 성령의 능력으로 악한 영들과의 영적 전쟁(spiritual warfare)을 통해 사탄의 왕국을 침범해 승리함으로 하나님 나라를 확장해야 한다."[351]

윔버는 한때 척 스미스의 갈보리 채플에 합류했으나 설교 스타일과 성령의 은사 등에 대한 의견 차이로 탈퇴했고, 1983년 빈야드 기독협회(Vineyard Christian Fellowship)에 가입해 얼마 후 리더가 되었다. 그는 개척 초기부터 신약에 기록된 예수님의 기적 및 치유 사역에 대해 설교를 했고, 그가 인도하던 집회에서는 병 고침, 예언, 방언, 축사 등과 같은 기사와 이적들이 나타났다. 그의 집회에서는 쓰러짐, 경련, 개처럼 짖기, 바닥 구르기, 소리치기,

---

350) John Wimber and Kevin Springer, *Power Healing*(San Francisco: HaperSanFransisico, 1991), p. 36.
351) R. N. A. Kydd, "Healing in the Christian Church", in *The New International Dictionary of Pentecostal and Charismatic Movements*, pp. 698~711.

거룩한 웃음 등과 같은 종교적 현상들이 많이 나타났다. 열일곱 명으로 시작한 빈야드 교회는 캘리포니아 지역에서 많은 사람들을 모으면서 6천 명으로 성장했다. 성령의 능력을 강조하는 능력 전도는 아프리카나 남미, 아시아 교회들에 영향을 미쳤고, 그 결과 빈야드 기독협회는 90여 개의 나라에 2,400여 개의 교회들이 가입된 단체로 성장했으며, 미국 내에서는 620여 개의 교회들이 가입되어 있다.[352]

한국 교회 지도자들도 빈야드 부흥을 배우기 위해 빈야드 교회를 방문했다. 1987년, 온누리교회는 '경배와 찬양'을 시작하면서 빈야드식 예배를 도입했고, 1988년에 존 윔버의 《능력 전도》(나단 역간)가 번역되면서 큰 반향을 불러일으켰다. 빈야드 음악의 대표적인 곡인 "오, 나의 자비로운 주여" 등의 찬양은 한국 교회가 즐겨 부르는 복음송이 되었다. 1990년대에 접어들면서 성장이 정체되기 시작한 한국 교회는 빈야드 운동에 지대한 관심을 보였는데, 로스앤젤레스에서 열린 윔버의 세미나에 한인 목회자들 수백 명이 참석했다.

빈야드 운동은 성령의 은사들에 대해서는 전통적 오순절교회의 신학적 주장들을 반복하면서 은사주의 운동의 중요 세력으로 자리 잡았다. 그러나 초자연적 성령의 역사를 강조하는 그의 주장은 사도 시대 이후로 모든 은사와 기적이 중단되었다는 세대주의나 개혁주의자들의 반발을 사 많은 비판을 받아야 했다. 한국

352) https://vineyardusa.org/

의 주요 교단들은 빈야드 운동이 초자연적 은사들과 능력, 신비적 현상들을 지나치게 강조하는 것을 마귀의 거짓 능력이 나타난 것으로 규정하고 있다. 빈야드 운동에 대해 장로교 통합 측은 도입 금지, 고신은 참여 금지, 합동 측은 참여 동조자 징계, 성결교는 사이비성으로 규정하고 있다.[353] 신학자나 교단에 따라 빈야드 교회에 대한 해석이 첨예하게 달라 오늘날에도 평가에 대한 논란이 있다.

토론토 블레싱(Toronto Blessing)

남아프리카 출신인 브라운(Rodney Howard-Brown) 목사는 예배 도중 주체할 수 없는 웃음이 터져 나오는 '웃음 집회'(laughing revival)로 유명세를 탔다. 토론토 빈야드 공항 교회(Airport Vineyard Church)를 담임하고 있던 아노트(John Arnott) 목사는 브라운으로부터 안수 기도를 받은 이후 뜨거운 불을 경험했다. 1994년 1월, 아노트는 빈야드 계열의 랜디 클락(Randy Clark) 목사를 초청해 집회를 열었는데, 이런 종교적 현상들이 강하게 나타났다. 가장 특이한 점은, 빠른 박자에 맞춰 손뼉을 치면서 열렬히 찬양하는 가운데 주체하지 못할 정도로 나타난 '거룩한 웃음' 현상이었다. 한번 웃기 시작하면 웃음을 그치지 못했고, 이 현상은 오랫동안 지속되었다. 사람들은 술에 취한 듯 몸을 가누지 못하면서 웃고, 쓰러지고, 바닥에 뒹굴고, 경련을 일으키고, 소리치고, 방언을 말하

---

353) 정이철,《신사도 운동에 빠진 교회》, pp. 32~33.

고, 사자처럼 울부짖거나 개처럼 짖는 현상들이 나타났다. 이 웃음 집회를 통해 내적 치유, 우울증 치료, 육체적 병의 치유, 결혼 생활의 회복, 사역의 위기 극복 등의 간증들이 쏟아져 나왔고, 회심한 사람들의 수도 9천여 명에 이르렀다.[354]

'거룩한 웃음'은 전 세계 그리스도인들의 폭발적인 관심을 끌면서 빈야드 공항 교회는 사람들로 넘쳐났다. 아노트는 400석 규모의 건물에서 3,200명을 수용하는 건물로 옮겼으나 밀려드는 사람들을 감당할 수 없었다. 1996년 말까지 70만 명이 방문한 것으로 집계되어 있고, 한국 교회에서도 2천 명 이상의 목회자들과 지도자들이 방문했다. 그 영향으로 모잠비크에는 5천여 개의 교회들이 세워졌다.

그러나 전통 교회들은 토론토 블레싱에 대해 비판을 쏟아 내기 시작했다. 발작적으로 웃거나 개처럼 짖는 것은 비성경적 현상으로, 성령의 충만함이 아닌 집단 히스테리 현상이라는 것이다. 존 윔버도 토론토 블레싱에서 나타난 현상들은 성령의 역사가 아니기에 이를 장려해서는 안 된다고 비판했다. "우리는 비성경적인 이상한 행위들에 대해 결코 인정하거나 권장할 수 없고, 신학적 타당성 내지 성경적 증거 본문을 제시할 수 없다."[355] 1995년, 빈야드 교회는 토론토 블레싱에 대한 지지를 철회하면서 단절을 선언했다. 전통 오순절 교단인 하나님의 성회도 토론토

---

354) 빈슨 사이난,《세계 오순절 성결운동의 역사》, p. 338.
355) "Toronto Churches Ousted from Vineyard", *Charisma*(Feb. 1996), p. 12.

블레싱에 대해 비판적 자세를 취하고 있다. 한국 전통적 교단들은 토론토 부흥은 하나님이 아닌 마귀가 일으킨 것이며, 웃는 현상은 성령의 역사를 가장한 귀신의 장난으로 규정하고 있다.[356] 반면 미국 교회의 경우 토론토 블레싱을 긍정적으로 재해석하는 기사들도 나오고 있다.[357]

펜사콜라 부흥(Pensacola Revival)

1995년 6월, 플로리다 펜사콜라에 있는 하나님의 성회 소속 브라운스빌 교회(Brownsville Church)는 힐(Steve Hill) 목사를 초청해 부흥 집회를 가졌다. 힐 목사가 안수 기도를 받을 사람들은 앞으로 나오라고 권하자 참석자들의 절반인 천여 명의 사람들이 강대상 앞으로 나왔다. 그가 기도를 시작하자 한 사람씩 바닥에 쓰러졌고, 울면서 회개하고, 격렬하게 몸을 떠는 현상들이 나타났다. 그가 교회 담임목사인 킬패트릭을 위해 기도하자 킬패트릭은 바닥에 쓰러져 몇 시간 동안 일어나지 못했다. 킬패트릭 목사는 하늘의 영광이 그의 온몸을 덮는 것을 느꼈다.[358]

바닥에 쓰러짐, 몸을 흔들거나 경련을 일으킴, 몸을 심하게 떪, 신음하며 괴로워함, 통곡하며 울부짖음, 거룩한 웃음, 꿈과 환상 등 토론토 블레싱에서 나타났던 것과 비슷한 종교적 현상들

---

356) 정이철, 《신사도 운동에 빠진 교회》, pp. 39, 303.
357) Lorna Dueck, "The Enduring Revival", *Christian Today*(March, 2014).
358) 이영훈, 《펜사콜라 기적의 현장 브라운스빌 교회》(서울: 국민일보사, 1997), p. 31. 일본 리바이벌 신문, 《펜사콜라 부흥의 불길》(서울: 은혜출판사, 1999), p. 128.

이 펜사콜라에서도 나타났다. 바닥에 쓰러진 사람들은 일어날 수 없었고, 어떤 사람들은 웃음을 그칠 수 없었다.[359]

부흥의 소문을 들은 사람들이 몰려들었고, 2,300석인 본당에 들어가기 위해 새벽 4시부터 줄을 서야 했다. 약 2년간에 걸쳐 170만 명이 참석한 펜사콜라 집회에서 죄를 회개하고 예수를 구주로 영접하는 역사가 강하게 나타나면서 10만 명의 회심자들이 나왔다.

펜사콜라 부흥에 대한 평가도 교단과 신학자마다 첨예한 대립을 보이고 있다. 펜사콜라 부흥은 1801년 케인 리지 부흥과 흡사하다는 평가를 받으며 회개와 구원을 강조한 전통적 부흥 운동의 범주에 넣는다. 하나님의 성회는 이 집회를 공식 승인했으나 한국의 일부 교회는 펜사콜라 부흥을 거짓 부흥으로 단정 짓고 있다.[360]

늦은 비 새 질서 운동(New Order of the Latter Rain)

간혹 오순절 운동을 늦은 비 운동으로 혼동하는 경우가 있는데, 늦은 비 운동은 1948년 이스라엘의 국가 건설과 관련된 오순절 운동에서 떨어져 나간 분파 운동이다. 늦은 비 운동은 세계 역사의 흐름을 이스라엘의 역사에 맞춰 성령 운동을 재해석한다.

---

359) 이영훈,《펜사콜라 기적의 현장 브라운스빌 교회》, pp. 112~118. 일본 리바이벌 신문,《펜사콜라 부흥의 불길》, p. 139.
360) 정이철,《신사도 운동에 빠진 교회》, pp. 42~43.

이스라엘은 가을에 밀을 뿌려 겨울 동안 자라게 하고 봄에 수확을 하는데, 이른 비는 9월 중순부터 11월 중순까지 씨를 뿌리는 시기에 오는 비고, 늦은 비는 봄에 추수하기 전에 알곡을 키우는 비로 3월 중순부터 5월 중순까지 내린다. "여호와께서 너희의 땅에 이른 비, 늦은 비를 적당한 때에 내리시리니 너희가 곡식과 포도주와 기름을 얻을 것이요"(신 11:14). 밀을 수확하면 추수감사절 절기를 지키는데, 이를 오순절(Pentecost)이라 부른다.[361]

이스라엘의 독립과 연관된 종말론적 사상은 늦은 비 운동의 형성에 큰 영향을 끼쳤다. "형제들아 주께서 강림하시기까지 길이 참으라 보라 농부가 땅에서 나는 귀한 열매를 바라고 길이 참아 이른 비와 늦은 비를 기다리나니 너희도 길이 참고 마음을 굳건하게 하라 주의 강림이 가까우니라"(약 5:7~8). 주님의 재림을 앞두고 늦은 비가 내릴 것이라는 것이다. 1948년, 유대인들이 팔레스타인으로 이주하면서 이스라엘이라는 나라가 건설된 사건은 당시 교회에 급박한 종말론을 대두시켰다. 교회 내에 세대주의적 주장이 대두되면서 종말이 임박했다는 위기감이 감돌았다. 이스라엘의 회복, 곧 시오니즘은 종말을 앞둔 사건으로 해석되면서 교회에서 종말과 관련된 예언적 설교가 폭발적인 선풍을 불러일으켰다.

성경은 종종 성령의 기름부으심을 비의 내림에 비유한다. "그가 너희를 위하여 비를 내리시되 이른 비를 너희에게 적당하게 주

---

361) 빈슨 사이난, 《20세기 성령 운동의 현주소》, p. 18.

시리니 이른 비와 늦은 비가 예전과 같을 것이라"(욜 2:23). 이스라엘의 독립으로 인해 촉발된 세대주의적 종말론은 오순절 운동에 영향을 미치기 시작했고, 몇몇 오순절 신학자들은 사도행전 2장의 오순절 날 마가의 다락방에 부어진 성령세례를 교회를 설립하기 위한 성령의 '이른 비'로, 아주사 미션을 통해 부어진 성령세례를 '늦은 비'로 해석했다. "오순절 운동을 통해 마가의 다락방에 내린 이른 비의 현상들인 방언, 예언, 신유, 거룩한 웃음 등이 나타난 것은 오늘날 초대 교회의 신앙과 부흥이 회복되고 있다는 중요한 증거다. 오순절 운동에 부어지는 성령세례는 주님의 재림 직전인 말세에 부어질 늦은 비다."[362] 늦은 비가 내리고 있다는 사실은 주님의 재림이 얼마 남지 않았다는 강력한 증거라는 것이다.

늦은 비 운동은 방언과 방언 찬양, 신유, 기적 등을 강조할 뿐만 아니라 이전 오순절 운동에서는 볼 수 없었던 새로운 이론들을 제기하면서 오순절 운동으로부터 멀어져 갔다. 대표적 주장들로는 '초대 교회의 사도와 선지자의 직분을 회복시켜야 한다', '안수를 통해 성령의 은사들을 전수시킬 수 있다' 등이다.

전통 오순절 교단들은 늦은 비 운동에 교리적·신학적 문제들이 있다며 이를 거부하고 비판을 가했다. 1949년, 하나님의 성회는 제23차 총회에서 늦은 비 운동이 주장하는 사도직과 선지자직의 복원 사상, 안수나 인위적 방법을 통해 성령의 은사나 능력이

---

362) 도널드 데이턴, 《오순절운동의 신학적 뿌리》, p. 31.

전이된다는 가르침, 예언을 통해 특정인에게 지도력이 부여되는 것 등에 반대를 표명했다. "우리는 성경에 기초하지 않는 도를 지나친 가르침과 실행들에 대해 인정하지 않기로 결의한다."[363]

신사도 운동(New Apostolic Reformation)

1940년대 말에 등장했던 늦은 비 운동은 21세기 신사도 운동의 형성에 큰 영향을 미쳤다. 특히 제3의 물결의 주창자였던 피터 와 그녀는 신사도 운동이 형성되는 데 큰 공헌을 했다. 그는 1993년 세계추수목회(Global Harvest Ministries)를 설립해 총재가 되었고, 1999년에 2,500명의 예언자들을 모아 전국예언자학교(National School of the Prophets)를 세웠다. 2000년, 그는 존 켈리(John Kelly)와 함께 댈러스에 '국제사도연맹'(International Coalition of Apostles)을 결성했고, 이 단체에는 500명 이상의 사도들이 소속되어 있다. 그는 이 단체의 부총재로서 사도적 대사(Apostolic Ambassador)로 자처하고 있다. 이 단체는 하나님이 자신들을 정통 사도들로 부르셨고, 그 업무를 감당하기 위해 특별한 은혜와 능력을 주셨다고 주장한다. 그들은 초대 교회의 사도성을 계승받았기에 자신들이 사도적 권위를 가지고 있으며 계시를 받는다고 강조한다.[364]

캘리포니아 패서디나에 있는 추수반석교회(Harvest Rock Church)

---

363) Resolution 7: "The New Order of the Latter Rain", *Minutes of the General Council of the Assemblies of God*(1949).
364) Peter Wagner, *Dominion*(Grand Rapid, Michigan: Chosen Books, 2008), p. 26.

의 안재호 목사는 '12 사도회'의 초기 멤버로 사도 임직에서 중요한 역할을 감당했다. 그는 500명의 신사도 운동 지도자들이 연합되어 있는 국제추수선교회(Harvest International Ministries)를 이끌어 가고 있다.

신사도 운동의 대표적인 신학적 주장들을 살펴보면 다음과 같다. 첫째, 신사도 운동은 신사도적 개혁(New Apostolic Reformation)을 주장하면서 '사도, 선지자, 목사, 교사, 능력을 행하는 자'의 오중 직분을 강조하는데, 특히 사도와 선지자는 교회의 토대로, 이들 직분의 복원을 강조한다. "사도는 하나님에 의해 은사·교육·사명·권세를 받은 자로 '성령의 말씀을 들음으로 교회의 통치 체제를 세우고 회중의 성장과 성숙을 위해 질서를 확립하는 지도자'이다."[365] "사도는 초대 교회의 사도직과 동등한 권위를 가지며, 성령이 위임하시는 영적 권세를 가지고 교회를 통치한다. 사도에게 위임된 권세는 정통 교회의 목사나 지도자들보다 크기에 영적 권위를 가지고 목사와 교회를 지도할 수 있다."[366] 이들에 의하면, 선지자는 성경과 동등한 새로운 계시를 말한다.

"주 여호와께서는 자기의 비밀을 그 종 선지자들에게 보이지 아니하시고는 결코 행하심이 없으시리라"(암 3:7), "그가 어떤 사람은 사도로, 어떤 사람은 선지자로, 어떤 사람은 복음 전하는 자로, 어떤 사람은 목사와 교사로 삼으셨으니"(엡 4:11), "너희는 사

---

365) 피터 와그너, 《신사도적 교회로의 변화》(서울: 세키나, 2006), pp. 9~10, 12.
366) ibid., pp. 42, 202.

도들과 선지자들의 터 위에 세우심을 입은 자라 그리스도 예수께서 친히 모퉁잇돌이 되셨느니라"(엡 2:20), "하나님이 교회 중에 몇을 세우셨으니 첫째는 사도요 둘째는 선지자요 셋째는 교사요 그 다음은 능력을 행하는 자요 그 다음은 병 고치는 은사와 서로 돕는 것과 다스리는 것과 각종 방언을 말하는 것이라"(고전 12:28). 위의 성경 구절들에 근거해 오늘날에도 사도의 직분이 있음을 증언한다.

> 오늘날 교회에도 사도들이 있다. 그들은 특별한 영적 지도력을 가지고 있고, 사탄의 권세들을 대면할 성령의 능력으로 기름부음을 받아 표적과 기사로 복음을 확증하고, 신약성경과 사도들의 교리에 따라 교회들을 세운다.[367]

와그너는 마틴 루터, 존 낙스, 존 웨슬리, 메노 시몬스, 윌리엄 부스, 피니어스 브레시, 조지 폭스 등과 같이 새 교단을 창립하거나 새 운동을 시작한 사람들을 사도라 칭한다. 그들뿐만 아니라 "오늘날 세계적인 초대형 교회를 이룬 목회자는 사도적 권위를 가진다"[368]며 릭 워렌, 빌 하이벨스 등과 같이 초대형 교회를 설립한 목회자들도 사도라고 주장했다.

둘째, 신사도 운동은 오늘날의 교단 체제가 주님의 사역을 감당하기에 효과적이지 않다고 주장한다. "헌 가죽 부대인 가톨릭

---

367) Carlis L. Moody, *World Pentecost*(Autumn, 1996), p. 18.

교회가 타락하자 새 가죽 부대인 개신교회가 탄생했다. 종교 개혁을 통해 교회의 조직은 국가 교회에서 교단 교회로 체제를 바꾸었다. 집단 지도 체제를 갖춘 개신교 교단은 기독교 운동의 뼈대를 제공했으나 시간이 지나면서 집단이 운영하는 민주주의적 교단 체제는 수명을 다한 헌 가죽 부대로 전락했다."[369]

이들은 '새로운 시대에는 새 가죽 부대가 필요하다. 이제는 헌 가죽 부대인 교단 체제는 더 이상 유효하지 않기에 사도의 권위를 가진 개인 지도 체제로 전환되어야 한다. 교회는 교파주의를 탈피해서 사도를 중심으로 하는 개인 리더십에 초점을 맞춘 신사도적 체제로 변해야 한다. 교회의 최고 권위는 교단이나 총회가 아닌 사도라는 개인에게로 옮겨져야 한다. 낡은 가죽 부대를 버리고 새 가죽 부대인 사도적 교회 체제를 수용해야 현대 사회에 맞는다. 교단 체제를 벗어난 갈보리 채플이나 빈야드 교회, 새들백 교회 등은 신사도적 제도를 가지고 있고, 중국의 가정교회 또

---

368) 피터 와그너, 《21세기 교회 성장의 지각 변동》(서울: 이레서원, 2000), p. 19. 피터 와그너, 《신사도적 교회로의 변화》, p. 30. '오늘날 사도직이 복원되었는가? 라는 사도직 복원에 대한 신학적 논쟁은 쉬운 주제가 아니다. 교회 역사를 통해 열두 제자들, 사도 바울, 콘스탄티누스 황제, 종교 개혁가들 등을 평가할 때 곧잘 하나님이 특별히 쓰신 인물 혹은 사도들로 표현한다. 중세 시대의 왈도파의 경우, 전임자가 승계를 받을 사람에게 안수함으로 사도직이 승계된다고 믿었다. 사도로 일컬음을 받던 사람들은 왈도파에서 중요한 역할을 감당했고, 교회를 방문했다. E. H. 브로우드벤트, 《순례하는 교회》(서울: 전도출판사, 1991), pp. 138-139. 칼빈은 마틴 루터를 사도로 생각했고, 자신은 더 완전한 빛을 받은 자로 여겼다. 그는 사람들을 하나님과 그의 말씀으로 안내하는 특별한 임무를 맡았다고 생각했다. 그는 《기독교강요》를 쓰면서 "나는 이 책이 나의 책이 아니라 하나님의 책이라고 인정하겠다"고 밝혔다. 존 칼빈, 《기독교강요》1권 "본서의 주제"(서울: 크리스천다이제스트, 2003).
369) 피터 와그너, 《신사도적 교회로의 변화》, pp. 27~29.

한 사도적 구조를 가지고 있다'고 주장한다.

셋째, 신사도 운동은 은사 중지론에 반대해 성령의 은사들을 강조한다. 신사도 교회는 성령의 역사에 대해 열려 있고, 신약의 모든 영적 은사들이 오늘날에도 나타난다고 믿는다. 성령의 사역에는 치유, 귀신 축출, 예언 등이 있으며, 영적 전투와 영적 도해를 강조한다. 그리고 안수를 통해 성령의 은사와 능력이 전수된다는 능력 전이(impartation)를 주장한다.[370]

신사도 운동에 대한 평가

오늘날 한국 교회에서 신사도 운동은 뜨거운 감자다. 신학적 입장에 따라 신사도 운동에 대한 평가가 엇갈리고 있다. 은사 지속론을 지지하는 신학자들은 신사도 운동을 긍정적 의미의 성령의 역사로 해석하는 반면, 모든 은사가 사도들과 함께 중지되었다는 은사 중지론을 신봉하는 일부 보수적 신학자들과 목회자들은 신사도 운동뿐만 아니라 정상적인 오순절 운동까지도 사탄의 영 혹은 미혹의 영에 사로잡혀 있다는 비판을 가한다. 방언과 은사, 예언 등의 은사들은 모두 사탄의 장난이며, 성경적 근거가 전혀 없다고 주장한다.

특정 신학자는 은사 중지론에 근거해 예언이 초대 교회와 함께 끝났기 때문에 요엘서의 예언인 '말세에 남종과 여종에게 성령을 부어 주시고 예언하게 한다'(욜 2:29 참조)는 말씀은 무효라고

---

370) Peter Wagner, *Dominion*, p. 26.

주장한다. 또한 계시와 은사, 이적은 성경의 완성 이후 중단되었기에 오늘날 계시를 받고 이적을 행한다고 주장하는 신사도 운동은 귀신의 장난에 불과하며, 영적 도해 및 땅 밟기를 강조하는 단체들도 무조건 신사도 운동이라고 주장한다. 심지어 전통 오순절운동과 신오순절 운동까지 싸잡아 신사도 운동으로 몰기도 한다.

비판자들의 주장을 살펴보면, 그들은 무엇보다도 오순절 운동과 신오순절 운동, 신사도 운동을 제대로 구별하지 못하고 있다. 성령 운동들을 신사도 운동이라는 카테고리 안에 욱여넣고 비판하는 것은 성급한 판단이다. 오순절 운동, 신오순절 운동, 신사도운동은 역사적 배경이나 강조점이 다른 운동들로 서로 구별해야한다. 예를 들면, 신사도 운동가들이 방언을 강조한다고 해서 '오순절 운동과 신오순절 운동도 방언을 강조하기에 신사도 운동'으로 취급하는 것은 잘못된 해석이다. 먼저 오순절 운동 및 신오순절 운동과 신사도 운동을 구별할 수 있어야 한다.

첫째, 신사도 운동의 가장 뚜렷한 신학적 주장은 사도와 선지자 직분을 포함한 오중 직임의 회복이다. 하나님의 특별한 선택을 받은 소수에게 초대 교회의 사도들에게 주어진 사도성이 주어졌다는 것이다. 그러나 오순절 운동이나 신오순절 운동은 마틴루터의 '만인제사장설'을 지지하고, 사도 직분은 초대 교회를 세운 사람들에 국한하며, 오늘날의 사도직을 인정하지 않는다. 요엘서는 성령의 사역이 특정 선민이 아닌 만민에게로 확장될 것을 예언하고 있다. 오히려 성직자나 평신도의 구별 없이 모든 하나님의 자녀들은 성령의 은사 및 충만으로 사역할 수 있다. 오순절 운동은 초기 감리교나 침례교 목회자들처럼 고등 교육을 받지 못했지만 오순절 체험을 통해 소명을 받은 자들이 교회를 개척하고 선교에 헌신했다. 이로 인해 성령의 기름부음을 받은 평신도들과 여성들이 크게 쓰임을 받았다.

반면 신사도 운동은 하나님의 계시를 받은 특정 소수만이 사도와 선지자 역할을 감당할 수 있다고 주장한다.[371] 일종의 소수의 영적 엘리트주의를 추구하는 것이다. 로마가톨릭교회가 교황이라는 단일 리더를 중심으로 움직이듯이, 신사도 운동은 교단이나 교회라는 조직을 탈피해 사도라는 개인 체제로 움직인다. 오순절 운동과 신오순절 운동은 모든 신자들이 하나님의 자녀 된 권세를 소유하고 누릴 수 있다고 강조하는 반면, 신사도 운동은 특별 계시를 받은 소수의 리더라는 큰 차이점이 있음을 알아야 한다. 오순절 운동은 영적 평등에 근거해 영적 엘리트주의를 강력히 배격한다. 하나님의 성회와 같은 전통적 오순절교회는 오늘날 사도와 선지자 직분이 회복되었다는 주장을 배척하고 있다.[372]

둘째, 신사도 운동은 헌 가죽 부대인 교단 체제를 벗어나 새 부대인 사도직을 받은 개인 체제로의 전환을 강조한다. 오순절 운동은 결국 오순절 교단으로 발전했고, 신오순절 운동은 전통적 개신 교단들이 오순절 신학을 받아들인 결과로 탄생했다. 오순절 운동과 신오순절 운동이 종교 개혁의 결과로 생겨난 정통 교단

---

371) 피터 와그너, 《신사도적 교회로의 변화》, p. 35.
372) 로버츠 리어든, 《아주사 부흥》(서울: 서로사랑, 2008), p. 231. 빈슨 사이난, 《세계 오순절 성결운동의 역사》, p. 263.

체제를 벗어나지 않는 반면, 신사도 운동의 경우 교단 체제를 벗어나 개인을 중심으로 한 탈교파주의를 추구한다.

셋째, 오순절 운동은 성령세례를 통한 능력 받음을 강조하나, 신사도 운동은 특별 계시를 받은 사도로부터의 안수를 강조한다. 오순절 운동이 모든 능력과 리더십의 근원을 성령에게 두는 반면, 신사도 운동은 카리스마를 가진 개인에게 국한한다. 하나님의 성회는 특정 개인의 안수를 통한 기름부음을 통해 특정 은사가 전가된다는 주장을 배척하고 있다.[373]

안수 기도에 대한 신학적 논의가 필요한 듯하다. 성경은 손을 얹어 기도하는 안수에 대해 언급하고 있다. 베드로와 요한은 사마리아인들이 하나님의 말씀을 받았다는 이야기를 듣고 사마리아로 직접 가서 그들을 위해 안수하며 기도했다. 그러자 성령이 강림하셨다(행 8:15~17 참조). 에베소 교회에서도 똑같은 일이 일어났다: "바울이 그들에게 안수하매 성령이 그들에게 임하시므로 방언도 하고 예언도 하니"(행 19:6). 간혹 목사들이 머리에 손을 얹고 기도할 때 성령세례를 체험하면서 방언이 터지기도 한다. 안수 기도를 받는 가운데 어떤 힘이 온몸으로 퍼지는 것을 경험하기도 하고, 뒤로 넘어가기도 하며, 눈물을 흘리기도 한다. 김하중 장로는 물세례를 받던 중 목사가 안수하는 순간 눈물이 쏟아지고 뜨거운 것이 자기 몸속으로 들어오는 것을 느끼면서 정신을 잃었다고 한다.[374]

---

373) 로버츠 리어든,《아주사 부흥》, p. 231.

오순절 운동과 신오순절 운동이 신사도 운동이 주장하는 세 가지 주요 주장들을 명백히 거부하고 있음에도 불구하고 표면적으로 나타나는 공통적 현상들에만 근거해 이들을 동일시하는 실수를 범해서는 안 된다.

신사도 집회에서는 쓰러짐, 황홀경에 빠짐, 거룩한 웃음, 신유, 방언, 영적 전쟁, 예언 등의 종교적 현상들이 나타난다. 이런 종교적 현상들은 신사도 운동에서만 나타난 것이 아니라 대각성 운동이나 캠프 집회, 부흥 집회 등에서도 자주 나타났다. 이런 종교적 체험들은 신사도 운동만의 특징이라 할 수 없다. 이런 현상들이 나타나는 모임들을 신사도 운동으로 규정해 버린다면, 미국 교회사 전체가 신사도 운동이며, 오순절교회도 신사도 운동이라는 어처구니없는 해석이 나올 수밖에 없다.

1982년, 캔자스 펠로우십을 개척한 마이크 비클(Mike Bickle)은 1990년 존 윔버의 빈야드 교회 연합에 가입했으나 1996년에 탈퇴했다. 그는 3천 명이 넘는 교회를 사임하고 1999년 IHOP (International House of Prayer)을 세우면서 '다윗의 장막의 영으로 24시간 기도하라'는 중보기도 운동을 펼쳐 가고 있다. 17세기 영국의 '리틀 기딩 모임'(Little Gidding Community)은 매일 기도하는 운동을 펼쳐 20년 이상 지속했고, 모라비안도 24시간 기도하는 기도 체계를 100년 이상 지속했다.[375] IHOP은 아모스 9장 11~12절[376]에 근거해서 '다윗의 장막'을 회복하기 위한 기도 운동을 전개하고

---

374) 김하중,《하나님의 대사》(서울: 규장, 2010), p. 29

있다.

　예수전도단(YWAM)의 창립자인 로렌 커닝햄(Loren Cunningham)은 마이크 비클의 IHOP과 연대할 것을 공표했다. "대추수 사역은 지속적인 기도와 금식이 뒷받침되어야 한다. 캔자스시티에서 마이크 비클이 추진하고 있는 중보기도 운동은 지상 명령의 성취를 돕는 중요한 사역이다."[377] 한국에서는 커닝햄이 신사도 운동가인 마이크 비클이 주도하고 있는 중보기도 사역을 지지했다는 이유만으로 커닝햄을 신사도 운동가로 규정한다. CCC 창립자인 빌 브라이트(Bill Bright)는 효과적 선교 운동을 위해 IHOP의 24시간 중보기도 운동과 연합할 것을 선언했다.[378] 한국 CCC 대표였던 김준곤 목사도 24시간 기도 운동을 시작했는데, IHOP의 24시간 기도 운동을 지지하고 유사한 기도 모임을 시작했다는 이유만으로도 신사도 운동가로 해석하고 있다.[379] 이런 잣대로 한다면 중보기도를 가르치거나 강조하는 모든 교회와 사람들은 신사도 운동에 속하게 된다.

　와그너는 악한 영들과의 전쟁에서 승리하기 위해서는 각 지역에 분포되어 있는 귀신들의 진지를 파악하는 '영적 도해'(spiritual

---

375) 제임스 F. 화이트, 《기독교 예배학 입문》(서울: 예배와설교아카데미, 2000), p. 155. 하워드 A. 스나이더, 《교회사에 나타난 성령의 역사》, p. 148.
376) "그 날에 내가 다윗의 무너진 장막을 일으키고 그것들의 틈을 막으며 그 허물어진 것을 일으켜서 옛적과 같이 세우고 그들이 에돔의 남은 자와 내 이름으로 일컫는 만국을 기업으로 얻게 하리라 이 일을 행하시는 여호와의 말씀이니라"
377) http://www.ihopkc.org/about/endorsements/
378) http://www.ihopkc.org/about/endorsements/
379) 정이철, 《신사도 운동에 빠진 교회》, pp. 359~360.

mapping)가 필요하다고 주장했다. 군사 작전을 수행하는 것과 마찬가지로 도시를 지배하는 귀신들의 정체를 파악해야 영적 전쟁에서 승리할 수 있다는 것이다.[380] 어거스틴에 의하면, 이 세상은 예수님에 의해 다스려지는 하나님의 빛, 진리, 생명의 왕국과 사탄이 지배하는 어둠, 거짓, 사망의 왕국으로 나누어져 있다. 그리스도인은 하나님의 나라에 소속되어 있고, 불신자와 타 종교 사람들은 마귀의 나라에 속해 있다. 그는 하나님의 도성과 마귀의 도성의 이분론적 사고방식에 근거해 '두 왕국론'을 주장한다.

한국 교회에서는 예수전도단이 영적 도해와 땅을 밟으면서 기도하는 '땅 밟기 중보기도'(prayer walk)를 실시한다고 신사도 운동으로 분류하고 있다. 그런데 예수전도단은 오래전부터 영적 도해와 땅 밟기 중보기도를 강조해 왔기에[381] 와그너가 이를 모방했을 가능성이 높다. 그럼에도 불구하고 예수전도단이 신사도 운동가인 와그너와 같은 이론을 주장한다는 이유만으로 신사도 운동으로 분류하고 있다.

오늘날 개혁주의 진영인 장로교 합동과 고신을 중심으로 신사도 운동을 정죄 및 비판하면서 모든 성령 운동 및 은사 운동을 신사도 운동으로 몰아가 이단시하고 있다. 은사 중지론을 신봉하고 종교적 체험에 대해 부정적인 개혁주의적 입장에서 본다면 신사도 운동은 경험주의, 신비주의, 열광주의란 비판을 피할 수 없다.

---

380) 피터 와그너,《영적 전투를 통한 교회 성장》(서울: 서로사랑, 1997), p. 263.
381) http://www.ywam.org/about-us/history/

이들에 따르면, 빈야드 교회, 캔자스시티 예언자(마이크 비클, 밥 존스, 폴 케인), 토론토 블레싱을 비롯해 예수전도단은 영적 도해를 강조하기에 신사도 운동이다. 심지어 인터콥과 에스더 기도 운동을 비롯해 중보기도 사역을 강조한다 해서 온누리교회도 신사도 운동이며, 엘리야 기도 운동의 김종필, 이용희, 손기철, 김우현, G-12, 알파코스, 인카운터(Encounter), 김승곤 목사의 두 날개 등도 신사도 운동에 속한다는 주장이 나오고 있다. "오늘날 성령의 음성을 듣는 현상은 무속의 신 내림이나 힌두교의 쿤달리니 각성으로 이는 이방 종교의 귀신이 들어간 것이다."[382]

그러나 언급된 교회나 단체, 인물들이 피터 와그너의 신사도 운동과 직접적인 관계가 있는지는 불명확하다. 과연 이들 중 자신을 사도 혹은 영적 아버지라 지칭하는 이가 있는가? 교단은 해체되어 사도 체제로 가야 한다고 주장하는가? 신학적·역사적 연관성보다는 유사한 사역을 펼친다는 이유 하나만으로 마녀사냥 식으로 신사도 운동이라 단정 짓는 것은 섣부른 판단이라 할 수 있다.

신사도 운동의 이단 사이비성에 대해서도 신중한 평가를 내려야 한다. 만약 신사도 운동이 예수의 구세주 되심이나 정통적 삼위일체론을 부정하고 양태론이나 삼신론을 지지한다면, 또한 예수의 신성이나 인성을 부정하고 믿음이 아닌 다른 구원의 길을 강조한다면 이단 혹은 사이비라 할 수 있다. 그러나 와그너는 정

---

382) 정이철, 《신사도 운동에 빠진 교회》, pp. 390~391.

통적 삼위일체론을 지지하고, 예수님의 신성과 인성을 믿으며, 믿음으로만 구원받는다는 이신칭의를 진리로 받아들이고, 성경의 절대적 권위와 성경 무오설을 지지한다. 그는 기독교 진리는 건드릴 수 없다고 강조한다.[383]

---

383) 피터 와그너, 《신사도적 교회로의 변화》, p. 9.

오순절교회의 역사와 신학

제7장

한국 오순절 운동

하비 콕스는 한국 오순절 운동을 무속적 영성과 민중 신학이 결합되어 생성된 자생적 운동으로 해석했다.[384] 한국 신학자들 또한 한국 오순절 운동의 기원을 샤머니즘 혹은 기복 신앙에 두고 있으며, 무당 종교, 삼박자 축복, 교회 성장 지상주의 등으로 폄하하고 있다. 순복음교회는 형통과 축복을 강조하는 번영 신학으로 신학적으로 잘못된 것이라는 견해다. 심지어 샤머니즘의 외적·내적 특성과의 유사성에 주목해서 순복음교회의 삼박자 구원은 기독교가 아닌, 무속의 영향을 받은 현세, 성공, 물질 중심의 신흥 종교로 규정한다. 결국 한국 오순절 운동은 무속적, 기복적, 감정적, 개인적, 탈사회적이라는 비판을 받고 있다.

이런 해석은 역사적으로 미국 오순절교회가 한국 오순절 운동에 미친 영향력을 간과한 성급한 판단이라 할 수 있다. 한국 순복음교회는 한국 교회의 정통성을 이어받았고, 동시에 미국 하나님의 성회의 직접적인 영향하에 태동되었다.

1907년 평양 대부흥 운동은 '한국의 오순절 운동'[385]이라 불리

---

384) Harvey Cox, *Fire from Heaven*, p. 228.

며 한국적 성령 운동의 기초를 쌓았다. 대부흥 운동은 성령의 역사에 의해 죄에 대한 철저한 회개와 중생 및 성화를 강조했는데, 특히 하디(Robert Hardie) 선교사는 죄를 자각해서 회개하고 성결의 열매를 맺을 것을 강조했다. 길선주 목사는 요한계시록에 근거해 임박한 주님의 재림을 강조한 전천년설을 주장했고, 그가 시작한 새벽 기도와 통성 기도는 한국 교회의 주된 특징이 되었다. 평양 장로교신학교 가옥명 교수는 중생과 성령세례를 구분했으며, 은사 지속론을 가르쳤다. 그는 방언을 비롯한 이적과 기사 등 다양한 성령의 은사와 열매를 강조했다. 평양신학교는 교회 시대를 성령 시대로 지칭했고, 성령 받음과 성령세례를 구분했으며, 능력 있는 신앙생활을 위해 성령 충만을 사모하며 기도해야 함을 가르쳤다.[386]

19세기 말, 한국에 온 초기 선교사들 대부분은 성령의 초자연적 역사를 부인하는 계몽주의자들로, 방언이나 신유, 축사 등에 무관심하거나 부정적인 시각을 가지고 있었다. 개혁주의 성향의 선교사들은 초자연적인 기적의 역사는 초대 교회에 국한된다는 은사 중지론을 받아들였기에, 기적적인 은사들은 오늘날 중지되었으므로 현대 교회와는 아무런 관련이 없다고 생각했다. 그들은 기도로 질병을 고치거나 귀신을 쫓기보다 의료 선교사를 파송해서 현대식 병원을 짓고, 서양 의술을 들여와서 수술과 약을 통한

---

385) William Blair and Bruce Hunter, *The Korea Pentecost and the Suffering Which Followed*(Carlisle, PA: The Banner of Truth Trust, 1977).
386) 가옥명,《성령론》(평양: 장로회신학교, 1931), pp. 81~83.

치료에 더 많은 관심과 노력을 기울였다. 그들은 적절한 치료를 받을 수 없었던 가난한 자들을 위해 병원을 짓고, 의학을 통해 그들의 병을 고쳐 주었다.[387]

초기 한국 교인들은 성령의 은사를 사모하고 신유와 축사 등을 강조하는 경향을 보였다.[388] 그들은 질병의 원인이 귀신이라 믿어 질병 치유를 위해 기도하면서 귀신을 쫓았다. 그들은 '하나님이 귀신을 이긴다'는 믿음을 가지고 실제로 귀신들과 싸우는 영적 전쟁을 수행했다. 한국 교회는 병든 자를 활발히 심방했는데, 사역자들이 병자의 집을 방문해 예수 그리스도의 복음을 전할 때 귀신이 쫓겨나고 병자가 낫는 역사가 나타났다. 한국인 전도자들은 사람을 병들게 하는 것은 귀신이라는 생각을 하고 있었고, 가는 곳마다 악령과의 싸움인 축사를 통해 복음이 전파되었다.[389] "악령에 사로잡힌 사람이 있으면 으레 전도 부인을 찾는다. 그러면 전도 부인이 그 집에 가서 부적을 떼어 태워 버린다. 귀신을 내어 쫓는 일엔 전도 부인들이 초청되며, 그들은 종종 기도로 병자들을 고치기도 한다."[390]

샤머니즘의 영향을 받은 한국인들은 귀신이 인간을 공격하고 해를 끼치며 병을 가져다준다고 생각했고, 기독교 복음을 귀신의

---

387) 허명섭, "초기 한국 교회의 신유 이해", 《성결교회와 신학》 11(2004), pp. 146~147.
388) 류장현, 《한국의 성령 운동과 영성》(서울: 프리칭아카데미, 2004), p. 13.
389) 박명수, 《한국교회 부흥운동 연구》(서울: 한국기독교역사연구소, 2003), p. 67.
390) M. F. Scranton, "Day Schools and Bible Women", *Korean Mission Field*(April, 1907), p. 53.

협박이나 위험에서 사람들을 보호해 줄 수 있는 것으로 이해했다. 선교사들은 한국 전도 부인들의 신유와 축사 사역을 보면서 그들의 생각을 바꾸었다. "선교사들은 귀신을 쫓아내는 축귀 행위를 주선하지 않았고, 시킨 일도 없다. 다만 한국인들 스스로가 성경을 읽고 축귀의 사실을 깨달은 다음부터 스스로 이 일을 시작했다."[391] "우리는 마귀들이 실제로 이 세상에 존재하며, 예수는 그들을 몰아낼 수 있다는 것을 깨닫게 되었다."[392]

> 한국에는 이렇게 악령에 괴로움을 당하는 사람들이 많았다. 심지어 그리스도인이 아닌 사람들도 예수가 악령을 쫓아낸다는 사실을 알고 있다. 그들은 흔히 교회에 귀신 들린 친구나 친척을 데리고 와서 그들을 위해 기도해 달라고 간청했다. 때때로 나는 설교를 시작한 후 불신자 친척들에 의해 이끌려 나온 귀신 들린 사람들을 발견하기도 했다 … 우리는 그들을 그냥 돌려보낼 수 없었다. 우리에게 와서 도움을 구하는데 어떻게 그들을 돌려보낼 수 있겠는가?[393]

한국 교회에서 신유를 중심 주제로 부각시키고 신유 운동의

---

391) R. H. Baird, *William Baird of Korea, A Profile*(Oakland, 1968), p. 239.
392) James S. Gale, *Korea in Transition*(New York: Eaton & Mains, 1909), p. 89.
393) 윌리엄 뉴턴 블레어, 《속히 예수 믿으시기를 바라나이다》(서울: 두란노, 1995), p. 84.

원형을 제시한 사람은 장로교 김익두 목사(1874~1950)다. 그가 처음 목회를 시작할 때만 하더라도 신학교에서 배운 대로 이적이란 현재에는 사라진 것으로 믿었다. 그러던 중, "믿는 자에게는 능히 하지 못할 일이 없느니라"(막 9:23)는 말씀을 읽고 기도했는데 신유의 능력이 나타나기 시작했다. 1901년, 그의 첫 사역지였던 재령교회에서 귀신 들린 한 여인을 보고 귀신을 내쫓기 위해 기도하자 귀신이 나가면서 고침을 받았다. 이후 이기화의 처가 무당 귀신이 들려서 고생하던 것을 보고 일주일 동안 열심으로 기도하던 중 귀신이 나가고 고침을 받았다.

그는 대중 집회를 통해 신유 사역에 전념하게 되는데, 그의 신유 집회에서 굽었던 손이 펴지고, 소경이 눈을 뜨고, 앉은뱅이가 일어나고, 콧병, 종기, 출혈병, 안질, 목병, 정신이상, 두통, 자궁암, 귀머거리, 반신불수 등의 수많은 질병들이 낫는 역사가 나타났다. 1908년, 13년간 다리에 종기가 나면서 살이 빠져 뼈와 힘줄만 남아 누워 있던 사람이 치료함을 받았다.[394] 부흥회를 인도하던 첫날 앉은뱅이를 보고 7일 동안 금식 기도해서 부흥회 마지막 날 새벽에 앉은뱅이가 일어나는 역사가 일어났다. 1919년, 경북 현풍교회의 부흥회에서는 아래턱이 빠져서 입을 다물지 못해 음식을 씹지 못하는 박수진을 위해서 기도할 때 기적이 나타나 턱이 닫혔다. 그의 신유 집회에서는 앉은뱅이가 일어나고, 혈우병과 중풍병 등이 낫는 역사가 일어났다. 그의 신유 집회를 통해

---

394) 박명수, 《한국교회 부흥운동 연구》, pp. 72~73.

150여 개의 교회들이 세워졌고, 병 고침을 받은 사람은 1만여 명으로 추정되었다.[395] 신유의 사도로 불린 김익두 목사에 의해 신유의 신학은 한국 교회에서 주된 주제로 자리 잡았다.

김익두 목사는 한국 교인들의 폭발적인 지지를 받고 신유 사역을 감당했지만, 정작 자신이 소속되어 있던 장로교회로부터는 핍박과 견제를 받았다. 장로교의 정통 교리는, 기적은 사도 시대에 끝났으며 오늘날에는 사라졌다는 것이다. 장로교 목사들 중 대다수가 신유의 이적을 환영하지 않으며 받아들이지 않았다. 교단은 장로교 헌법 정치 제3장 1조 "금일에는 이적 행하는 권능이 정지되었느니라"에 의해 그의 신유 사역을 미신으로 규정했다. 결국 경남노회에서는 "이적으로 병을 고친다 하는 일로 교회에 손해되는 형편이 있는 고로 사경회 때나 부흥회 때에 병 고치는 것을 표방하지 아니하기로" 결정했다.[396]

감리교 이용도 목사는 신학교에 재학 중이던 1925년 겨울, 폐결핵 3기라는 진단을 받았지만 부흥회를 인도하게 되었고, 부흥회가 끝날 무렵 폐결핵에서 치유 받는 체험을 했다. 1928년에는 성전에서 기도하던 중 마귀와 싸워 승리하는 영적 전쟁을 체험했다. 그는 밤새도록 마귀와 싸우면서 결국 마귀를 동네 밖으로 몰아내었다. 그가 인도하는 부흥회마다 회개의 역사가 일어나고, 성령의 능력과 신유의 은사를 체험했으며, 귀신 축출이 동반되었

---

395) 박용규, 《김익두 목사 전기》(서울: 생명의말씀사, 1998), pp. 83~133.
396) 민경배, "김익두의 신앙 부흥과 그 이적 치병", 《일제하의 한국기독교 민족 신앙운동사》(서울: 대한기독교서회, 1991), p. 329.

다. 그가 인도했던 1931년 평양 명촌교회와 1933년 해주 집회에서 성령 충만한 가운데 통성 기도를 하던 중 방언이 터져 나왔다. 그의 집회를 통해 죄를 회개하고 병이 낫고 방언을 말하는 현상들이 나타났다.[397]

성결교 부흥사였던 이성봉 목사는 부흥회를 통해 수많은 사람들이 질병을 치유 받고 방언을 말하는 현상들이 터져 나왔다. 그는 지쳐 병약해져 있는 가운데 사탄의 검은 십자가를 보았고, 이에 놀라 기도하는 가운데 주님이 달리신 십자가를 환상으로 본 이후 건강을 되찾았다. 1928년부터 수원에서 목회를 시작했는데, 성령의 능력으로 병자를 고치고 귀신을 내쫓았다.

1937년, 꿈속에서 김익두 목사의 안수 기도를 받은 후 신유의 은사가 나타났고, 이를 계기로 활발한 신유 운동을 펴 나가게 된다.[398] 그는 전국을 돌면서 부흥회를 인도했고, 수많은 병자들을 고쳤다. 그의 집회에서 귀신이 쫓겨 나가고, 질병 치유의 역사가 일어났다. 평양 명촌장로교회에서 대감귀신이 들려 4일간 집회를 방해하던 한 부인에게서 귀신을 쫓아냄으로 고침을 받게 했다.[399] 재령교회에서는 연주창이라는 난치병으로 고생하던 부인이 신유의 은혜를 사모하던 중 비몽사몽간에 주의 사자가 나타나 그녀의 몸을 어루만져 준 후 꿈에서 깨어나니 낫는 역사가 일어났다. 꼽추의 허리가 펴졌으며, 귀신 들린 여자가 치유되었고,

397) 변종호, 《한국의 오순절 신앙 운동사》(서울: 신생관, 1972), pp. 79-80.
398) 이성봉, 《말로 못하면 죽음으로》(서울: 생명의말씀사, 1993), p. 17.
399) 이성봉, "부흥사업순회약보(2)", 《활천》(1938년 4월호), p. 42.

3년 된 앉은뱅이가 일어났으며, 척수 골막염에 걸렸던 사람이 치유되었다.[400]

한국 오순절 운동이 태동하기 전에 중생, 성결, 신유, 재림의 신학이 자리 잡았고, 마침내 미국 오순절 선교사가 들어옴으로 방언을 동반한 성령세례의 신학이 도입되었다.

한국 오순절 운동의 태동

한국 오순절 운동은 미국 오순절 운동의 직접적인 영향하에 태동했다. 1928년, 평신도 오순절 선교사인 럼시(Mary C. Rumsey)가 한국에 도착하면서 오순절 운동이 시작되었다. 뉴욕 시 근교에 있는 감리교회 성가대원이었던 그녀는 1906년 아주사 집회에 참석해 성령세례를 받고 방언을 말했다. 그녀는 '한국으로 가라' 는 성령의 음성을 들었고, 한국으로의 선교를 준비하던 중 같은 교회 교인인 에버드가 경제적 지원을 약속함으로 개인 선교사로 한국에 오게 되었다. 그녀를 통해 미국 오순절 신학이 한국 교회에 소개되었는데, 그녀는 아주사 미션에서 배운 것처럼 오순절 신앙은 성령세례를 받고 방언을 말하며 기도로 병을 고치는 것이라 가르쳤다. 이는 방언을 성령세례의 육체적 증거로 제시한 최초의 주장이었다. 그녀는 한국인 허홍과 함께 1932년 한국 최초의 오순절교회인 서빙고교회를 세웠다.[401]

---

400) 이성봉, 《말로 못하면 죽음으로》, pp. 69~70. 이성봉, "부흥사업순회약보(2)", 《활천》(1938년 4월호), p. 42.

한국 오순절 운동에 대한 또 다른 영향은 일본에서 오순절 교리를 받아들인 한국인들로부터 왔다. 쿠트(Leonard W. Coote)가 설립한 일본 성경신학원에서 오순절 신학을 공부한 박성산 전도사는 한국에 들어와 럼시와 허홍과 함께 서빙고교회에서 목회를 시작했다. 1938년, 허홍, 박성산, 배부근이 오순절 목사로는 최초로 안수를 받았다. 일본은 1937년부터 신사 참배를 강요하면서 조직적으로 기독교를 핍박했고, 선교사들은 추방을 당했다. 럼시 선교사도 강제 출국을 당했고, 그 결과 럼시 선교사에 크게 의존하던 한국 오순절교회는 쇠퇴해 갔다. 해방 이후 일본의 성경신학원에서 공부를 마친 목사들을 중심으로 1950년 제1회 기독교 오순절 대회가 개최되었다. 그러나 오순절교회는 한국전쟁이 끝난 후 여덟 개 교회에 불과할 정도로 그 교세가 미미했다.[402]

하나님의 성회와 조용기 목사

한국 오순절 운동은 그 시작은 미미했으나 미국 하나님의 성회의 선교와 조용기 목사의 등장으로 부흥의 전환기를 맞이하게 되었다. 불교 집안에서 태어난 조 목사는 고등학교 때 폐결핵 말기로 죽음을 앞두고 있었다. 그는 여동생의 친구가 준 성경을 읽고 간절히 기도하던 중 신유를 경험하면서 그리스도인이 되었다.

---

401) 변종호,《한국의 오순절 신앙 운동사》, p. 90. 국제신학연구원,《하나님의 성회 교회사》(서울: 서울말씀사, 1998), pp. 197~198.
402) Sin Ho Kim, "Korean Pentecostalism and the Reconstruction of the Holy Spirit" (Ph. D. Dissertation, Drew University, 2009).

"나 자신이 병 고침을 받지 않았다면 지금 죽어 있거나 아니면 불교 신자로 남아 있었을 것이다." [403)]

그는 신유의 복음을 전하던 미국 선교사 켄 타이스(Kenneth Tice)의 설교에 깊은 감동을 받아 그의 통역자가 되었다. 이후 조 목사는 오순절 선교 단체인 세계 선교회(World Mission) 소속의 루이스 리처드(Louis Richards) 선교사를 만나 그로부터 성경과 치유의 신학을 배웠다. 리처드는 조 목사의 잠재력을 보고 신학교에서 공부하도록 추천했다.

미국 하나님의 성회는 1952년 12월 체스닛(Arthur B. Chesnut) 목사를 선교사로 파송하면서 본격적인 한국 선교에 착수했다. 1953년, 허홍 목사가 시무하던 서울 남부교회에서 '한국 하나님의 성회' 창립총회가 열렸고, 총회는 남부교회에 '하나님의 성회 순복음신학교' 를 세우기로 결정했다. 초대 교장으로 하나님의 성회 선교사인 존 스테츠(John Stets)가 임명되었다.

조 목사는 하나님의 성회가 세운 순복음신학교에 입학함으로 오순절 신학을 배웠다. 그는 하나님의 성회 선교사들로부터 성령 세례와 방언, 신유, 축복 등의 미국 오순절 신학을 접하게 되었다. 영어에 능통했던 그는 스테츠가 신학교에서 강의하는 것을 통역했고, 1957년 세계적인 부흥사 허만(Harold Herman) 목사가 서울에서 부흥회를 인도할 때 통역을 맡았으며, 1961년 샘 토드(Sam Todd) 목사 초청 부흥 집회에서도 통역을 했다. 이들 부흥 집회를

---

403) Paul Yonggi Cho, *More Than Numbers*(Waco: Word Books, 1984), p. 85.

통해 수많은 사람들이 예수님을 영접하고, 병자들이 고침을 받고, 방언을 말하는 오순절 현상들이 나타났다. 특히 조 목사는 신유를 행함으로 인해 한국 교회로부터 신랄한 비판을 받고 있던 차에 토드 목사를 통해 오럴 로버츠의 신유 사역을 접하게 되었고, 그로부터 많은 영향을 받았다. 허스턴(John Hurston) 선교사는 신유는 결코 잘못된 신학이 아니며, 오히려 오순절 운동의 핵심 사역이라고 격려해 주었다.

1958년, 순복음신학교를 졸업한 당시 전도사였던 조 목사는 최자실 전도사와 함께 서울 서대문구 대조동에 교회를 개척했다. 그는 한국전쟁 이후 굶주리고 질병으로 고통 받던 수많은 사람들을 보게 되었고, 그들의 병 고침을 위해 기도했다. 하루는 7년 동안 중풍을 앓으면서 누워 있던 여인을 만나게 되었고, 그녀를 위해 기도하고 축사를 하던 도중 그녀가 고침을 받는 역사가 일어났다. 이 사건은 동네 전체를 발칵 뒤집어 놓았고, 사람들이 교회로 몰려들기 시작했다. 그의 교회는 갖가지 병을 가진 수많은 병자들로 넘쳐났고, 초자연적 성령의 역사로 인해 병자들이 고침을 받고, 귀신 들림에서 해방되었다. 기사와 표적을 동반한 신유와 축사로 인해 1961년에는 마을 인구보다 많은 600명의 교인을 가진 교회로 성장했다.[404]

1959년, 미국 하나님의 성회는 한국을 세계 복음화 운동의 지정국으로 선정하면서 적극적으로 선교사들을 파송하고 선교비를

---

404) 국제신학연구원, 《하나님의 성회 교회사》, p. 258.

쏟아 부었다. 선교사가 주도하는 대부흥 집회가 열렸고, 서대문에 중앙 순복음 회관을 설립하고 신학교 건물 신축을 시작했다. 하나님의 성회가 추진하던 '복음으로 세계를 정복하라'(Conquer the World with the Gospel of Christ)는 프로그램의 일환으로 1961년 1,500명을 수용할 수 있는 부흥회관이 완공되었다. 이를 주도하던 허스턴 선교사는 대조동에서 목회하고 있던 당시 조 전도사의 교회를 서대문 부흥회관으로 옮기게 해 협동 목회를 시작했다. 1964년, 조 목사는 서대문 순복음중앙교회의 담임목사가 되었다. 중간에 군 문제로 교회를 비우는 동안 허스턴 목사가 대신 교회를 맡아 운영했다.

　이처럼 조 목사는 미국 하나님의 성회가 서울에 세운 순복음 신학교에서 선교사들로부터 배움으로 오순절 신학을 접하고 정통하게 되었다. 그리고 미국 하나님의 성회가 서대문에 세워 준 부흥회관으로 교회를 옮김으로 대형 교회로 발돋움할 수 있는 기반을 마련했다. 이를 계기로 1960년대 이후 한국 오순절 운동을 이끌어 갈 수 있는 지도자로 성장할 수 있었다. 1969년, 제3회 동북아시아 오순절대회를 서대문 교회에서 개최함으로 아시아를 대표하는 오순절 지도자로 부상했다.

　조 목사는 1969년 당시 허허벌판이었던 여의도에 교회 건축을 시작했다. 교인들의 격렬한 반대, 외부의 비판과 조롱, 심각한 자금난, 경제적 대불황, 석유 파동, 건축 자재 비용 상승 등과 같은 큰 위기에 직면했으나 이를 극복하고 1972년에 건축을 완성했다. 그는 1972년에 빌리 그레이엄 목사를 부흥 강사로 초빙해 부흥회를 열었고, 1973년에는 제10차 세계오순절대회(Pentecostal World Conference)를 개최함으로 세계적인 목회자로 등극했다. 1979년, 교인 수가 10만 명이 넘자 '700 클럽' 창립자인 팻 로버슨 목사를 초청해 기념 예배를 드렸다.

한국 교계에 방언을 비롯한 성령의 은사에 대한 논쟁이 일어났다. 보수적인 교회에 의해 성령의 은사들을 인정하는 목회자나 교회가 이단 사이비로 몰리기도 했다. 1981년, 조 목사는 기독교대한하나님의성회로부터 이단 시비 및 제명 처분 위기에 봉착했다. 교단은 조용기 목사 처리 위원회를 구성해 교단법에 의해 처리한다고 공고했고, 조 목사는 교단을 탈퇴했다. 1983년에는 예장 통합 측으로부터 이단 정죄에 걸려 10년 동안 고통을 받았다. 그러나 1984년, 미국 하나님의 성회 짐머만 총회장이 내한해서 조 목사를 설득해 다시 세계 하나님의 성회로 복귀했다.[405] 그는 1992년 노르웨이 오슬로에서 열린 세계 하나님의 성회에서 60개국 3천만 명의 성도들을 대표하는 초대 총재로 선출되었다.

여의도순복음교회의 신학

순복음교회는 하나님의 성회 소속으로 사중복음파에 속한다. 하나님의 성회는 대표적인 개혁주의적 성향을 가진 오순절 교단으로 중생의 신학, 성령세례의 신학, 신유의 신학, 재림의 신학을 표방한다. 기독교대한하나님의성회 교리에는 "신자들이 받은바

---

405) ibid., pp. 233~236.

성령세례의 증거는 성령이 말하게 하심을 따라 다른 방언으로 말하는 방언이 그 최초의 외적 표적으로 나타난다"고 명시하고 있다. 조 목사는 하나님의 성회의 사중복음에는 포함되어 있지 않은 '축복의 복음'을 첨가해서 오중복음을 만들었다. 이런 의미에서 그의 신학은 전통적 오순절 영성에 뿌리박고 있으며, 동시에 오순절 신학을 한국적 상황에 토착화시켰다고 평가할 수 있다.

전통적 교회들은, 구원받았다는 것은 죽음 이후에 천국에 가는 것으로 여겨 이 세상에서의 하나님 나라에 대해서는 언급을 자제했다. 영원한 하나님 나라는 이 세상에서는 맛볼 수 없고 죽음 이후에나 경험할 수 있다는 것이었다. 1953년, 한국전쟁 이후 한국인들은 굶주림과 질병 속에서 희망을 잃고 절망적인 삶을 살고 있었다. 순복음교회는 서울에서 가장 가난했던 동네들 중의 하나인 대조동에서 가난하고 굶주리고 교육받지 못한 사람들을 상대로 사역을 시작했다. 조 목사도 처음에는 죽음 이후에 가는 천국을 설파했으나, 지옥과 같은 현실 속에 살아가던 사람들에게는 아무런 효과가 없었다.

그는 예수님이 사람들의 삶의 문제들을 해결해 주신 것에 착안해 실천적 신학인 삼중 축복을 강조했다: 영혼의 구원, 육체의 치유, 삶의 축복. 한국의 절망적인 상황 속에서 예수 그리스도의 십자가 대속이 인간의 영적 문제뿐만 아니라 치유와 생활의 문제까지 해결해 준다는 축복의 신학이 탄생했다. 오럴 로버츠의 '번영과 건강'의 신학은 조 목사의 축복의 신학 탄생에 큰 역할을 담당했다.

조 목사에 의하면, 아담의 타락으로 인해 인간의 영혼만 죽은 것이 아니라, 육체는 질병으로 인해 아프게 되었고, 삶은 가시와 엉겅퀴로 뒤덮인 삼중 형벌이 내려졌다. 인간의 삼중 타락은 그리스도의 십자가 구속을 통해 삼중 축복으로 발전한다. 예수님의 사역 또한 죄인의 죄를 용서하시고, 병든 자의 질병을 고치시며, 배고픈 자들을 먹여 주심에 초점을 맞추었다. 예수님의 십자가 대속은 죄의 용서뿐만 아니라 육체의 질병으로부터의 치료와 생활의 저주로부터의 해방, 인간의 영·혼·육 모두를 포함하는 전인적 구원이다.[406] 이런 그의 해석은 예수님의 십자가 대속이 죄의 용서뿐만 아니라 질병도 치유한다는 심프슨의 견해를 한 단계 발전시켜 '삶의 저주도 담당하신다' 를 포함시킨 것이다.

"우리의 연약한 것을 친히 담당하시고 병을 짊어지셨도다 함을 이루려 하심이더라"(마 8:17). 그의 신유론의 특징들 중 하나는 치유를 악령 추방과 많이 연관시킨다는 점이다. 그는 사탄의 실재를 인정하며, 이 악한 영적 존재로 인해 인간이 타락하고 질병에 걸리며 저주에 빠졌다고 해석한다. 따라서 귀신을 쫓음으로 질병에서 해방될 수 있다는 것이다. 그는 신유와 축사를 하나님 나라의 가시적 표적으로 보고 이를 목회 철학의 핵심들 중 하나로 삼았다. 이로 인해 순복음교회의 예배를 통해 병자들이 고침을 받고, 귀신 들린 자들이 해방을 받았다.[407]

---

406) ibid., p. 23. 국제신학연구원,《여의도순복음교회의 신앙과 신학 I》(서울: 서울서적, 1993), pp. 15, 35~40.

"하나님은 죽음 이후 천국에 가야 만날 수 있는 분이 아니라 현세에서도 얼마든지 체험할 수 있는 분이다. 하나님 나라는 신자가 죽은 후 천국에 가야만 누릴 수 있는 것이 아니라, 오늘날 이 세상에서 맛보고 누릴 수 있는 것이다."[408] 그는 하나님 나라가 '지금, 여기에' 현존한다는 견해를 설파했다. 조 목사의 전인적 구원의 메시지는 가난하고 병들고 굶주리며 절망에 빠졌던 사람들에게 큰 위로와 소망을 주었다. 그의 설교를 듣던 사람들은 병고침을 받고, 술을 끊으며, 귀신이 쫓겨 가고, 직업을 가지는 등 전인적인 축복을 경험하기 시작했다.[409] 패배 의식과 부정적 생각에 빠져 있던 사람들은 그의 전인적 구원을 통해 '할 수 있다'는 긍정적이고 적극적인 사고를 가지게 되었다.

조 목사의 삼중축복 신학은 그리스도의 구속이 오직 영혼의 구원만을 위한 것이라는 전통 교회의 신학에 도전장을 내민 것이다. 그 결과로 몇몇 신학자들은 그의 삼중축복을 샤머니즘 내지는 물량주의의 천박한 신학이라는 비판을 가하고 있다. 그러나 조 목사는 하나님이 신자들에게 가난과 저주에서 놓임 받고 복을 받아 이를 이웃에게 나누어 주는 사랑의 삶을 허락하셨다고 주장한다.[410] 1960년대와 70년대는 한국의 새마을 운동과 경제 개발로

---

407) 조용기, 《삼박자 축복》(서울: 영산출판사, 1977), p. 244. 국제신학연구원, 《여의도 순복음교회의 신앙과 신학 II》(서울: 서울서적, 1993), pp. 100, 105.
408) 알리스터 맥그라스, 《기독교, 그 위험한 사상의 역사》, p. 688.
409) 국제신학연구원, 《하나님의 성회 교회사》, pp. 256~257.
410) ibid., p. 252.

인해 성공과 부가 한국인들의 1차적 가치와 목적이 되는 데 큰 공헌을 했다.

조 목사가 한국 교회와 세계 교회의 성장에 공헌한 대표적 업적들 중 하나는 구역 모임이다. 1965년, 그는 300여 명의 성도들에게 세례식을 거행한 후 저녁 부흥회 통역을 하던 중 쓰러지고 말았다. 병상에서 출애굽기 18장 18절[411]을 읽던 중, 모세가 백성들 가운데 리더들을 세우는 장면에 영감을 받아 평신도 지도자들을 양성할 계획을 세웠다. 구역을 관리할 평신도 지도자들을 뽑아 평신도 성경 학교, 구역장 대학, 구역장 세미나 등을 통해 양육하고 훈련시켜 사역 현장에 투입시키자 효과적인 사역을 감당했다. 직장에 다니는 남자들은 심방하는 일을 주저했기에 여성을 택해 그들에게 구역장의 직분을 주고 구역을 담당케 했다. 구역 제도는 평신도의 헌신적인 참여와 복음 전도로 교회 성장에 큰 공을 세웠다.[412]

순복음교회는 1973년 오산리금식기도원을 설립했다. 한국의 그리스도인들은 기도원을 방문해서 성령세례와 방언 및 신유 등의 체험을 하고 있다. 오순절 운동에 대해 닫혀 있거나 부정적인 교회의 성도들도 이곳을 방문해서 병 고침을 받고 성령세례를 체험하고 있다. 기도원에서는 성령 체험이 방언이라고 강조할 만큼 방언이 중요시되고 있으며, 금식 기도도 강조하고 있다. 기도원

---

411) "너와 또 너와 함께 한 이 백성이 필경 기력이 쇠하리니 이 일이 네게 너무 중함이라 네가 혼자 할 수 없으리라"
412) 국제신학연구원, 《하나님의 성회 교회사》, pp. 262~263.

에 들어간 절반 이상의 신자들이 방언의 은사를 체험하고 있다.[413] 기도원은 한국 교회에 성령세례와 방언 신학을 알리고 보급하는 데 큰 기여를 했다.

---

413) 박만용, 《기도원 운동과 신앙 성장》(서울: 쿰란출판사, 1998), pp. 140~141.

제8장

오순절교회의 신학

혹자는 '순복음교회에 개구리 방언을 빼면 무슨 신학이 있느냐?'며 비아냥거린다. 흔히 오순절교회는 찰스 파함의 성령세례의 결과가 방언이라는 주장에서 시작되었다고 알려져 있다. 오순절 운동이 타 교단들에 비해 신학적 수준이 떨어지는 것은 사실이다. 20세기 초에 탄생한 오순절 운동은 정규 신학교가 아닌 성경 학원을 통해 사역자들을 양성했다. 오순절 운동이 확산되어 나가던 과정 가운데 목회자 수급이 문제가 되자 단기간의 교육을 통해 목회자들을 배출했다. 초창기 목회자가 되는 교육 기준은 없었고, 심지어 오순절 목사가 되기 위해서는 '총에 맞은 것처럼 바닥에 쓰러지면 된다'는 우스갯소리까지 나왔다.

그렇다고 순복음교회를 단지 방언파로만 부르면서 신학적으로 평가 절하하는 것은 문제가 있다. 오순절 신학자 도널드 데이턴(Donald Dayton)은 오순절 운동이 아주사 미션에서 방언이 터지면서 우연히 발생한 것이라기보다 치열한 신학적 논쟁을 통해 탄생했음을 그의 저서 《오순절운동의 신학적 뿌리》(대한기독교서회 역간)에서 밝혔다. 그는 단지 방언이란 주제만으로는 오순절 운동을 충분히 정의할 수 없다며 오중복음의 신학으로 오순절 교리를 풀어 나간다. 그는 성령세례의 신학이 웨슬리의 2차적 축복인 순간적 성화에 기원한다고 해석한 대표적인 웨슬리안 오순절 신학을 대변한다.[414] 반면 블룸하퍼는 심프슨, 고든, 토레이 등의 대표적인 성결 운동가들을 연구한 후, 그들의 신학적·역사적 배경이 개혁주의인 점에 주목해서 오순절 운동을 개혁주의적 입장에서 풀어 나갔다.

오순절교회는 종교 개혁 및 개신교 신학의 기본적 주제들을 대부분 받아들인다. 19세기 말 복음주의 진영, 특히 급진적 성결 운동은 중생, 성화, 신유, 재림의 사중복음을 중심 교리로 확립해 놓은 상태였고, 20세기 초 태동한 오순절 운동은 사중복음을 그대로 받아들였다. 시모어는 〈사도적 신앙〉에서 칭의(justification), 성화(sanctification), 신유(divine healing), 재림(premillennialism)을 자주 언급했고, 여기에 성령세례(baptism of the Holy Spirit)를 덧붙였다.

1948년, 북미오순절협회는 '진리 선언'을 선언하면서 복음주의협의회(NAE)의 '신앙 선언'을 지지했고, 다만 성령세례와 방언 부분만 첨가했다. "우리는 온전한 복음은 마음과 삶의 성결, 육신의 치유, 성령이 말하게 하심을 따라 방언으로 말하는 최초의 증거가 있는 성령세례를 포함한다고 믿는다."[415]

이 장에서는 오순절교회의 오중복음을 중심으로 한 신학을 언급하고자 한다. 흔히 오순절 신학은 성령론 중심이라는 평가를

414) Donald Dayton, *Theological Roots of Pentecostalism*, p. 38.
415) John Thomas Nichol, *The Pentecostal*, pp. 4~5.

받고 있지만, 오순절 신학의 중심은 성령론이 아닌 기독론이다. 오순절 신자에게 예수님은 구원하시는 분, 성결하게 하시는 분, 성령세례를 주시는 분, 치료하시는 분, 다시 오실 왕이시다. 이에 중생의 복음, 성화의 복음, 신유의 복음, 성령세례의 복음, 재림의 복음을 다루고자 한다. 특히 오순절 신학과 개혁주의 신학이 첨예하게 배치되고 있는 부분들을 언급하고자 한다.

1. 중생의 복음

오순절 운동은 단지 방언하는 집단으로, 예수님을 믿지도 않는 열광주의 혹은 광신자 집단에 불과한가? 오순절교회는 중생의 복음을 제일 앞에 두면서 오직 믿음(Sola Fide)으로 구원받는다는 종교 개혁적 입장을 그대로 따르고 있다. 구원론에 관한 한 전통 개신교회와 아무런 차이점을 발견할 수 없다. 그리스도의 십자가 구속으로 말미암는 구원이 개신교의 핵심이듯이, 이는 오순절 신학의 핵심 교리이기도 하다.

아담의 범죄로 말미암아 인류는 하나님의 형상을 잃어버리고 전적으로 타락한 존재가 되었다. 인간은 자신의 의지로 하나님을 선택하거나 선을 행할 수 있는 기능을 완전히 상실함으로 오직 죄악만 선택할 뿐이다. 구원을 위해 인간이 할 수 있는 것은 아무 것도 없으며, 오직 구원은 하나님의 절대 주권에 달려 있다.

중보자이신 예수 그리스도가 성육신하셔서 십자가 고난을 받으심으로 인간은 죄를 용서받을 수 있는 길이 열렸다. 인간에게는 의가 전혀 없기에 스스로 의롭게 될 수 없으며, 인간의 행위로는 구원에 이를 수 없다. 오직 예수 그리스도의 십자가 대속으로만, 오직 믿음으로만 의롭다 함을 받고 구원에 이른다. 중생은 그리스도가 '우리 안에서' 성령을 통해 변화시키시는 사역이다. 성령은 죄를 깨닫게 하고 회심하게 해서 그리스도에게로 인도하신다. 그러므로 구원은 하나님이 죄인에게 주시는 은총이다.

파함과 시모어는 인간이 죄를 회개할 때 죄 사함을 받고 예수 그리스도를 영접함으로 구원에 이른다고 강조했다. 오순절교회는 예수 그리스도만이 인간이 구원을 받을 수 있는 유일한 길, 진리, 생명임을 믿는다. 그리고 예수 외에 다른 구원의 길이 있다는 다원주의(pluralism)를 배격한다. 구원론에 있어 개혁주의와의 차이점은 예정론보다는 자유의지를 지지한다는 점이다. 그리스도의 십자가 대속은 선택받은 소수에게만이 아니라 모든 사람들에게 값없이 주어진 것이기에 전 인류를 포함한다. 인간은 구원을 이루기 위해 자유의지로 신앙적 결단을 해야 한다.

2. 성결의 복음

그리스도인은 '거룩하라'는 하나님의 명령에 순종해 세상과 구별된 거룩한 삶을 살아야 한다. 오순절 운동은 구원과 더불어 삶의 변화를 강조하면서 성화의 신학을 발전시켰다. 웨슬리는 성령의 능력에 의해 마음속에 내주하는 죄를 포함한 '죄를 짓고자 하는 성향'에서 정결함을 얻을 수 있다고 믿었다. 포비 파머는 성령의 권능에 의해 순간적 성화가 가능하다고 믿었고, 성결교회 또한 성령세례를 통해 거룩함에 이를 수 있음을 강조했다. 초기 오순절 운동을 이끈 웨슬리안 그룹은 성화를 중생과는 다른 경험으로 받아들여 성결의 신학을 오중복음에 포함시켰다.

반면 개혁주의적 오순절교회는 신자가 그리스도의 의를 덧입어 구원에 이르나, 예수의 성결과 같은 수준의 성화는 절대로 도달할 수 없다고 주장했다. 구원의 순간부터 성화가 시작되나 온전한 성화는 인간의 노력이나 선행으로 이뤄지지 않기에 죽음 이후에나 가능하다는 것이다. 하나님의 형상을 회복하는 성화는 한순간에 도달할 수 없으며, 평생에 걸쳐 점진적으로 발전한다는 것이다. 개혁주의 성향의 오순절주의자들은 칼빈의 성화론을 받아들여 이 세상에서의 성취가 불가능한 성화를 사중복음에 넣지 않았다.

개혁주의 오순절 운동은 성령의 은사는 강조하나 성령의 열매를 등한시하면서 성화를 약화시켰고, 이로 인해 많은 도덕적 문제점들이 발생했다. 오순절 운동은 초기 성결의 정신을 잃어버리고 열광주의적 신앙으로 변했다는 비판을 받게 되었다. 성화를 교리에서 빼 버림으로 도덕성을 무시할 가능성이 커졌고, 실제로 개혁주의적 오순절 운동에서 많은 윤리적 스캔들이 터졌다.[416]

오순절 운동이 균형 잡힌 성령론을 유지하기 위해서는 성령의 은사뿐만 아니라 성령의 열매(갈 5:22 참조)도 강조해야 한다. 성령은 죄를 깨닫게 하시는 동시에 사랑, 희락, 화평, 오래 참음, 자비,

---

416) 배덕만,《성령을 받으라: 오순절운동의 역사와 신학》(대전: 대장간, 2012), p. 63. 박명수,《근대 복음주의의 주요 흐름》, pp. 246, 265.

양선, 충성, 온유, 절제로도 인도하신다. 성령 충만을 받은 그리스도인은 은사를 받아 사역해야 하며, 동시에 신앙의 성숙이 열매로 나타나야 한다. 오순절주의자는 기적과 이적을 행해야 할뿐만 아니라 신자의 삶 가운데 예수님의 성품이 드러나는 성결의 삶을 살아야 한다.

3. 성령세례의 복음

오순절 신학자 플레시스는 '교회 역사를 통해 성령님과 성령의 은사만큼 철저히 무시되고 외면당한 것은 없다'고 선언했다.[417] 19세기 말에 접어들면서 오랫동안 옷장에 갇혀 있었던 《스코필드 성경》의 편집자인 스코필드(C. I. Scofield)에 의하면, 1880년대 이후 20년 동안 연구된 성령론이 지난 1,800년 동안 연구된 양보다 더 많았다고 평가했다.[418] 기존 신학이 신론과 삼위일체론, 기독론을 중심으로 발전하면서 성령론에 대해 무관심했으나, 19세기 말부터 성결교회와 오순절 운동이 출현하면서 성령과 성령의 은사에 대한 이해와 관심을 끌어올리는 데 크게 기여했다. 시모어는 당시 교회가 성령의 능력을 상실한 채 세상의 학문에 치우치고 교회의 외적 치장에 몰두하고 있다고 비판했다. 목회자에게 필요한 것은 외적 학위가 아닌 성령으로부터 오는 영적 권위

---

417) Larry Christenson, *Speaking in Tongues*(Minneapolis: Dimension Book, 1968), pp. 94~95.
418) C. I. Scofield, Plain *Papers on the Doctrines of the Holy Spirit*(New York: Fleming H. Revel, 1899), p. 9.

라는 것이다.[419]

혹자는 오순절 운동이 성령을 개인의 전유물처럼 생각하고 사람의 의지에 따라 성령을 이용하려 한다는 비판을 가한다. 성령을 인격적 존재로 대하지 않고 신유나 복 받는 수단으로 여긴다는 것이다. 그러나 오순절교회는 삼위일체 하나님의 제 삼위이신 성령 하나님의 주체성과 절대적 주권을 인정한다.[420] 신자는 삼위일체 하나님이신 성령님을 섬겨야 하며, 동시에 인격이신 성령과 교제를 가질 수 있다.

개혁주의 신학은 바울 서신에 근거해 성령의 사역을 예수와 교회의 사역을 돕는 것에 한정한다. 보혜사 성령은 예수의 사역을 돕기 위해 오셨고, 오늘날에는 교회를 통해 예수의 사역을 완성하고 지속시키기 위해 오셨다는 것이다. 반면 오순절 운동은 사도행전을 중심으로 성령의 사역을 예수와 교회의 사역을 보조하고 지원하는 일에만 국한하지 않고, 독립적 존재로 적극적으로 교회를 세우고, 교회로 하여금 복음 전파를 하도록 인도하신다고 해석한다. 성령은 사람들로 하여금 죄를 깨닫게 하고, 은사를 주셔서 복음의 확장을 주도하신다는 것이다. 신자는 성령세례를 받을 때 성령의 권능과 은사를 받아 예수의 증인이 된다.

---

419) William Seymour, "The Holy Spirit Bishop of the Church", *Azusa Street Papers*, p. 19.
420) http://ag.org/top/Beliefs/Statement_of_Fundamental_Truths/sft_full.cfm

중생과 성령세례

중생과 성령세례는 동시에 일어나는가, 아니면 서로 구별되는 체험인가? 마틴 루터가 믿음으로 인한 칭의를 강조하면서 탄생한 개신교는 예수 그리스도를 구주로 영접하는 순간 중생과 성령세례를 동시에 경험한다고 간주했다. 죄인이 자신의 죄를 자복하고 예수를 구주로 고백하는 순간 성령이 신자의 내면에 임재하신다는 것이다. 개혁주의도 예수 그리스도를 믿고 영접하는 순간 성령세례를 받는다는 논리를 전개한다. 죄를 회개하고 예수를 주로 고백할 때 성령을 받는다는 것이다. 즉 중생과 성령세례는 회심의 순간 동시에 일어나는 사건이라는 견해다.

개혁 신학은 예수를 구주로 고백한 사람은 중생한 자요, 성령 받은 자로 해석한다. 믿음을 고백하는 것과 성령세례는 분리된 것이 아니라 하나이며, 예수님을 구주로 영접하는 순간 성령이 내주하신다는 것이다.[421] 합동신학원의 박형룡 교수는 "성령세례는 중생과 함께 받는 것이다. 이렇게 볼 때 성령세례는 성도의 구원 경험에서 단회적인 경험이요, 예수를 믿을 때 발생하는 경험인 것이다"라고 주장한다.[422] "성령세례는 예수 그리스도를 영접할 때 동시에 받는 것이다."[423] 모든 신자들은 이미 믿을 때 성령을 받았기 때문에 새로운 성령세례 및 체험을 강조할 필요가 없다는 것이다.

---

421) 김재성, 《개혁주의 성령론》(서울: 기독교문서선교회, 2012), p. 87.
422) 박형룡, 《교회와 성령》(서울: 합동신학원, 1993), p. 15.
423) 박용규, 《한국교회를 깨운 복음주의 운동》(서울: 두란노, 1998), p. 216.

이를 뒷받침하는 성경 구절들은 다음과 같다: "사람이 물과 성령으로 나지 아니하면 하나님의 나라에 들어갈 수 없느니라"(요 3:5), "성령으로 아니하고는 누구든지 예수를 주시라 할 수 없느니라"(고전 12:3), "성령이 친히 우리의 영과 더불어 우리가 하나님의 자녀인 것을 증언하시나니"(롬 8:16). "성령을 받는 것과 믿음의 고백을 시작하게 되는 것은 서로 분리된 것이 아니다."[424] 이런 의미에서 오순절 날의 성령세례 사건은 제자들의 불확실했던 구원을 최종적으로 확정짓는 사건이다.

반면 성결 운동과 오순절 운동은 중생과 성령세례를 시간적 차이를 두고 발생하는 다른 체험들로 해석한다. "성령세례는 성령의 중생케 하는 사역과 별개의 것이요, 구별되는 성령의 사역이다."[425] "성경은 우리의 영적 발전에 있어 회심과는 구별되는 두 번째 단계가 있다고 가르치는 것 같다."[426] 성결교회는 성령세례를 성결론과 관련시켜 발전시키면서 죄성이 제거되는 성화의 체험을 성령세례로 해석한다. 중생은 자범죄를 속함 받는 것이며, 성화는 부패성(원죄)을 제거하는 구별된 체험이라는 것이다. 부패성 제거는 교육이나 훈련을 통해서 이뤄지는 것이 아니라 오직 성령의 불세례로만 가능하다는 것이다. 성령의 역사는 죄인에게 죄를 깨닫게 해서 중생케 하고, 이후 거룩하게 해서 하나님의 형상을 회복하게 한다. 그래서 성결 운동은 성결을 성령세례와

---

424) 김재성, 《개혁주의 성령론》, p. 87.
425) Reuben A. Torrey, *The Baptism With the Holy Spirit*, p. 13.
426) A. J. Gordon, *The Two-Fold Life*(New York: Fleming H. Revell, 1985), p. 12.

동일시했다.

오순절교회는 예수를 구주로 영접하는 중생과 성령세례를 시간적으로 떨어져 있는 구별된 체험으로 해석한다. 특히 사도행전 2장에서의 회심과 성령세례는 동시적 사건이 아닌, 두 단계로 이루어진 체험으로 해석한다. 중생은 내적 변화를 일으켜 구원을 받는 사건이고, 성령세례는 삶과 섬김을 위한 권능 및 복음 전파를 위한 능력을 부여받는 것이라는 것이다. "성령세례는 본질상 타락한 성품을 뿌리 뽑거나 부도덕한 마음을 깨끗케 하기 위한 것이 아니다. 성령세례는 봉사에 있어 초자연적인 능력의 선물을 받는 것이다."[427] 회심을 경험한 신자는 성령세례 받기를 간구해야 한다. "너희 하늘 아버지께서 구하는 자에게 성령을 주시지 않겠느냐"(눅 11:13).

예수의 제자들은 사마리아에 가서 복음을 전했고, 그들은 복음을 받아들인 후 물세례를 받았다. 제자들이 이 사실을 베드로에게 고하자 그는 직접 사마리아로 가서 그들에게 안수했고, 그들은 성령을 받았다. "주 예수의 이름으로 세례만 받을 뿐이더라 이에 두 사도가 그들에게 안수하매 성령을 받는지라"(행 8:16~17). 바울은 에베소 교회에서 세례 요한의 제자들을 만나 "너희가 믿을 때에 성령을 받았느냐"(행 19:2a)고 물었다. 그러자 비록 그들은 세례를 받기는 했지만 "우리는 성령이 계심도 듣지 못하였노라"(행 19:2b)고 답변했다. 이에 바울이 성령에 대해 강해하고 그들에

---

427) R. A. Torrey, *What the Bible Teaches*, p. 271.

게 안수하자, 그들은 성령의 부으심을 받고, 방언으로 말하고, 예언하기 시작했다(행 19:6).

성령세례와 방언[428]

방언의 은사를 놓고 개혁주의 신학과 오순절 신학은 첨예한 대립을 보이고 있다. 개혁주의는 방언을 열두 사도에게만 주어진 사도 신임장으로 그들 외에는 방언을 받은 사람들이 없었다고 주장한다. 그리고 방언은 신자나 교회에 그리 유익한 은사도 아니라고 주장한다. "내가 사람의 방언과 천사의 말을 할지라도 사랑이 없으면 소리 나는 구리와 울리는 꽹과리가 되고"(고전 13:1). "사랑은 언제까지나 떨어지지 아니하되 예언도 폐하고 방언도 그치고 지식도 폐하리라 … 온전한 것이 올 때에는 부분적으로 하던 것이 폐하리라"(고전 13:8, 10). "교회에서 네가 남을 가르치기 위하여 깨달은 마음으로 다섯 마디 말을 하는 것이 일만 마디 방언으로 말하는 것보다 나으니라"(고전 14:19). "통역하는 자가 없으면 교회에서는 잠잠하고 자기와 하나님께 말할 것이요"(고전 14:28).

개신교 주류는 오랫동안 방언을 무시해 왔다. 개혁주의는 어거스틴, 루터, 존 칼빈, 존 오웬, 조나단 에드워즈, 워필드, 리처드 개핀 등이 방언을 하지 않았다고 강조한다. 이런 경향에 대해 R. A. 토레이는 다음과 같이 명시했다.

---

428) 성령세례와 방언에 대해 좀 더 알기를 원한다면 필자의 책을 참고하길 바란다. 김신호, 《성령세례 받으면 방언하나요?》(서울: 서로사랑, 2011).

성령세례에 대해 내가 처음에 연구한 바로는, 많은 경우 성령세례를 받은 사람들이 방언을 말했다. 그런데 한 가지 의문이 발생했는데, '만약 어떤 사람이 성령세례를 받았다면 방언을 하지 않겠는가?' 하는 질문이다. 그러나 나는 방언을 말하는 사람을 한 사람도 보지 못했다. 그래서 나는 오늘날 실제로 성령세례를 받은 사람이 있는가에 대해 의아해하지 않을 수 없었다.[429]

그렇다면 역사 속 혹은 오늘날 나타나는 방언은 어떻게 해석할 수 있는가? 개혁주의는 방언을 계시의 은사로 해석한다. 그런데 주님의 계시는 신약성경의 완성으로 드러났고, 우리는 성경을 통해 하나님의 뜻을 완전히 알 수 있다. 그래서 완전한 계시인 성경의 완성 이후로는 주님의 재림 때까지 더 이상 새로운 계시는 없다고 주장한다. 계시의 은사가 필요했던 초대 교회에서는 방언이 존재했지만, 그 이후로 방언은 역사 속에서 완전히 사라졌다는 것이다. 기독교 역사에서 나타났던 방언은 정통 교회가 아닌, 주로 이단이나 열광주의적 종파에만 국한되어 발생했고 진짜 방언이 있었던 적은 없다고 주장한다.[430]

또한 "사이비 교주가 가짜 방언을 하는 것을 보고 따라하다 보

---

429) Reuben A. Torrey, *The Baptism With the Holy Spirit*, p. 16.
430) W. A. Criswell, *The Baptism, Filling & Gifts of the Holy Spirit*(Ministry Resources Library, 1966), pp. 122~127.

니 방언을 하기도 한다. 오늘날의 방언은 외국어가 아닌 가짜 방언으로, 고등 교육을 받지 못하고 사회적 지위가 낮은 사람들의 사회적 결핍 혹은 심리적 상처로 인한 비정상적 반응이다. 방언은 주로 심리적으로 불안하고 정서적 문제가 있는 사람들에게 나타나는, 정신병 환자들의 횡설수설에 불과하다. 무당이 신 들려 다른 목소리로 말하는 경우, 미국 인디언들이 황홀경에 빠져 격렬한 춤을 추면서 알아듣지 못하는 말을 하는 경우, 힌두교의 쿤달리니 각성 중에 나오는 인식 불가능한 언어 등 타 종교에서도 방언과 같은 현상들이 나타난다. 귀신이 들리면 마귀 방언을 하게 되기에, 방언은 악령이 들린 증거"[431]라고, 혹은 주문을 몇 번 반복해서 따라 외우다 보면 모방에 의해 방언을 할 수 있다고 주장한다. 전통 개신교회들은 이와 같이 방언을 해석하면서 방언 은사의 현재성을 부정한다.

방언에 대한 개혁주의적 신학에 반대해 오순절 운동은 성령의 은사인 방언은 사라지지 않았고 오늘날에도 나타난다고 강조한다. "믿는 자들에게는 이런 표적이 따르리니 곧 그들이 내 이름으로 귀신을 쫓아내며 새 방언을 말하며"(막 16:17). 성경에서 성령세례가 임하는 대부분의 장면에는 성령이 말하게 하심을 따라 방언을 말하는 현상이 나타났다. "그들이 다 성령의 충만함을 받고 성령이 말하게 하심을 따라 다른 언어들로 말하기를 시작하니라"(행 2:4). "베드로가 이 말을 할 때에 성령이 말씀 듣는 모든 사람에

---

431) 옥성호, 《방언, 정말 하늘의 언어인가?》(서울: 부흥과개혁사, 2008), p. 21.

게 내려오시니 … 이는 방언을 말하며 하나님 높임을 들음이러라"(행 10:44, 46). "바울이 그들에게 안수하매 성령이 그들에게 임하시므로 방언도 하고 예언도 하니 모두 열두 사람쯤 되니라"(행 19:6~7).

바울은 방언에 대해 반대하지 않았고, 오히려 자신이 방언을 많이 한다고 자랑했다. "내가 너희 모든 사람보다 방언을 더 말하므로 하나님께 감사하노라"(고전 14:18). "나는 너희가 다 방언 말하기를 원하나"(고전 14:5). "형제들아 예언하기를 사모하며 방언 말하기를 금하지 말라"(고전 14:39).

개혁주의가 주장하는 것처럼 기독교 역사에서 방언이 완전히 사라진 것이 아니다. 2세기경 몬타누스파가 방언을 말했으며, 도나투스, 프랑스 알비파(12세기), 프랑스 왈도파(13세기), 퀘이커교(18세기) 등에서도 방언 현상이 나타났다. 특히 미국 교회에서 방언은 낯설지 않은 종교적 현상으로, 1801년 케인 리지 집회와 1881년 성결 캠프에서 방언으로 찬양하는 현상이 나타났다. 1890년대에 에터는 '나의 사역 기간 동안 몇몇 사람들은 방언을 했다', '한 소녀가 모르는 외국어로 말하고 글을 썼다'고 회고했다. 1896년 노스캐롤라이나 캠프 크릭 부흥회에서 100여 명의 사람들이 방언을 했고, 1904년 웨일스 부흥에서도 방언이 나타났다. 아주사 부흥 이전에 이미 수천 명 이상의 미국 그리스도인들이 방언을 체험했다.[432]

---

432) 빈슨 사이난,《세계 오순절 성결운동의 역사》, p. 111.

파함은 성령세례의 1차적 증거가 방언이라 주장했고, 시모어는 성령세례를 받은 결과 방언을 말한다고 강조했다. "성령세례는 성화된 사람에게 주어진 권능의 은사다. 그래서 우리가 그 은사를 받을 때 제자들이 오순절 날에 받았던 것과 동일한 증거를 가진다. 즉 새 방언을 말하는 것이다."[433] 그리스도의 영이 신자의 영혼에 내주한 결과 방언을 말한다는 것이다. 하나님의 성회 신조 제8조는 "믿는 자들에게 임하는 성령세례란 하나님의 성령이 부어 주심에 의해 다른 방언으로 말하는 최초의 외적 표적에 의하여 증거된다"고 명시하고 있다.

> 오순절 운동은 기독교 내의 한 종파로, 이들의 특징은 사도행전 2장에 언급된 오순절 사건이 교회 탄생의 신호일 뿐 아니라 모든 시대의 신자들에게 적용되는 체험을 묘사하고 있다고 믿는다. '성령세례'라 불리는 능력을 받는 체험은 '성령이 말하게 하심을 따라 다른 언어들로 말하는' (행 2:4 참조) 표적이 동반되는 것에 의해 증명된다고 믿는다.[434]

신오순절 운동의 경우, 그들에게 방언은 성령세례의 유일한

---

433) William Seymour, "The Apostolic Faith Movement", *The Azusa Street Papers*, p. 11.
434) William Menzies, *Anointed to Serve*, p. 9.

증거가 아닌 많은 은사들 중 하나다. 성령세례를 받더라도 방언을 말하지 못하는 경우가 있으며, 다른 은사들을 받을 수도 있다. "은사는 여러 가지나 성령은 같고 … 어떤 사람에게는 성령으로 말미암아 지혜의 말씀을 … 다른 사람에게는 각종 방언 말함을, 어떤 사람에게는 방언들 통역함을 주시나니 이 모든 일은 같은 한 성령이 행하사 그의 뜻대로 각 사람에게 나누어 주시는 것이니라"(고전 12:4~11). "다 병 고치는 은사를 가진 자이겠느냐 다 방언을 말하는 자이겠느냐 다 통역하는 자이겠느냐"(고전 12:30). 그들은 성령세례를 받으면 성령의 아홉 가지 은사인 지혜, 지식, 믿음, 치유, 능력 행함, 영들 분별함, 방언 말함, 방언 통역 등의 은사들 중 일부를 받게 된다고 주장했다.

외국어 방언 vs. 영적 언어

방언은 크게 두 가지 종류로 해석된다. 파함의 경우, 그는 방언을 외국어를 말하는 능력으로 해석했다. "그 때에 경건한 유대인들이 천하 각국으로부터 와서 예루살렘에 머물러 있더니 … 각각 자기의 방언으로 제자들이 말하는 것을 듣고 소동하여"(행 2:5~6). "우리가 우리 각 사람이 난 곳 방언으로 듣게 되는 것이 어찌 됨이냐"(행 2:8). "이는 방언을 말하며 하나님 높임을 들음이러라"(행 10:46). 그는 이방인들이 신자들의 방언 내용을 이해했다는 사실에 근거해 방언을 알아들을 수 있는 외국어 방언(xenolalia)으로 해석했다. 방언이란 아무도 알아듣지 못하는 의미 없는 소리가 아니라 믿지 않는 자들로 하여금 복음을 받아들이게 하기 위한 외국

언어라는 것이다.

시모어 또한 방언은 말세에 복음을 증거하기 위해 배우지 않은 외국어를 말하는 초자연적 능력이라고 주장했다. 그가 〈사도적 신앙〉에서 언급한 방언의 사례들을 살펴보면 헬라어, 프랑스어, 중국어, 일본어, 벵골어 등과 같은 외국어를 습득한 경우가 대부분이었다. 오순절 신자들이 자신의 나라 말로 말하는 것을 들은 사람들은 놀랐고, 복음을 받아들였다. 파함과 시모어에게 있어 방언은 세계 선교를 위해 외국어로 복음을 전파하라고 주어진 은사다.

그런데 과연 방언이 외국어를 말하는 은사인지에 대한 의문이 제기되었다. 성령세례를 받은 사람들의 입에서 외국어 방언이 나온다고 믿었지만 막상 선교지에 가면 의사소통이 제대로 되지 않았다. 무엇보다도 외국어 방언 은사를 받은 사람은 외국어를 배운 적이 없기 때문에 설사 외국어 방언을 말한다 하더라도 자신이 무슨 말을 하는지 전혀 알 수 없었고, 원주민들이 말하는 것을 알아들을 수도 없었다. 설사 외국어 방언을 하더라도 특정한 메시지를 담고 있는 간단한 문장이나 단어를 말했을 뿐이었다. 자연히 통역이 없이는 의사소통이나 대화가 불가능했다.[435]

사도행전에 나오는 방언은 사람들이 그 뜻을 알아들은 반면, 고린도전서에 나오는 방언은 외국어가 아닌 사람들이 알아듣지 못하는 소리다: "방언을 말하는 자는 사람에게 하지 아니하고 하

---

435) 배덕만, 《성령을 받으라: 오순절운동의 역사와 신학》, p. 85.

나님께 하나니 이는 알아듣는 자가 없고 영으로 비밀을 말함이라"(고전 14:2). 그래서 방언은 특정 외국어가 아닌 그 누구도 알아들을 수 없는 '하늘의 언어'라는 주장도 제기되고 있다. 알아듣지 못하는 방언은 복음 전파가 목적이 아닌, 신자의 유익을 위한 개인 은사라는 것이다. 영적 언어인 방언은 사람의 영이 개인의 비밀을 하나님에게 고하는 것이라는 것이다.

"다른 사람에게는 각종 방언 말함을(another different kinds of tongues), 어떤 사람에게는 방언들 통역함을 주시나니"(고전 12:10). 이 구절에서 표현하듯이 '각종 방언'은 단수가 아닌 복수이므로 방언을 한 가지로만 해석하는 것은 무리라 여겨진다. 크게 방언은 외국어 방언과 알아듣지 못하는 영적 언어로 나눌 수 있으며, 어떤 종류의 방언이든 방언을 말하는 사람은 그 뜻을 알 수 없기에 성경은 방언 통역의 은사에 대해 언급한다. 바울은 방언은 통변과 함께할 때 그 의미를 제대로 알 수 있어 교회에 덕을 세운다고 말한다(고전 14:5 참조).

은사 중지론 vs. 은사 지속론

오순절 운동은 근본주의의 5대 강령인 성경의 축자영감설과 절대무오설, 그리스도의 동정녀 잉태, 그리스도의 대속적 죽음, 육체적 부활, 세대주의적 전천년설에 전적으로 동의한다. 그럼에도 불구하고 근본주의는 오순절 운동에 대해 신랄한 비판을 가하면서 이단시했다. 가장 큰 신학적 차이는 은사의 현재성에 대한 상반된 견해 때문이다. 근본주의 및 개혁주의가 세대주의에 근거해 은사 중지론을 주장하는 반면, 오순절 운동은 신약의 사건이 오늘날에도 재현될 수 있다는 은사 지속론을 지지한다.

종교 개혁 이후 탄생한 개신교회는 초대 교회에 발생했던 초자연적 사건들이 오늘날에는 더 이상 나타나지 않는다는 은사 중지론(cessation theory)을 지지해 왔다. 개혁주의도 초대 교회에서는 기적이 일어났으나 오늘날에는 더 이상 일어나지 않는다고 주장한다. "예언도 폐하고 방언도 그치고 지식도 폐하리라 … 온전한 것이 올 때에는 부분적으로 하던 것이 폐하리라"(고전 13:8, 10). 여기서 "온전한 것"은 다름 아닌 '성경의 완성'으로, 예언이나 방언은 성경이 완성될 때까지만 있었던 은사들이라는 것이다. 이들은 초대 교회는 성경의 권위가 확증되지 않았기 때문에 기적들이 필요했으나, 정경이 확립된 이후에는 더 이상 기적적 은사들이 필요 없게 되었다고 주장한다. 성령의 은사들은 신약성경이 완성되기 전까지만 제한적으로 사용되었고, 최종 계시인 정경의 완성 이후로는 모든 성령의 은사들이 종료되었다는 것이다. 자유주의 신학은 성경에 기록된 기적은 실제로 일어난 사건이 아니기에 비유로 해석한다.

유신론적 진화론자였던 워필드(B. B. Warfield)는 하나님이 적자생존의 법칙에 따라 이 세상을 운영하시지 초자연적으로는 개입하지 않으신다고 생각했다. 열두 사도들은 교회의 기초를 세워야 하는 특수한 입장에 서 있었기 때문에 그들의 사도성을 증명하기 위해 기적과 방언, 신유 등의 성령의 은사들이 주어졌지만, 다른 사람들은 바울이 성령세례를 통해 방언의 은사를 받는 것을 보고 그가 사도임을 알 수 있었다는 것이다. 이처럼 사도직은 독특하고 재현이 불가능한 역할로서, 신약성경이 완성되고 마지막 사도가 죽음으로 기적의 역사는 역사에서 완전히 소멸되었고, 그 이후로는 단 한 번의 기적도 일어난 적이 없다는 견해다.[436] 은사를 사도 시대로만 국한시키는 그의 주장은 개혁주의 은사론을 대변하게 되었다.

> 이런 형편은 사도 교회만의 특색으로 오직 사도 시대에만 속한 것이었다 … 이런 은사들은 … 교회를 설립하는 데 있어 하나님의 권위 있는 대행자로서의 사도직에 대한 신임장이었다. 그렇기에 은사의 기능은 오직 사도 교회에만 한정되었고, 필연적 결과로 그 은사들은 사도 교회와 함께 사라졌다.[437]

개혁주의 신학자 제임스 패커(James Packer)나 칼빈주의 신학자 리처드 개핀(Richard Gaffin)도 성경은 계시의 완성으로 그 이후에는 계시나 은사, 예언들이 중단되었다고 단정한다. "오순절 날 제자들이 성령세례를 받음으로 예수 그리스도의 구원 사역이 마무리되었다. 기적은 오직 구원과 관련된다. 그리스도가 단 한 번의 십

---

436) Benjamin B. Warfield, *Counterfeit Miracles*(Chrlisle, PA: Banner of Truth, 1918), p. 21.
437) ibid., pp. 5~6.

자가 사건을 통해 구원의 역사를 완성하셨듯이, 다락방 오순절은 교회의 초석을 놓는 사건으로 역사에서 한 번만 일어났다. 예수님의 십자가 죽음과 부활, 승천이 반복될 수 없는 한 번의 사건인 것처럼, 성령의 초자연적 사건들과 오순절 성령세례도 단회적인 구속 사건으로 당시에만 일어난 특수 사건이다. 그러므로 오늘날 교회는 사도들이 오순절에 체험했던 것을 체험할 수 없다. 모든 기적이 중단되었기에 오늘날 일어나는 기적이나 은사들은 가짜 기적이요, 이상한 불이다."[438]

은사에 대해 중도적 자세를 보이는 개신교 그룹은 초대 교회에 나타났던 은사들이 오늘날에도 지속될 수 있으나 그때와 동일하게 나타나는 것이 아니라 제한적으로 나타난다는 입장을 보인다. 사도성을 입증하는 일부 은사는 중단되었고 그 이외의 일반 은사들은 지속된다는 것이다. "모든 시대가 항상 기적들로 충만한 것이 아니라 모세의 출애굽, 엘리야와 엘리사, 예수 그리스도와 제자들 등과 같이 은사가 강하게 나타나는 특별한 시기들이 있다."[439] 하나님은 애굽과 이스라엘 사람들이 모세가 하나님이 보내신 자라는 사실을 믿게 하기 위해서 수많은 기사와 능력을 부어 주셨다. 애굽에 내린 열 가지 재앙들이나 홍해를 가른 사건, 사막에서 물이 나오게 하는 사건 등 수많은 기적들이 그의 삶을

438) John MacArthur, *Strange Fire: The Danger of Offending the Holy Spirit with Counterfeit Worship*(Nashville: Thomas Nelson Publisher, 2013), pp. 12~23.
439) John F. MacArthur, *Charismatic Chaos*(Grand Rapids: Zondervan, 1992), p. 112. Wayne A. Grudem, *Are Miraculous Gifts for Today?*, pp. 105, 108.

통해서 나타났다. 모세의 뒤를 이은 여호수아의 경우, 하나님이 약속하신 땅을 차지하는 과정에서 태양을 멈추기도 했다.

가톨릭교회의 경우, 교회 역사에서 나타난 기적과 은사들에 대해 긍정적 입장을 고수해 왔다. 하나님이 교회를 승인하실 때 기적과 은사가 나타난다는 것이다. 종교 개혁이 일어났을 때 가톨릭교회가 종교 개혁가들을 비판한 것들 중의 하나는, 종교 개혁에서 하나님의 뜻임을 확증해 줄 만한 기적들이 나타나지 않았다는 점이다.[440] 가톨릭교회는 오늘날에도 초자연적 성령의 은사들이 나타난다는 전통을 고수하고 있다.

오순절 운동은 사도행전 2장에 기록된 오순절 사건이 교회의 탄생을 알릴 뿐만 아니라, 모든 시대의 신자들에게 열려 있는 성령 체험임을 믿는다. 그래서 그들은 오순절 성령세례 사건이 사도들에게 신임장을 준 것이라 믿으며, 초자연적 성령의 은사들이 사도 시대에 종결되었다는 주장에 강력히 도전한다. "예언도 폐하고 방언도 그치고 지식도 폐하리라 ⋯ 온전한 것이 올 때에는 부분적으로 하던 것이 폐하리라"(고전 13:8, 10).

개혁주의가 "온전한 것"을 성경의 완성으로 해석하는 반면, 오순절 신학자들은 이를 '주님의 재림' 으로 해석한다. "방언, 방언 통역, 예언 등은 사도성을 증명하는 은사들이 아니라 모든 신자들에게 주어진 은사들이다. 마가의 다락방 이후 교회에서 하나님의 능력이 사라진 적은 없다. 하나님이 어제나 오늘이나 동일

---

440) 빈슨 사이난, 《20세기 성령 운동의 현주소》, pp. 50~51.

하신 것처럼, 사도 교회의 특성들은 주님의 재림 때까지 모든 세대의 교회들의 규범이 된다. 초대 교회에 나타난 초자연적 기적과 성령의 은사들은 오늘날에도 반복되고 있다." [441]

신오순절 운동도 사도 시대 이후 성령의 초자연적 은사가 그친 것이 아니라 오늘날에도 지속되고 있다는 은사 지속론을 받아들인다. 로이드 존스(Martyn Lloyd Jones)는 은사 중지론이 성경 메시지와 신자의 신앙 체험과 맞지 않다고 지적한다. "은사 중지론은 교회와 신자들의 신앙생활과 부흥, 성장을 가로막고 무력한 삶을 살게 한다. 하나님은 오늘날에도 성령을 통해 세상에 직접 개입하고 계시고, 신자의 삶 속에서도 역사하신다." [442]

한국 교회는 은사 중지론을 주장하는 그룹과 은사 지속론을 주장하는 그룹으로 양분되어 있다. 찰스 핫지와 워필드 등의 구 프린스턴 신학의 영향을 강하게 받은 일부 장로교 신학자들은 오늘날 교회에 부어지는 성령의 은사들을 부정하고 있다. 그러나 오순절 운동과 신오순절 운동의 대두로 인해 오늘날에는 은사 중지론이 소수설이 되고 은사 지속론이 대두되고 있다. 바울은 성령의 은사가 중요하다고 강조하면서도 동시에 은사의 남용을 조심하라고 충고한다. 은사를 극도로 제한하는 것도 문제이며, 은사를 지나치게 남용하는 것도 문제다.

---

441) Donald Dayton, *Theological Roots of Pentecostalism*, pp. 26~28.
442) D. M. Lloyd-Jones, "The Living God", *Evangelical Magazine of Wales 20*(April, 1981), pp. 16~22.

4. 신유의 복음 [443]

구약은 병 고침과 건강을 하나님의 은혜와 축복으로 해석하며, 신약은 예수님이 천국 복음을 전하셨을 뿐만 아니라 병자들을 치유하셨음을 증언하고 있다. 예수님은 엘리야나 엘리사처럼 기적을 베푸는 선지자이셨다(눅 7:16, 막 6:15 참조). 신유와 축사, 죽은 자를 살리는 기적 사역은 예수님 공생애의 3분의 1을 차지할 정도로 그 비중이 높았다.

예수님이 안식일에 병을 고치시자 바리새인들은 예수님이 안식일을 지키지 않았다는 비판을 가했지만, 그분은 안식일에 치유를 보류하는 것은 오히려 살인이라 설명하시면서 병을 고치셨다. 그의 신유는 하나님의 선을 행하는 것이자 동시에 구원하는 행위셨다. 예수님은 신유를 행하심으로 성령이 그 안에 내주하시고 그가 하나님의 아들(신성)이심을 증거하셨다. 제자들도 예수님의 병 고침을 보고 그가 '하나님의 아들' 이심을 인정했다(막 8:29 참조). 베드로와 바울도 엄청난 신유를 행했는데, 베드로의 그림자(행 5:15 참조)나 바울의 의복의 일부(행 19:12 참조)를 통해서도 치유가 일어났다.

신유는 성경에 기록된 명백한 사건이지만, 오늘날 개혁주의와 오순절주의 사이에 신유에 대한 논쟁이 지속되고 있다. 신유는 초대 교회에서만 일어난 일시적 기적인가, 아니면 오늘날에도 신

---

443) 신유에 대해 좀 더 알기를 원한다면 필자의 책을 참고하길 바란다. 김신호, 《어떻게 해야 신유를 경험할 수 있나요?》(서울: 서로사랑, 2011).

유를 기대할 수 있는가? 기적과 신유를 강조한 가톨릭교회에 대한 반발로 탄생한 개신교는 가톨릭교회와의 차별화를 위해 신유를 부정하고 미신으로 치부하고 말았다. "로마교회의 주술적 미신, 즉 주권적인 하나님의 능력을 흉내 내는 갖가지 방법들은 기독교에 있어서 일종의 명예롭지 못한 것이 되기 때문이다."[444]

칼빈은 신유의 기적을 초대 교회로만 한정한다. "신유의 은사는 하나님이 특정 시간에 주신 것으로, 기적과 함께 사라졌다. 하나님의 계시는 이제 복음 선포로 대처되었다. 기름부음은 사도들의 손에 의해서 집행된 능력으로 우리에게 허락된 것이 아니기에 더 이상의 신유 능력은 존재하지 않는다."[445] 초대 교회는 하나님 말씀의 진정성이 의심되던 시기로, 복음을 전파하기 위해 신유와 같은 기적이 필요했다.

개혁주의는 예수님의 신유 사역을 궁극적으로 구원과 연관시켜 설명한다. 예수님의 궁극적 사역은 인간 구원으로, 성경적 신유는 구원 사역에 속한다는 것이다. 그런데 예수님의 십자가 사역으로 구원이 완성되었기에, 구원론적 계시인 신유는 폐기되어야 한다고 주장한다. "주님은 옛 시대와 마찬가지로 필요할 때마다 그들의 약함을 고치셨다. 그러나 그는 계속 이런 능력을 발휘하지 않으셨을 뿐 아니라 사도들의 손을 통해서도 기적을 베풀지 않으셨다. 그것(신유)은 일시적 은사였으며, 그러기에 곧바로 사라

444) John Owen, "Discourse on Spiritual Gifts", in *The Works of John Owen*, William Gould, ed.(Edinburgh: T. and T. Clark, 1862), vol. 4, pp. 462~463.
445) John Calvin, *Institutes of the Christian Religion*, IV-19-19.

졌다."[446]

계몽주의 세계관을 받아들인 이신론적 그리스도인들은 하나님의 사역을 과학과 자연의 법칙으로 설명하면서 초자연적 역사를 부정한다. "하나님은 논리와 과학의 법칙에 근거해 이 세상을 창조하셨고 자연 법칙에 따라 세상을 이끌어 가신다. 그분은 기적이나 치유 등과 같은 초자연적 역사를 행하지 않으신다. 그는 자신이 창조한 자연의 법칙을 깨뜨리는 일은 절대로 하지 않으신다. 그러므로 현대에도 신유 은사가 반복된다는 주장은 하나님을 불경스럽게 하는 것이다. 오늘날 기적이나 신유를 기대하는 것은 비과학적인 믿음으로 무당의 치병 행위와 같은 미신이다."[447] "하나님은 자연의 법칙에 따라 세상을 다스리며, 기적과 같이 자연 법칙을 거스르는 일은 하지 않으신다. 만일 하나님이 기적을 역사하신다면, 그것은 당신이 창조하신 자연 질서를 파괴하는 것이며, 인간의 이성을 무시하시는 것이다."[448]

이처럼 합리적인 신학이 대세를 이루면서 이성과 논리, 자연 법칙을 벗어난 초자연적 요소를 부정하게 되었다. 오늘날의 신유는 가짜로, 진정한 신유의 역사는 일어나지 않는다는 것이다. 예수님의 치유는 즉각적이고 실패가 없었으며 모든 종류의 질병들이 다 고침을 받았지만, 오늘날의 신유는 즉각적으로 낫지 않고 치유 받지 못하는 질병들도 많기에, 이는 가짜거나 심리적 현상

---

446) ibid., IV-19-19.
447) John Owen, "Discourse on Spiritual Gifts", pp. 462~463.
448) James Buckley, "Faith Healing", Century(1886), p. 236.

인 플라시보 효과에 불과하다고 주장한다.

이들에 의하면, 질병을 포함한 육체의 문제는 교회의 일이 아닌 자연 과학이 해결해야 한다. 하나님은 현대 의학의 발전을 허락하셨고 병원과 의약품을 통해서 병을 치료하신다. 의학의 발전으로 인해 인간의 질병은 정복될 수 있으며, 언젠가는 이 세상에서 완전히 사라질 것이다. 병원과 의사, 의약품은 하나님이 질병을 치료하기 위해 내리신 선물로, 병 낫기를 원하면 교회로 갈 것이 아니라 의사에게 가야 하며, 질병의 치유는 전적으로 병원과 의료인의 분야지, 종교인의 분야가 아니다.

개혁주의에 의하면, 교회에서 병 고침을 강조하는 것은 예수 그리스도의 복음을 개인의 치유나 만사형통을 위해 하나님에게 비는 기복적 행위다. 교회의 목적은 하나님을 믿고 예배하는 것이지, 이를 개인의 유익을 구하거나 복 받기 위한 수단으로 전락시켜서는 안 된다는 것이다. 이들은 기독교 신앙으로 병을 치료하려는 행위는 샤머니즘과 다를 바가 없으며, 무당이 병을 고치듯이 교회가 이를 흉내 내어 병을 고치려 드는 것은 교회를 무당교로 만들려는 수작이라고 주장한다. 또한 치유를 강조하는 교회는 하나님과 예수님이라는 용어를 사용할 뿐, 샤머니즘의 치유와 조금도 다를 바가 없다고 주장한다. 이런 해석의 영향으로 인해 교회에서 신유의 역사가 나타나면 '저 교회는 무당 교회'라고 비난한다.[449] 교회에서 신유를 강조하는 것은 미신적 방법에 의해 병을 고치는 무당을 따라하는 행위이기에 교회에서 무당처럼 병을 고쳐서는 안 된다는 것이다.

이런 개혁주의적 혹은 이신론적 신유론에 반대해, 오순절교회는 오늘날에도 성령의 능력으로 기도하는 사람들에게 신유가 일어난다고 믿는다. "그가 찔림은 우리의 허물 때문이요 그가 상함은 우리의 죄악 때문이라 그가 징계를 받으므로 우리는 평화를 누리고 그가 채찍에 맞으므로 우리는 나음을 받았도다"(사 53:5). "그가 채찍에 맞음으로 너희는 나음을 얻었나니"(벧전 2:24). "믿음의 기도는 병든 자를 구원하리니 주께서 그를 일으키시리라"(약 5:15).

칼빈주의 신학은 인간의 육체를 죄악의 뿌리로 보아 부정적인 반면, 웨슬리안 성결 운동은 인간의 죄성이 인간의 본래적 모습이 아니라고 해석한다. 모든 죄악과 질병은 아담의 타락에 기원한다. 죽음과 질병은 죄에 대한 하나님의 심판이다(고전 11:30 참조). 심프슨은 그리스도가 육체로 오셨고 육체의 질병을 담당하신 점에 주목했다. 그리스도는 십자가를 통해 죄의 문제를 해결하심으로 인간의 영혼을 구원하셨을 뿐만 아니라 질병으로부터도 구속하셨다는 것이다. "예수 그리스도는 영혼뿐 아니라 육체를 위해서도 나의 구원자가 되신다."[450] 그는 예수 그리스도의 십자가 복음이 죄로부터의 영혼 구원에만 국한되지 않고 질병으로부터의 치유가 포함되어 있다는 전인적 구원(whole salvation)을 강조한다.

---

449) 서광선, 《한국 교회 성령운동의 현상과 구조: 순복음 중앙교회를 중심으로》, p. 247.
450) A. B. Simpson, *The Lord for the Body: With Questions and Answers on Divine Healing*(New York, NY: Christian Alliance Publishing, 1925).

구원은 우리 주 예수 그리스도의 십자가에 그 중심이 있으며 우리는 거기서 신유의 근본적인 원리를 찾아야 한다. 신유는 속죄의 희생에 근거한다 … 만약 질병이 타락의 결과라 한다면, 질병은 그리스도의 대속, 곧 죄의 저주가 미치는 모든 것이 그리스도의 대속 안에 포함되어야 한다.[451]

고든도 "그리스도 대속 안에 육신의 치유에 대한 믿음의 기초가 있다"고 주장했다. 그리스도의 보혈을 통해 죄를 용서함 받듯이, 질병도 그리스도의 구속을 통해 고침 받는다는 것이다. 회개와 믿음을 통해 구원을 받듯이, 신유도 마찬가지라는 것이다. "그리스도의 대속으로 우리 영혼의 성화뿐만 아니라, 우리 몸의 성화도 가능하게 되었다."[452] 급진적 성결교회에 의하면, 성화의 능력은 질병의 원인인 부패성을 멸절시키기에, 질병으로부터의 완전한 씻김이 가능하다고 보았다.

오순절교회는 초대 교회 이후에도 교회는 기적과 신유를 행해왔고, 오늘날에도 기도하는 가운데 신유가 일어나고 있음을 강조한다. 시모어의 아주사 미션은 신유를 방언만큼 중요한 성령의 은사로 간주했으며, 수많은 질병들이 고침 받는 역사가 일어났다. "의사도 포기했던 킹(J. King) 부인의 폐암이 8월 8일 치유되었

451) A. B. Simpson, *The Gospel of Healing*(New York: Christian Alliance Publishing, 1915), p. 34.
452) Edith L. Blumhofer, *The Assemblies of God*, p. 72.

다. 그녀의 한쪽 폐는 이미 완전히 마비된 상태였다. 그녀가 기도를 받을 때 주님이 즉시 그녀의 몸을 만지셨고, 그녀를 치유하셨다."[453] "성령의 능력이 역사하는 곳마다 신유를 행하신다 … 만약 오늘날 신유를 목격하기가 어렵다면 다른 곳에 원인이 있는 것이 아니라, 바로 성령이 능력으로 역사하지 않기 때문이다."[454]

하나님의 성회 '근본진리선언문' 제12조는 "질병으로부터의 구원은 구속의 은총 속에 제공되며, 모든 신자들의 특권"[455]으로 규정한다. 하나님의 성회 데이비드 윌커슨(David Wilkerson) 목사는 펜실베이니아의 중산층 목회지를 떠나 뉴욕으로 가 젊은 마약 중독자들을 전도했다. 그가 성령세례를 통한 마약 중독 퇴치인 '30초의 치유'를 강조하자 치유가 일어났고 큰 관심을 불러일으켰다.[456]

초기 오순절주의자들 중 의사와 약을 금지하는 극단적 주장이 제기된 적도 있지만 점차 신유 신학이 정교해지면서 하나님이 의술이나 의약품을 통해서도 치유하신다는 점을 받아들였다. "우리는 육체의 치유에 대한 성경적 교리를 수용하며, 야고보서 5장 14~15절의 말씀에 따라 믿음의 기도로 치유 받는 것은 모든 하나님의 자녀들의 특권이라 믿는다. 그러나 건강을 회복하기 위해

---

453) Willima Seymour, "Fire Still Falling", in *The Azusa Street Papers*, p. 4.
454) Andrew Murray, *Divine Healing*(New York: Christian Alliance Publishing, 1900), p. 26.
455) http://ag.org/top/Beliefs/Statement_of_Fundamental_Truths/sft_full.cfm. P. C. Nelson, *Bible Doctrines*.
456) David Wilkerson, *The Cross and the Switchblade*(New York: Geis, 1963).

다른 수단들을 사용하는 사람들과의 관계를 단절하지 않으며, 그들에 대해 어떤 정죄도 행하지 않는다."[457] 오순절교회의 신유 교리는 더 이상 의학에 대해 부정적이지 않으며, 신자들에게 의학적 도움이나 의약품의 사용을 권장한다. 질병의 원인도 죄로만 국한하던 것에서 벗어나 위생학이나 의학적 소견을 받아들이고 있다.[458] 오늘날 오순절교회는 심프슨의 대속에 포함되어 있는 치유론보다는 신유를 하나님의 특별 은총으로 해석하는 경향이 높아지고 있다.

신유와 축사 [459]

구약에서 질병의 원인은 하나님으로부터 멀어짐과 죄에 대한 하나님의 진노 및 형벌로 이해되었다. 인간의 타락과 죄에 대한 하나님의 심판은 질병과 죽음의 1차적 원인이다(고전 11:30 참조). 질병의 원인으로 무시해서는 안 되는 것이 귀신이다. 대부분의 유대인들은 질병, 정신병, 귀신 들림 등의 배후에 사탄이 있다고 생각했다. 신약은 악한 영에 의한 귀신 들림이 있으며, 그 결과로 인해 질병이 생겼다고 말한다.

마틴 루터는 "사탄은 한 가지 병으로 나를 괴롭히지 않고, 많

---

457) Paul Westphal Thomas & Paul Wm. Thomas, *The Day's of Our Pilgrimage*, p. 328.
458) 도널드 데이턴, 《오순절운동의 신학적 뿌리》, pp. 142~143.
459) 귀신 및 축사에 대해 좀 더 알기를 원한다면 필자의 책을 참고하길 바란다. 김신호, 《오늘날에도 귀신이 있나요?》(서울: 서로사랑, 2012).

은 복잡한 병들로 괴롭힌다"고 토로했다. 사람이 귀신 들림으로 인해 육체적 질병과 정신병에 시달리고 있다는 것은 사탄이 인간의 삶을 지배하고 통치하고 있음을 보여 준다. 신자들은 이 세상에서 끊임없이 사탄과 귀신들과의 영적 전쟁 중에 있다.

신약은 그리스도가 악한 영의 권세를 꺾고 승리하셨음을 강조한다. 예수님은 마귀와 귀신을 쫓으심으로 그가 사탄보다 강한 권능을 가진 하나님임을 보여 주셨다. 그는 어둠의 주관자인 사탄의 왕국에 들어오셔서 하나님의 통치가 이 땅에 임했음을 치유와 축사를 통해 나타내셨다. 예수의 귀신 쫓는 사역인 축사는 사탄의 왕국을 약탈하고 멸망시키면서 결국 사탄에게 포로 된 자들을 해방시켰다(눅 4:18 참조). 복음 전파를 통해 하나님의 나라가 확장되는 곳에는 죄인들이 회개하고, 질병이 낫고, 귀신에게서 놓임을 받는 일들이 벌어졌다(눅 13:10~17 참조). 귀신이 쫓겨나면서 사탄의 나라가 궤멸되고 하나님의 통치가 시작된다(눅 11:20 참조). 그의 치유와 축사 사역은 하나님의 나라가 이 세상에 도래했다는 강력한 증거다.[460] 십자가 구속으로 인간을 죄에서, 질병으로부터, 또한 악한 영으로부터 해방시키셨다.

오순절 운동에서도 성령의 능력에 의해 귀신이 쫓겨나는 과정에서 사람의 몸에 경련을 일으키고, 쓰러뜨리고, 고함을 지르고

---

460) R. N. A. Kydd, "Healing in the Christian Church", *The New International Dictionary of Pentecostal and Charismatic Movements*, pp. 698~711. Jurgen Moltmann, "The Hope for the Kingdom of God and Signs of Hope in the World", in *Pneuma*(Vol. 26, No. 1, Spring 2004), pp. 7~8.

나가는 현상들이 나타났다. 파함은 죄가 질병의 1차적 원인이고 다음으로 악한 영의 소행이라 해석해 병에 걸린 사람들에게 먼저 회개할 것을 강조한 이후 축사를 행했다. 시모어도 아주사 미션에서 귀신을 쫓아냈고, 귀신이 쫓겨나자 사람들은 질병에서 치료함을 받았다. "귀신이 들려 영매가 된 자는 안식을 찾지 못하고 자살 직전까지 갔다가 즉각적으로 귀신의 묶임에서 해방되었다."[461] "귀신 들린 사람들이 이곳에 오자 하나님은 귀신을 쫓으셨고, 귀신은 큰 소리를 지르며 떠났다. 모든 귀신들이 쫓겨나자 그들은 구원을 받고 거룩하게 되었다."[462]

　　오순절 운동이 초자연적 세계관을 가진 아프리카나 남미에서 큰 부흥을 맛보고 있는 이유들 중의 하나는, 오순절교회가 영적 전쟁과 귀신 쫓음을 강조하기 때문이다. 정령주의가 지배하는 제3세계로 간 오순절 선교사들은 병자를 고치고 귀신을 쫓는 종교적 행위에 큰 비중을 두었다. 이를 통해 토속 종교를 지배하는 악한 영들과의 영적 전쟁을 벌이고 승리함으로 원주민들에게 하나님의 능력을 보여 주었다.[463] 오순절교회는 신유 및 축사를 예수의 종말론적 메시지의 중요 부분으로 받아들였다. 오래전부터 신유와 축사를 강조해 오던 가톨릭교회는 "우리가 가장 필요로 하는 한 가지는 마귀라고 하는 악으로부터의 방어"[464]라 공표하면서

---

461) *Apostolic Faith*, I-1.
462) 로버츠 리어든, 《아주사 부흥》, p. 123.
463) C. P. Wagner, *Spiritual Power and Church Growth*(Altamonte Springs, FL: Strang Communications Company, 1986), pp. 126~129.

축사 사역을 활발히 펼치고 있다.

선교 현장에서 사탄의 세력에 대한 도전은 '능력 대결' 혹은 '능력 전도'로 알려져 있다. 선교지에는 복음 전파를 방해하는 악한 영들의 세력이 존재하며, 선교의 성공은 귀신과의 전쟁에서 승리함으로 이루어진다. 전도나 선교의 목표는 사탄에게 사로잡힌 자들을 하나님 앞으로 데리고 오는 것이다. 원주민들을 주님에게 인도하기 위해서는 먼저 그 지역을 사로잡고 있는 어둠의 세력을 결박할 수 있어야 한다. 능력 전도는 강령주의가 지배하는 곳에서 축사와 신유를 통해 놀라운 성과를 거두고 있다. 중국의 지하교회나 아프리카 교회에서 성령의 권능을 통한 신유와 축사가 끊임없이 나타나고 있다.[465]

오순절주의자들에게 있어 하나님 나라는 관념적 차원이 아니라 직접적 체험을 통해 이 세상에서 경험할 수 있는 현실적 개념이다. 예수 그리스도의 사역과 죽음, 부활을 통해 하나님 나라가 이 땅에 임했다. 하나님 나라가 임하는 곳에서 죄인이 구원받고, 병든 자가 고침을 받으며, 귀신이 쫓겨나고, 죽은 자가 일어나는 등 전인적 회복이 일어난다. 복음이 전파되면서 마귀의 억압 아래 있던 사람들이 구원받고 치유되고 해방됨은 이 땅에 하나님 나라가 진격했음을 보여 준다.

464) 미카엘 스캔랜, 《악령에서의 해방》(서울: 성요셉출판사, 1984), p. 32.
465) P. J. Grabe, "The Pentecostal Discovery of the New Testament Theme of God's Power and Its Relevance to the African Context", in *Pneuma*(Vol. 24, No. 2, Fall 2002), pp. 225, 242.

신유 및 축사는 자녀들을 위한 하나님의 뜻이자 하나님 나라가 이 세상에 역사하고 있다는 증거다. 오순절주의자들은 성령세례를 통해 성령이 신자의 영혼 속에 임재하시며, 방언을 비롯한 다양한 초자연적 은사 및 영적 체험들을 통해 하나님 나라가 자신에게 임했음을 확신한다. 물론 궁극적인 하나님 나라는 천국에 가서야 온전히 체험할 수 있다. 그러므로 하나님 나라는 '지금, 여기에' '그러나 아직' 이란 긴장 속에 있다고 할 수 있다. 하나님 나라는 현재적 측면과 미래적 측면으로 나누어지며, 완전한 하나님 나라는 결국 백보좌 심판 이후 천국에 갔을 때 완성된다.

5. 재림의 복음

종말론 이론들에는 전천년설, 후천년설, 무천년설 등이 대표적이다. 전천년설은 예수님의 지상 재림을 통해 이 세상에 천년왕국이 시작된다는 점을 강조하고, 후천년설은 교회에 의해 이 세상에 천년왕국이 건설되고 그 이후에 예수님의 재림으로 세상이 심판받는다는 점을 지지하며, 무천년설은 이 세상에 천년왕국이 없다고 해석한다. 간혹 후천년설이나 무천년설을 지지하는 학자들이 오순절교회가 주장하는 세대주의적 전천년설을 이단으로 모는 경우가 있다.[466]

18세기에 태동한 계몽주의 세계관은 인류의 이성적 · 과학적 발전에 의해 역사가 점점 발전한다는 낙관론을 펼쳤고, 대부분의

---

466) 정이철, 《신사도 운동에 빠진 교회》, pp. 350~351.

교회들은 후천년설을 지지했다. "과학과 이성의 발전으로 인해 세계는 평화를 누리고, 경제가 발전해서 생활수준이 향상되며, 정치도 자유 민주주의 제도가 정착해서 정의로운 사회로 변모할 것이다. 세상은 악해져 가는 것이 아니라, 교회는 성장하며 확장되어 세상은 주님에게로 돌아올 것이다. 교회의 선교와 성령의 역사로 인해 세상 끝까지 복음이 전파되고, 악의 세력이 멸망하고 의의 세력이 승리함으로 이 세상은 완전성을 향해 나아갈 것이다."[467] 인간의 노력에 의해 천년왕국이 건설된 이후 그리스도가 재림하셔서 산 자와 죽은 자를 심판하심으로 이 세상은 종말을 맞게 된다는 것이다.

영국으로부터 독립한 신생 국가인 미국은 하나님의 뜻에 따라 새로운 나라를 건설할 수 있다고 생각했고, 미국 교회는 낙관주의에 근거해 후천년설을 지지했다. 제1차 대각성 운동은 미국 교인들에게 하나님의 특별한 축복의 시대에 들어갔다는 확신을 심어 주었다. 부흥이야말로 새로운 세상을 시작하는 천년왕국의 시발점이다. 조나단 에드워즈는 1739년 《A History of the Work of Redemption》(구속 사역의 역사)이라는 저서에서 후천년설을 지지하면서 미국은 하나님이 선택하신 나라이며 천년왕국은 미국에서 이뤄질 것으로 예언했다.

제2차 대각성 운동을 주도했던 찰스 피니도 새 미국의 건설과

---

467) 존 딜렌버거, 클라우드 웰취, 《프로테스탄트 교회의 역사와 신학》(한신대학교출판부, 2004), pp. 282~283.

함께 후천년설을 지지했다. 그는 1835년 미국 교회가 온전한 성화를 추구하고 모든 사회적 악을 제거하는 사회 개혁을 이루어낸다면 3년 안에 미국에 천년왕국이 임할 것이라 예언했다. 이 믿음하에 그는 미국의 죄악인 노예 제도 폐지와 여성 차별을 반대했다.

세대주의적 전천년설의 기초를 놓은 다비(John Darby)는 천년왕국이 교회의 노력에 의해 이루어지는 것이 아니라 그리스도의 재림으로 시작된다고 해석했다. 그는 그리스도의 공중 재림을 통해 성도들이 하늘로 올림을 받는 휴거가 일어나고, 이 세상에서는 7년 대환난이 있으며, 그 이후에 그리스도가 지상에 재림하심으로 천년왕국이 시작된다고 주장했다. 남북전쟁 이후 삶은 힘들고 악이 극심해진다는 비관론적 분위기 속에 무디를 비롯한 사역자들은 다비의 전천년설을 받아들이기 시작했다.

특히 급진적 성결교회는 전천년설을 교리로 받아들였다. 필그림 성결교회는 신앙개요 제19조에 "우리는 주님의 재림이 인격적, 전천년설적 그리고 즉각적임을 믿는다. 우리는 휴거(성도들을 맞이하기 위한 주님의 공중 재림: 이것은 언제든지 일어날 수 있다)와 주님과 성도들의 지상 재림(이것은 이스라엘의 회복, 적그리스도의 출현, 다른 예언된 사건들이 발생하기 전까지는 일어나지 않을 것이다)을 구분해야 한다."[468]

---

468) Paul Westphal Thomas & Paul Wm. Thomas, *The Day's of Our Pilgrimage*, p. 328.

전천년설은 주님의 재림을 두 번으로 나눠, 성도를 위한 공중 재림과 세상의 심판을 위한 지상 재림으로 구분해서 그리스도가 구름 가운데 오시는 공중 재림 때 기름을 준비한 성도들은 공중으로 들림을 받는 휴거를 옹호했다. 이때 죽었던 성도들은 생명의 부활로 깨어난다(단 9:27 참조). 하늘에서 7년 혼인 잔치가 열리는 동안 지상에서는 7년 환난이 계속된다. 대환난 이후, 예수님은 휴거된 성도들과 함께 지상에 강림하시고, 성도들은 그리스도와 함께 천 년 동안 왕 노릇할 것이다(계 20:4 참조). 이때 사탄은 천 년 동안 무저갱에 갇히게 된다(계 20:1~3 참조). 천년왕국 동안 구약에 예언된 이스라엘의 회복이 일어난다. 천 년의 마지막 때에 사탄이 무저갱에서 나와 많은 사람들을 유혹할 것이다(계 20:7~8 참조). 이후 백보좌 심판이 있고, 생명책에 이름이 없는 사람들은 불 못에 던져진다. 첫 하늘과 땅은 사라지고 성도는 새 하늘과 새 땅으로 들어간다. 그리고 악한 영혼들은 지옥에서 형벌을 받는다.[469]

1909년, 옥스퍼드대학 출판사에서 출판된 《스코필드 주석 성경》은 미국에서 베스트셀러가 되면서 세대주의적 전천년설을 미국 교회에 유포하는 데 큰 공헌을 했다. 그는 인류 역사를 일곱 시대로 구분한다: 무흠 시대(에덴동산), 양심 시대(아담의 타락으로부터 노아 홍수 때까지), 인간 통치 시대(노아에서부터 바벨 시대까지), 약속 시대(아브라함으로부터 애굽 시대까지), 율법 시대(모세로부터 세례 요한까지), 은혜 시대(교회 시대), 왕국 시대(천년왕국). 과학과 기술의 발전을 부

---

469) William Menzies, *Anointed to Serve*, p. 390.

정적으로 보고 세상이 타락하고 있다고 믿는 근본주의 운동도 세대주의적 전천년설을 크게 강조했다.

다비와 근본주의의 종말론에 영향을 받은 오순절 운동은 전천년설을 지지한다. 오순절 운동은 성령 운동일 뿐만 아니라 종말운동으로 '재림'을 중심 메시지로 삼는다. '주님은 곧 다시 오신다'는 종말론은 오순절 신학의 핵심 교리다.[470] 모든 육체 위에 성령이 부어질 것이라는 예언의 성취야말로 종말이 다가왔다는 강력한 증거다. "내가 내 영을 만민에게 부어 주리니 너희 자녀들이 장래 일을 말할 것이며 너희 늙은이는 꿈을 꾸며 너희 젊은이는 이상을 볼 것이며 그 때에 내가 또 내 영을 남종과 여종에게 부어 줄 것이며"(욜 2:28~29).

오순절 운동은 종말 직전에 성령의 기름부음이 나타난 대부흥운동이다. 세상이 점점 악해질 것이라는 전천년설을 받아들인 파함은 성령세례 및 방언을 그리스도의 재림 직전에 나타난 종말론적 사건으로 이해했다. "성령의 은사가 회복된 것은 그리스도 재림의 전조로, 말세가 임박했다는 뜻이다. 육체 위에 성령의 부어짐으로 나타난 방언은 세상이 마지막 시대에 접어들었고, 곧 천년왕국이 시작될 것이라는 증거다. 신자는 그리스도를 맞이하기 위해 지체하지 말고 성령의 불세례를 받아야 한다. 하나님이 온세계에 복음을 전하기 위해 주신 외국어 방언은 추수가 가까웠다는 급박성을 보여 준다."[471]

---

470) William Faupel, *The Everlasting Gospel*, pp. 41~43.

시모어 또한 자신이 역사의 종말기에 살고 있고, 휴거가 이루어지기 직전에 성령의 기름부음이 있다고 믿었다. 예수의 임박한 재림은 그의 설교의 중심 주제들 중 하나였다. "이것은(오순절 운동) 종말에 하나님이 자신의 겸손한 자녀들에게 부어 주시는 늦은 비다."[472] 사도행전 마가의 다락방에 내린 성령의 비는 '이른 비'이고, 아주사 미션의 성령세례는 추수 직전에 내리는 '늦은 비'라는 것이다. "성령이 120명에게 임했을 때는 성령 시대의 아침이었다. 오늘날 우리는 성령 시대의 저녁에 살고 있다."[473]

모든 사람들에게 하나님의 영이 부어지면서 성령의 은사인 외국어 방언이 회복된 것은 그리스도 재림의 전조다. "그래서 하나님이 로스앤젤레스에서 행하셨던 것처럼 세계의 도처에 자신의 영을 부으시고, 그에 따른 징표를 보여 주시고 있다. 우리는 이를 통해 그의 재림에 앞서 '늦은 비'의 시대에 살고 있음을 깨닫는다."[474] 아주사 미션의 설교, 방언, 방언 통역, 환상, 예언 등을 통해서도 주님의 임박한 재림에 대한 경고들이 쏟아져 나왔다. "회개하고 복음을 믿으라. 하나님의 나라가 임박했다."[475] 주님의 재림이 임박했고 마지막 시대에 살고 있다는 인식은 자연스럽게 복음 전파로 이어졌다. 방언의 은사를 받은 자들은 그리스도의 재

---

471) Charles Parham, *The Sermons of Charles Parham*(New York: Garland Publishing, 1988), pp. 25~38.
472) William Seymour, *Azusa Street Sermons*, p. 112.
473) William Seymour, "This Same Jesus", *The Azusa Street Papers*, p. 3.
474) William Seymour, "Other Pentecostal Saints", *The Azusa Street Papers*, p. 24.
475) William Seymour, "Jesus Is Coming", *The Azusa Street Papers*, p. 29.

림이 이루어지기 전에 깨어서 기도하며 전도와 선교에 힘쓰기 시작했다.

내세 중심인 오순절교회의 세대주의적 전천년설은 치유와 번영신학의 강조로 인해 '하나님의 나라가 지금 여기에 있다' 는 실현된 종말론으로 변하는 중에 있다. 특히 20세기 후반 부유해진 중상류층을 중심으로 재정적 번영과 성공이 강조되면서 종말론의 변화에 영향을 끼치고 있다.[476)

종교적 체험 및 현상

서방 교회 전통에 서 있는 개신교는 종교적 현상들에 대해 금기시하거나 자제해 왔고, 한국 교회 또한 종교적 현상들에 대해 비판적이다. 미국 기독교가 영국에서 태동한 계몽주의와 이신론을 받아들이면서 교회와 신학에 세속화가 일어났다. 지적 풍토가 강했던 하버드와 예일에서 공부한 신학자와 목회자들은 이성적 신앙을 추구하면서 기적과 은사들을 미신으로 취급하기 시작했다. 18세기 후반, 하버드대학은 이신론과 유니테리언 사고에 근거해 교리를 논리적으로 설명하면서 성경의 모든 기적들을 환상으로 치부해 버렸고, 전통적 삼위일체론을 배격했다. 이런 신앙 풍토 위에서 뉴잉글랜드 지역의 교회들은 종교적 체험을 감정주의 및 열광주의로 몰아갔다.

합리주의의 영향을 받은 보수파 개신교는 하나님에 대한 올바

---

476) Anderson, *To the Ends of the Earth*, pp. 168~169.

른 지식은 오직 성경 말씀을 통해서만 알 수 있다고 주장했다. 하나님은 성경을 통해 당신의 뜻을 계시하셨기에, 하나님을 알 수 있는 유일한 방법은 성경을 읽거나 설교를 듣는 것이라는 것이다. 전통적 개신교는 인간이 직접적 체험을 통해 하나님을 알거나 만날 수 있는 길을 봉쇄해 버리고 오직 성경을 통해서만 간접적으로 알 수 있다고 강조했다. "하나님이 오늘날에도 예언자들과 방언을 통해 사람들에게 직접적으로 말씀하신다고 믿는 것은 그만큼 성경을 하나님으로부터 온 말씀으로 받아들이지 않는다는 것이며, '오직 성경'이라는 위대한 종교 개혁적 원리를 버린 것이다."[477)

성경을 버리고서 다른 길을 통해 하나님의 뜻을 알 수 있는 방법은 없다. 지나치게 논리적이고 지성적인 형태의 신학과 신앙은 실제 그리스도인의 삶과 유리되었고, 신앙 체험은 설 자리를 잃게 되었다. 19세기 개신교는 기록된 말씀의 종교이자 합리적 기준을 따라가는 종교로 변질되어 사람이 하나님을 직접 체험할 수 있다는 주장에 민감히 반응하게 되었다.[478)

비판자들은 오순절 운동이 하나님의 말씀을 떠나 체험과 현상만을 추구한다고 해석하고 감정주의 및 열광주의라고 폄하한다. 오순절 신자는 황홀경 속에 방언을 하고 이를 자의로 멈출 수도 없다고 비판한다. 오순절파를 미친 듯이 새롭고 비성경적인 체험

---

477) Robert I. Reymond, *A New Systematic Theology of the Christian Faith*(Nashiville, Tenn.: Thomas Nelson Publishers, 1998), p. 59.
478) 알리스터 맥그라스, 《기독교, 그 위험한 사상의 역사》, pp. 690~692.

354 _ 오순절교회의 역사와 신학

만을 추구하는 사람들로 평가하기도 한다. 심지어 오순절 운동에서 일어나는 종교적 현상들은 기독교적이 아닌 타 종교의 체험들과 비슷하다며 이단 논쟁을 불러일으키고 있다. 그렇다면 그리스도인들은 이제 더 이상 종교적 체험을 할 수 없는 것인가? 아무런 종교적 체험이 없어야만 정상적 그리스도인인가? 신앙 체험을 강조하는 것은 비성경적인 신비주의 혹은 열광주의에 불과한가?

지성에 의존하던 개신교에 반발해서 도전장을 내민 것이 오순절 운동이다. 신자들이 원하는 것은 하나님과의 인격적 관계다. 체험 없는 이성적 신앙은 형식적이고 율법적인 신앙으로 흐를 수 있다. 성령이 초대 교회에서 역사하신 것처럼 오늘날에도 성령의 현재성을 기대해야 한다. 신앙이란 교리나 신학에 대한 지적 동의가 아닌, 신자 각자가 성령의 능력을 통해 지금 여기서 살아 계신 인격적 하나님을 체험하는 것이다. 하나님은 죽은 자의 하나님이 아니라 산 자의 하나님이시다. 오순절 신자는 초대 교회의 영성을 지지하면서 하나님을 추상적인 사상이나 성경에 갇힌 하나님이 아닌 인격 대 인격으로 체험할 수 있는 분으로 이해한다.[479]

성경은 성령의 충만함을 받은 사람들이 황홀경에 빠진 사례나 카리스마적 예언을 한 사건들을 기록하고 있다. "네게는 여호와의 영이 크게 임하리니 너도 그들과 함께 예언을 하고 변하여 새 사람이 되리라"(삼상 10:6). 오순절 날 마가의 다락방에서 성령세례

---

479) ibid., pp. 692~695.

를 받은 사람들이 방언을 하자 다른 사람들은 "그들이 새 술에 취하였다"(행 2:13)고 반응했다. 성령이 임하시자 극적으로 방언과 예언적 찬양이 터져 나왔다(행 10:45~46 참조). 사도 요한은 성령의 인치심 속에 강력한 환상을 체험했다(계 1:3 참조). 성령이 임재하실 땐 온몸을 떨면서 황홀경에 빠지기도 하고, 귀신들이 쫓겨 갈땐 사람의 몸에 경련을 일으키며 쓰러뜨리기도 했다.

하나님의 역사는 자연과학이나 역사, 이성 등을 초월한 초자연적인 것이다. 초대 교회에서도 수많은 종교적 체험들과 현상들이 나타났다. 칼빈도 종교적 현상들에 대해 부정적 태도를 보이지 않았고, 신앙생활에서 종교적 현상들이 동반될 수 있음을 명시했다. "마음의 감정이 일깨워지면 방언이 저절로 말로 발설되어 나오고, 몸의 다른 지체들이 동작을 하게 되는 일이 자주 일어나는 것이다."[480]

웨슬리는 구원의 경험적 측면을 강조했고, 감리교 집회에서는 바닥에 쓰러지고 웃고 황홀경에 빠지는 강한 감정적 현상들이 많이 나타났다. 미국 교회는 초창기부터 캠프 집회나 대각성 운동을 통해 사람들이 황홀경에 빠지고 쓰러지는 등 수많은 종교적 현상들을 목격했다. 케인 리지 캠프 모임에는 사람들이 고함을 지르고, 바닥에 넘어지고, 개와 같이 짖고, 황홀경에 빠져서 뒤로 넘어가며, 웃음이 터져 나오는 현상들이 나타났다. 그들이 고함을 지르며 기도하는 동안 방언이 터져 나오기도 했다.[481] 쉐이커

---

480) John Calvin, *Institutes of the Christian Religion*, III-20-33.

교도(the Shakers)들은 19세기에 접어들어 몸을 흔들며 춤을 추면서 찬송하는 것을 예배의 중요한 부분으로 받아들였다. 초기 미국 개신교도들은 예배에서 손뼉을 치고 발을 구르는 것을 자연스러운 부분으로 받아들였다.[482] 성결교회는 신체적이고 감정적인 현상들에 대해 지나친 관심을 가지는 것을 경고했지만, 예배에서 소리 지르기, 춤추기, 쓰러지거나 뒹굴기, 거룩한 웃음 등의 신체적 현상들이 나타났을 때 이를 제재하지 않았다.

아주사 미션에서 사람들이 하나님을 체험하기 위해 열광적으로 찬양하고 기도하고 외치던 중 성령의 임재 가운데 방언과 신유, 방언 통역, 거룩한 춤, 거룩한 웃음, 바닥에 쓰러지고 뒹굴기, 경련, 환상, 황홀경, 소리치기 등을 포함해 수많은 종교적 체험 및 현상들이 나타났다. 기존 전통 교회에서는 하나님의 임재를 체험할 수 없었던 신자들이 아주사 미션에서의 역동적인 체험을 통해 하나님을 만나고 그분의 능력을 받아들였다. 시카고의 더함도 그의 예배에서 소리치는 현상이 현저히 나타났다. 스미스(Hannah Smith)는 "성령세례는 머리부터 발끝까지 놀라운 전율이 느껴지는 육체적인 것이며, 이 전율을 경험하지 않은 사람은 성령세례가 무엇인지 실제로 알 수 없다"[483]고 주장했다.

한국 교회의 1907년 평양 대부흥 운동에서도 비슷한 현상들이

---

481) Paul Conkin, *Cane Ridge: America's Pentecost*(Madison, WI, 1989), pp. 55~63.
482) 제임스 F. 화이트,《기독교 예배학 입문》, p. 129.
483) Ray Strachey, *Group Movements of the Past and Experiments in Guidance*(London: Faber and Faber, 1934), p. 167.

나타났다. 이길함 선교사의 "함께 소리 내어 기도하자"는 요구에 장대현교회에 모였던 사람들은 미친 듯이 기도하기 시작했다. "기도를 한 후 자백할 사람이 있느냐고 하는 순간 하나님의 성령이 회중 가운데 임하셨다. 한 사람씩 일어나더니 자기 죄를 자백하고, 울음을 터뜨리더니 마룻바닥에 쓰러져 손바닥으로 마루를 치면서 괴로워 몸부림쳤다 … 마룻바닥에 쓰러져 통곡을 하며 뒹굴었다."[484] "소리 지르고, 신음을 하며 괴로워하고, 격렬하게 울부짖고, 바닥에 쓰러지고, 입에 거품을 물고, 각종의 발작적 행위를 하다가 결국에는 완전히 의식불명의 상태가 되는" 현상들이 나타났다.[485] "흐느끼고, 울부짖고, 전율하고, 주먹으로 강단을 내리치면서 그는 무시무시한 자신의 죄악들을 토로했다. 그의 몸이 너무도 무섭게 흔들리기 시작했으며, 선교사들이 받쳐 주지 않았더라면 바닥에 엎어졌을 것이다."[486]

평양 대부흥에서는 죄에 대한 깊은 인식으로 온몸을 부들부들 떨기도 하고, 경련을 일으키며, 신음 소리와 비명을 지르면서 울부짖고, 박수를 치면서 손을 열광적으로 흔드는 현상들이 나타났다. 어떤 사람은 기절했으며, 어떤 사람은 바닥을 뒹굴거나 손이

---

484) G. Lee, "How The Spirit Came to Pyeng Yang", *Korean Mission Field*(March, 1907), p. 34.

485) Arthur Brown, *The Mastery of the Far East: The Story of Korea's Transformation and Japan's Rise to Supremacy*(New York: C. Scribner's Sons, 1919), pp. 543~544.

486) William Newton Blair, *Gold in Korea*(The Presbyterian Church in the U.S.A., 1957), p. 103.

나 머리로 바닥을 치는 등의 행동이 나타났다.[487] 이 부흥 운동에서는 성령세례나 방언이 터졌다는 기록은 찾아볼 수 없으나, 통성 기도 중에도 이렇듯 격렬한 감정적 표현들이 나타났다. 특히 성령이 강하게 임재하면서 회개 운동이 일어날 때 이런 극도의 감정적 현상들이 나타날 수 있다. 그러니 감정적 · 열광적 현상이 오순절 운동에서만 나타났다는 것은 오해다.

오순절 운동은 간증의 신학에 근거한다. "당신이 오순절 신자가 된다면, 자신이 어떻게 나음을 받았고 자신의 삶이 어떻게 바뀌었는지 이야기하게 될 것이다. 오순절 신자들은 이런 이야기를 또 하고 또 한다."[488] 오순절 운동은 교리나 신학을 분석하고 토론하기보다 이야기 식으로 풀어 나가면서 선포하는 것을 중시한다. 강력한 종교적 체험은 신앙적 확신으로 이어지고, 이는 전도 및 선교로 연결된다.

수많은 논쟁과 비판에도 불구하고, 오순절 운동은 사도행전에 언급된 오순절 사건이 교회의 탄생을 알릴 뿐만 아니라, 모든 시대의 신자들에게 열려 있는 성령 체험임을 믿는다. 성령세례 및 방언, 신유, 축사, 예언 등의 종교적 체험들을 통해 불신자들이 복음을 받아들이고 신자들의 신앙생활을 돕는다. 병 치유를 받은 사람들은 하나님의 살아 계심을 경험했고, 기적과 이적은 추상적

487) William Blair & Bruce Hunt, *The Korean Pentecost & Sufferings Which Followed*, pp. 72~74.
488) Walter Hollenweger, "Pentecostalism's Global Language", *Christian History* 17, no. 2(Spring 1988), p. 42.

믿음을 가진 신자들의 믿음을 굳건히 해 주었다.

니키 검블(Nicky Gumbel)은 영국 교회에 끝까지 남아 있는 사람들을 대상으로 조사를 했다. "다들 교회를 떠나는데 당신은 왜 끝까지 교회에 남아 있는가?"라는 질문을 하자 그들은 '하나님에 대한 경험' 내지는 '성령세례에 대한 경험'이 있었다고 대답했다. 그러하기에 어떤 환난과 시련이 닥쳐와도 믿음을 저버리지 않았던 것이다. 성령세례를 받은 사람들은 누가 뭐라고 해도 예수님을 떠나지 않으며 믿음이 흔들리지 않는다.

신앙생활에서 말씀을 등한시하고 체험만을 극단적으로 강조하는 것도 위험하지만, 성경에 기록되어 있는 영적 체험을 부정하는 것도 문제다. '성경으로 돌아가자'는 말은 하지만 정작 성경에 나오는 신앙적 체험을 할 때 이를 부정적으로만 해석해서는 안 된다. 죄인이 하나님 앞에 나오면 두렵고 떨리는 마음이 생기는 것은 지극히 당연하다. 칼빈은 하나님의 임재를 느낄 때마다 두려움과 놀라움에 압도되었다고 고백했다. 하나님이 당신의 영광을 나타내시자 사람들은 죽음의 두려움에 휩싸여 말을 하지 못하고 죽은 것처럼 되었다.[489]

다른 개신교단들과 비교해 보았을 때, 오순절 신앙이 체험을 강조하는 것은 사실이다. 그러나 신앙적 체험을 성경보다 우위에 두는 것은 문제가 있다. 방언이나 예언 등과 같은 종교적 체험만을 신앙의 궁극적 목표로 삼아서는 안 된다. 그리스도인의 기준은

---

489) John Calvin, *Institutes of the Christian Religion*, I-1-3.

성경이 되어야지, 체험이 기준이 될 수는 없다. 성경에 나오지 않는 현상이나 체험을 강조하는 것은 비성경적 신비주의다. 모든 종교적 현상들이 성령의 역사에 의한 것은 아닐 수 있기에 이를 영적으로 분별할 수 있어야 한다. 오순절 운동은 체험을 강조하더라도 성경에 근거한 체험인지 확인해 봐야 한다. 교회에서 뱀을 다루거나 현대 의학을 금지시키는 행위, 개처럼 짖는 현상 등은 비성경적이기에 멀리해야 한다. 오순절주의는 초자연적 경험을 정경의 수준까지 격상시켜서는 안 되고, 오히려 영적 현상들을 성경의 권위에 종속시켜야 한다. 말씀과 체험은 함께 가야 한다.

오순절교회의 성경론

가톨릭교회는 교회의 전통을 신앙의 근거로 삼는 반면, 개신교는 성경에 최고의 권위를 둔다. 성경은 신앙생활의 유일한 기준으로, 전통이나 교권보다 상위의 권위를 가진다. 오순절 운동을 폄하하고 비판하는 것들 중 하나는 '오순절교회는 말씀보다 경험을 강조한다'는 표현이다. 그러나 오순절교회의 성경론은 '오직 성경'(Sola Scriptura)이라는 종교 개혁의 정신에 근거해 영원불변한 하나님의 말씀인 성경에 최고의 권위를 둔다.

오순절 운동은 새로운 종교적 개혁을 주장하는 것이 아니라 '성경으로 돌아가자'는 운동이다. 오순절교회는 근본주의의 축자영감설을 받아들여 성경을 성령의 영감으로 쓰인 절대무오한 하나님의 말씀으로 인정한다. 하나님의 성회의 '근본진리선언문' 제1조는 "성경은 하나님의 감동으로 쓰인 하나님의 말씀이다 … 성경은 인간의 신앙과 생활의 규범으로서 완전하다”[490]고 명시하고 있다.

오순절 운동은 성경에 대한 문자적 해석과 경험적 접근을 강조한다. 성경이 방언, 신유, 축사, 기적 등의 체험을 기록했기에 이 체험들을 성경적인 것으로 받아들이고 이를 신앙생활에서도 강조한다. 파함이 추구했던 것은 교단적, 교리적 선입견에서 벗어나 ‘말씀으로 돌아가자’는 주장이었다. 전통적 신학교들이 교단의 교리나 전례, 제도 등을 강조하면서 교단의 전통에 근거해 성경을 해석한 반면, 그가 세운 성경학교는 기존의 신학적 전통을 거부하고 모든 신자들이 성경을 읽고 이해할 수 있다는 믿음 하에 신학적 교리보다는 성경을 교과 과목의 중심에 놓았다. 그는 벧엘성경학교 학생들에게 ‘우리의 교과서는 성경’임을 강조했다.

파함이 성령세례의 결과가 방언이라는 주장을 하게 된 것은 그가 방언을 체험한 이후가 아니었다. 그는 학생들에게 성경에서 ‘성령 받은 증거가 무엇인지’를 조사해 오라는 과제를 내 주었고, 학생들은 성경을 읽으면서 성령세례와 방언에 대한 해답을 찾았다. 파함 또한 성경 구절들을 조사하고 연구한 가운데 성령세례의 결과가 방언이라는 결론을 내렸다. 그의 성경 해석은 귀납법적 방법론에 근거했다. 이 성경적 결론에 근거해 그들은 기도했고, 마침내 방언을 체험했다. 근본주의가 성경에 기록된 은

---

490) P. C. Nelson, *Bible Doctrines.*

사들은 사라졌다고 주장한 반면, 파함은 성경에 기록된 사도들의 신앙을 오늘날 재현할 수 있다고 믿었다. 그래서 자신의 운동을 '사도적 신앙 운동' 이라 명명했다.

오순절주의자는 누구나 성경에 다가갈 수 있으며 성경을 해석할 수 있는 권리를 가진다고 주장한다. "성경을 바로 이해하고 해석하기 위해서는 성령의 내적 조명이 필요하다. 성령이 성경 기자들에게 영감을 주셔서 성경 본문을 기록하게 하신 것처럼 오늘날에도 성경을 읽는 자가 참의미를 깨달을 수 있도록 인도하신다."[491] 칼 바르트는 성경 말씀이 개인에게 임할 때 하나님의 말씀이 된다고 주장한다. 이처럼 신정통주의는 기록된 성경 말씀과 성령을 통해 개인에게 임한 하나님의 말씀을 구분한다. 조용기 목사는 로고스는 객관적이고 역사적인 말씀이고, 레마는 인격적이고 주관적인 말씀으로 구별한다. 로고스가 개인의 심령 속에 임할 때 레마가 된다.

주류 개신교가 바울의 관점에서 성경을 해석하는 반면, 오순절교회는 누가의 눈을 통해, 특히 사도행전을 중심에 두고 신약을 해석한다. "오순절주의와 그들의 선조들은 그들의 (성경적) 관점을 철저히 누가복음과 사도행전에 근거를 두고 있다."[492] 파함은 성경이 하나님의 초자연적 계시임을 믿었고, 동시에 그 말씀이 오늘날에도 초자연적으로 역사하고 있음을 인정했다. 자유주

---

491) 알리스터 맥그라스, 《기독교, 그 위험한 사상의 역사》, p. 704.
492) Walter Hollenweger, *The Pentecostals*, p. 336.

의 신학은 성경을 전승해 내려오던 자료들을 편집해서 만든 역사적 산물로 해석한다. 근본주의의 성경론을 가진 오순절교회는 성경을 역사적 편집 과정을 거친 산물이라는 고등비평에 절대 반대한다.

오순절교회의 개선점

오순절 운동은 종종 사회학적 관점에서 해석되기도 했다. 오순절 운동은 다름 아닌 가난한 사람들의 분파 운동에 불과하다는 것이다. 오순절 운동에 속한 사람들의 사회적 배경을 조사해 보면, 대부분 사회로부터 소외된 사람들과 가난한 자, 교육받지 못한 자들로 이루어진 하층 계급에 속했다. 아주사 미션에는 도시 노동자와 빈민들, 인종 차별을 받던 흑인들과 남미인들, 사회적으로 냉대 받던 여인들, 병원에서 사형 선고를 받은 병자들이 몰려들었다. 오순절 운동은 이들에 대한 사회적 관심을 드러냈고, 그들에게 사역의 기회를 제공했다.

그러나 사회학적 관점으로만 오순절 운동을 평가하는 것은 바람직하지 못하다. 많은 개신교 교단은 사회적 하층 계급에서 출발했다. 초대 교회는 말할 것도 없이, 영국에서 감리교 운동이 일어났을 때 주된 구성원들은 영국국교회의 상위 계층에 속하지 못한 사회적으로 소외된 노동자들이었다. 웨슬리는 가난한 자들을 돌보고, 고아와 과부들을 위로하고, 감옥에 갇힌 죄수들을 방문했다. 한국 교회 또한 초기에 복음을 받아들인 사람들은 노비나 첩 등과 같이 사회적으로 천대받던 사람들이었다.

웨커 교수는 초기 오순절 신자들의 경제적 상황을 분석한 이후 오순절 운동에 참여한 사람들의 경제적 수준이 당시 미국인 평균보다 열등하지 않았다는 분석 결과를 내놓았다. 당시 교인들 중에는 높은 수준의 교육을 받고 상당한 부를 축적한 신자들도 많았다.[493] 제2차 세계대전 이후 오순절 교인들의 소득이 크게 증가했고, 사회적 신분이 상승되었다. 1960년대 이후 미국 경제의 호황 속에 오순절 신자들의 경제적 수준과 교육적 환경이 크게 나아졌다. 오순절교회는 값비싼 교회 건물들을 건축했고, 오순절 신자들 중 경제, 문화, 교육계에서 지도자급에 속한 사람들이 많아졌다. 여의도순복음교회의 경우만 보더라도, 가장 가난한 자들의 교회에서 시작했지만 오늘날 가장 부요한 교회가 되었다. 오히려 자본주의 사회에서 가장 성공한 사례로 회자되고 있다.[494]

세대주의적 전천년설을 받아들인 근본주의가 사회와 문화에 대해 보수적인 태도를 견지하면서 적대시했듯이, 오순절 운동도 성령세례와 임박한 종말론에 기초해 사회적 문제들에 대해 무관심했다. 복음은 1차적으로 개인을 변화시켜야 하고, 변화 받은 사람들에 의해서만 사회와 제도를 변화시킬 수 있다. 사회의 완전은 그리스도의 재림으로 인해 이 세상에 천년왕국이 건설될 때에야 가능하다. 이들은 불평등한 부의 분배 및 노동자들의 인권 등

---

493) Grant Wacker, *Heaven Below: Early Pentecostal and American Culture*(Cambridge, MA: Harvard University Press, 2001), pp. 4~5.
494) 박명수, "한국 교회사를 통해 조명해 본 조용기 목사의 요중복음", 《영성과 리더십》(서울: 교회성장연구소, 2003), pp. 236~238.

사회악에 대해 침묵하며 사회적 약자를 돕고 지원하는 일을 등한 시했다는 비판을 받아 왔다. 양적인 성장에 비해 사회적, 문화적, 정치적인 면에 관심이 적고, 이에 대한 책임을 감당하려는 노력도 부족했던 것은 사실이다.

오순절교회는 학문적 · 신학적 측면이 약하다. 오늘날에도 정규 신학교에서 목회학 석사(Masters of Divinity) 과정을 마치지 않더라도 목사 안수를 받을 수 있다. 개신교 주류 교단들은 오순절 운동이 고등 교육을 비롯한 신학적 교육을 등한시하고 학문적 연구가 빈약함으로 인해 올바른 신학 및 역사 연구 수행이 어렵다는 비판을 가해 왔다.[495] 반면 오순절 신자들은 신학이 성령의 역사를 제한하거나 소멸시킨다고 생각해 신학을 중요시하는 것에 반대해 왔다.

개인적 영적 체험에는 몰두했으나 사회적 개혁에 무관심했던 오순절교회들도 하나님으로부터 받은 복을 사회에 나눠 주고 환원하는 사역을 시도하고 있다. 하나님의 성회는 제2차 세계대전 중 군목을 파송하고 신앙지를 제작해 배포했다. 사회 문제에 관심을 가지며 다양한 사회사업도 전개하고 있고, 지역 사회의 소외된 이웃에 대한 헌신과 봉사, 구제에도 힘쓰고 있다. 조지아 주 애틀랜타에 소재한 채플 힐 추수교회(Chapel Hill Harvester Church)는 흑인 빈민 지역을 대상으로 구제 활동을 활발히 펼쳐 나가고 있다. 이 교회는 주정부 기관의 협조하에 주택 문제, 인종 차별, 교

---

495) 장동민, 《대화로 풀어보는 한국 교회사 1》(서울: 부흥과개혁사, 2009), pp. 45~46.

육 환경 등 사회봉사 및 개혁 운동에 적극적으로 참여하고 있다. 웨스트 앤젤레스 교회(West Angeles Church of God in Christ)도 저소득 층 사람들에게 주택을 마련해 주고, 독거노인을 보살피며, 알코 올 의존자 등의 회복 프로그램에 중점을 둔 프로그램을 운영하고 있다.[496]

오순절교회들은 제3세계에서 활발하게 사회봉사와 개혁 운동에 참여하고 있다. 아프리카에서는 에이즈로 부모를 잃은 아이들을 위한 고아원 사역, 아시아에서는 마약 중독자들의 재활, 남미에서는 절대 빈곤 속에 있는 사람들을 위한 구호 활동에서 큰 활약을 보이고 있다.

오늘날 오순절교회는 주류 교회로 자리 잡으면서 과거의 열정이 많이 식게 되었다. 제1세대의 리더십이 제2세대로 혹은 2세대에서 3세대로 이전되는 과정에서 초기의 열정이 많이 사라지고 오순절적 특성들이 퇴색되어 가는 과정 가운데 있다. 정통적 오순절교회의 열정은 사라지고 타 교단은 신오순절적 신앙을 받아들이다 보니 구별이 없어져 가고 있다. 오히려 신오순절적 교회가 오순절교회보다 더 오순절적이라는 지적이 나올 정도로 고전적 오순절교회의 특성이 사라져 가고 있다.

---

496) 알리스터 맥그라스, 《기독교, 그 위험한 사상의 역사》, pp. 524, 702.

오순절교회의 역사와 신학

결론

그동안 한국 교회 내에 오순절 운동에 대한 많은 오해와 불신들이 팽배해 있었다. 특히 한국 교회를 주도하고 있는 장로교회와 신학적인 면에서 대치되고 있는 오순절 운동에 대한 비판 및 정죄가 많았다. 특히 은사 중지론을 정통 신학으로 신봉하는 신학자나 목회자들은 은사 지속론을 주장하는 순복음교회나 지도자를 이단으로 몰기도 했다. 심지어 오순절 운동은 그 신학적 뿌리도 없고 샤머니즘의 영향을 받아 생성된 종교로 개구리 방언이나 하는 단체로 호도되기도 했다. 오늘날에도 방언이나 신유에 대한 비판 및 이단 정죄가 지속되고 있다.

오순절 운동은 교권주의, 전통주의, 계몽주의에 맞서면서 성령 운동을 주도해 왔다. 유니온 신학교의 반 듀젠 박사는 20세기 오순절 운동을 기독교 '제3의 세력'으로 평가한다. 성례전을 중심으로 한 가톨릭교회가 제1의 세력이고 성경으로 돌아가자는 개신교가 제2의 세력이라면, 성령세례와 은사를 강조하는 오순절 운동은 제3의 세력이라는 것이다. 어느새 오순절 운동은 방언, 신유, 예언 등의 은사들을 강조하면서 교회에 큰 활력을 불러일으켜 변방에서 벗어나 기독교 전통들 중 하나가 되었다.[497] "세 가지 흐름들이 한 강을 이루었다. 세 가지 흐름이란, 개신교(성경 중심), 가톨릭(예배와 성례전 중심) 그리고 오순절주의(성령 중심)로서, 이들은 성장하는 교회에 없어서는 안 되는 존재들이다." [498]

한 자매(복음주의)는 나에게 기독교적인 삶의 근본은 예수 그리스도와의 인격적인 관계라고 가르쳐 주었다. 다른 자매(오순절주의)는 나로 하여금 성령의 영적 역동성을 체험하도록 도와주었다. 그러자 또 다른 자매(가톨릭교회)는 기독교 공동체의 함축된 의미를 알 수 있는 길로 나를 인도했다. [499]

운동	총 멤버 수	총 세계 인구 %	세계 기독교 인구 %
오순절	279,080,000	4%	12.8%
신오순절	304,990,000	4.4%	14%
오순절/신오순절 합계	584,080,000	8.5%	26.7%
복음주의	285,480,000	4.1%	13.1%

Pew 연구 센터(세계 기독교, 2011년 12월)

497) Jeremy Rifkin and Ted Howard, *The Emerging Order*(New York: Ballantine Books, 1979), p. 231.
498) Beth Spring, "Spiritual Renewal Brings Booming Growth to Three Episcopal Churches in Northern Virginia", *Christianity Today*(Jan., 13, 1984), pp. 38~39.
499) Michael Harper, *Three Sisters*(Wheaton, Illinois: Tyndale House, 1979), pp. 9~15.

2010년 조사에 의하면, 전 세계에 69억 명의 인구가 있고, 전 세계 인구의 31.5퍼센트인 21억 8천만 명 정도가 그리스도인이다. 가장 큰 기독교 교단은 약 11억 명 정도의 신자를 가진 가톨릭교회다(기독교 인구의 50.1퍼센트). 개신교회는 기독교 인구의 36.7퍼센트를 차지하는 8억 명의 신자를 보유하고 있다. 개신교회 중 가장 많은 신자를 보유한 교단은 오순절교회다. 전통 오순절 교단에 속한 신자는 2억 8천만 명으로 추산되고 있다. 신오순절 혹은 카리스마 운동에 포함된 신자는 3억 명 정도로 총 5억 8천만 명 정도가 성령의 은사를 인정하는 오순절 및 신오순절 신자들이다.[500] 세계 최대 교회들 대부분은 초자연적 성령의 역사를 지지하는 오순절 혹은 신오순절교회들이다. 현대 오순절 운동의 역사가 이제 110년을 넘은 것을 감안해 볼 때 놀라운 성장이 아닐 수 없다.

우리는 개신교 역사를 논함에 있어 오순절교회를 빼 놓고는 설명할 수 없는 시대에 살고 있다. 현대인들은 하나님을 성경 본문을 통해 간접적으로가 아닌 직접 대면하기를 원한다. 오순절교회는 이런 사람들의 욕구를 채워 주었다. 세계 기독교는 백인 중심에서 유색 인종으로, 북반구에서 남반구로, 전통 교회에서 오순절 및 은사주의로의 전환이 일어나고 있다. 미국을 비롯해 남미와 아프리카 지역에서 부는 오순절 바람은 거세기만 하다. 전 세계에서 성령세례 및 충만을 강조하고 방언 및 신유 등의 성령

---

500) http://www.pewforum.org/2011/12/19/global-christianity-exec/

의 은사들을 받아들인 오순절교회 및 신오순절 운동은 지속적으로 성장하고 있다. 심지어 가톨릭교회조차도 성령 쇄신 운동을 펼치면서 오순절교회의 장점을 받아들이고 있다.

교회는 오순절 마가의 다락방 성령세례에서 탄생했다. 그러나 기독교는 성령의 역사를 무시한 채 인간의 제도와 전통, 교리를 강조하기 시작했다. 인간의 이성과 과학적 논리가 성령의 인도하심보다 우위에 서게 되었다. 현대 오순절 운동은 하나님은 살아계시고 그의 능력은 현존한다는 성경적 신앙에 바탕을 두고 설립되었다. 그렇다고 오순절 운동이 완벽하다는 것은 아니다. 간혹 신앙적 체험 및 은사가 성경 말씀보다 우위에 서거나, 카리스마가 나타나는 리더를 신격화하거나, 성령의 은사는 강조하나 성령의 열매를 등한시함으로 스캔들을 일으키기도 한다. 말씀의 지성만을 강조하다 보면 심령이 메마르게 되어 있고, 신유 및 은사만을 강조하다 보면 신앙의 본질을 잃어버릴 수 있다.

세상의 빛과 소금의 역할을 감당해야 할 한국 교회는 오늘날 도덕성 추락과 스캔들, 교회 분열 등으로 인해 사회로부터 비판을 받는 반면 오히려 신천지와 같은 이단들이 발흥하고 있다. 교회는 영적으로도 피폐하고 무기력해져 성도들의 절박한 필요를 채워 주지 못하고 있다. 이런 상황에서 한국 교회는 웨슬리안 오순절주의의 성화의 신학을 발전시켜 목회자와 성도들이 성결의 삶을 살 수 있도록 가르쳐야 할 것이다. 그리고 신자들에게 성령으로 인한 하나님의 살아 계심에 대한 신앙적 확신을 제공하고 성령의 초자연적 역사와 은사가 넘칠 수 있도록 성경적 지침을 제시해 줘야 할 것이다. 오순절교회의 성화의 복음과 성령세례의 복음을 강조하는 것이 한국 교회의 개혁 및 부흥을 불러일으킬 수 있는 대안이라 생각한다.

참고 도서

국내 도서

- 가옥명,《성령론》(평양: 장로회신학교, 1931)
- 국제신학연구원,《여의도순복음교회의 신앙과 신학 I, II》(서울: 서울서적, 1993)
- 국제신학연구원,《하나님의 성회 교회사》(서울: 서울말씀사, 1998)
- 김신호,《성령 세례 받으면 방언하나요?》(서울: 서로사랑, 2011)
- 김신호,《어떻게 해야 신유를 경험할 수 있나요?》(서울: 서로사랑, 2011)
- 김신호,《오늘날에도 귀신이 있나요?》(서울: 서로사랑, 2012)
- 김신호,《이단 바로 보기》(서울: 서로사랑, 2013)
- 김재성,《개혁주의 성령론》(서울: CLC, 2012)
- 김하중,《하나님의 대사》(서울: 규장, 2010)
- 도널드 데이턴,《오순절운동의 신학적 뿌리》(서울: 대한기독교서회, 1993)
- 로버츠 리어든,《아주사 부흥》(서울: 서로사랑, 2008)
- 로저 핑크, 로드니 스타크,《미국 종교 시장에서의 승자와 패자 (1776~2005)》(서울: 서로사랑, 2014)
- 류장현,《한국의 성령 운동과 영성》(서울: 프리칭 아카데미, 2004)
- 마크 놀,《미국, 캐나다 기독교 역사》(서울: 기독교문서선교회, 2005)
- 미카엘 스캔랜,《악령에서의 해방》(서울: 성요셉출판사, 1984)
- 박만용,《기도원 운동과 신앙 성장》(서울: 쿰란출판사, 1998)
- 박명수,《근대 복음주의의 주요 흐름》(서울: 대한기독교서회, 1998)
- 박명수,《한국교회 부흥운동 연구》(서울: 한국기독교 역사연구소, 2003)
- 박용규,《김익두 목사 전기》(서울: 생명의말씀사, 1998)
- 박용규,《한국교회를 깨운 복음주의 운동》(서울: 두란노, 1998)
- 박창훈,《존 웨슬리, 역사비평으로 읽기》(서울: 대한기독교서회, 2007)
- 박형룡,《교회와 성령》(서울: 합동신학원, 1993)

- 배덕만,《성령을 받으라: 오순절운동의 역사와 신학》(대전: 대장간, 2012)
- 변종호,《한국의 오순절 신앙 운동사》(서울: 신생관, 1972)
- 빈슨 사이난,《20세기 성령 운동의 현주소》(서울: 예인, 1995)
- 빈슨 사이난,《세계 오순절 성결운동의 역사》(서울: 서울말씀사, 2004)
- 서광선,《한국 교회 성령운동의 현상과 구조: 순복음 중앙교회를 중심으로》(서울: 대화출판사, 1987)
- 스탠리 군드리,《무디의 생애와 신학》(서울: 생명의말씀사, 1997)
- 알리스터 맥그라스,《그들은 어떻게 이단이 되었는가》(서울: 포이에마, 2011)
- 알리스터 맥그라스,《기독교, 그 위험한 사상의 역사》(서울: 국제제자훈련원, 2009)
- 옥성호,《방언, 정말 하늘의 언어인가?》(서울: 부흥과개혁사, 2008)
- 옥한흠,《현대교회와 성령운동》(서울: 엠마오서적, 1984)
- 이성봉,《말로 못하면 죽음으로》(서울: 생명의말씀사, 1993)
- 이영훈,《펜사콜라 기적의 현장 브라운스빌 교회》(서울: 국민일보사, 1997)
- 일본 리바이벌 신문,《펜사콜라 부흥의 불길》(서울: 은혜출판사, 1999)
- 장동민,《대화로 풀어보는 한국 교회사 1》(서울: 부흥과개혁사, 2009)
- 정이철,《신사도 운동에 빠진 교회》(서울: 새물결플러스, 2012)
- 제임스 F. 화이트,《기독교 예배학 입문》(서울: 예배와설교아카데미, 2000)
- 조용기,《삼박자 축복》(서울: 영산출판사, 1977)
- 존 딜렌버거, 클라우드 웰취,《프로테스탄트 교회의 역사와 신학》(한신대학교출판부, 2004)
- 존 칼빈,《기독교강요》(서울: 크리스천다이제스트, 2003)
- 케네스 콜린스,《진정한 그리스도인: 존 웨슬리의 생애》(서울신학대학교출판부, 2009)
- 프리드리히 쥔델,《영적 각성: 블룸하르트의 하나님 나라를 위한 영적 전쟁》(서울: 서로사랑, 2010)
- 피터 와그너,《신사도적 교회로의 변화》(서울: 세키나, 2006)
- 피터 와그너,《영적 전투를 통한 교회 성장》(서울: 서로사랑, 1997)

- 피터 와그너,《제3의 바람》(서울: 하늘 기획, 2006)
- 피터 와그너,《21세기 교회 성장의 지각 변동》(서울: 이레서원, 2000)
- 필립 샤프,《스위스 종교개혁(교회사 전집 8)》(서울: 크리스찬다이제스트, 2004)
- 필립 젠킨스,《신의 미래》(서울: 도마의길, 2009)
- 하워드 A. 스나이더,《교회사에 나타난 성령의 역사》(부천: 정연사, 2010)
- 후스토 L. 곤잘레스,《종교개혁사》(서울: 은성, 1984)
- E. H. 브로우드랜트,《순례하는 교회》(서울: 전도출판사, 1991)

국외 도서

- A. B. Simpson, The Fourfold Gospel(New York: Gospel Alliance Publishing, 1925)
- A. B. Simpson, The Gospel of Healing(New York: Christian Alliance Publishing, 1915)
- A. B. Simpson, The Lord for the Body(New York: Christian Alliance Publishing, 1925)
- A. J. Gordon, The Ministry of Healing(Harrisburg, PA: Christian Publishing House, 1961)
- A. J. Gordon, The Two-Fold Life(New York: Fleming H. Revell, 1985)
- A. M. Kiergan, Historical Sketches of the Revival of True Holiness and Local Church Polity(Fort Scott, Kans.: Church Advocate and Good Way, 1971)
- Albert E. Thompson, The Life of A. B. Simpson(Brooklyn, NY: Christian Alliance Publishing Co., 1920)
- Allan H. Anderson, To the Ends of the Earth(Oxford: Oxford University Press, 2013)
- Allan Menzies, The Ante-Nicene Fathers, Vol. 5(Grand Radpis, MI: Wm. B. Eerdmans Publishing Co., 1978)
- Andrew Murray, Divine Healing(New York: Christian Alliance Publishing, 1900)

- Athanasius, The Life of Saint Anthony and the Letter to Marcellinus (New York: Paulist Press, 1980)
- Benjamin Hardin Irwin, Live Coals of Fire(Lincoln, Nebraska)
- Benjamin B. Warfield, Counterfeit Miracles(Carlisle, PA: Banner of Truth, 1918)
- Boo Woong Yoo, Korean Pentecostalism(Frankfurt am Main: Peter Lang, 1988)
- C. B. Jernigan, Pioneer Days of the Holiness Movement in the Southwest(Kansas City, MO.: Pentecostal Nazarene Publishing House, 1919)
- C. I. Scofield, Plain Papers on the Doctrines of the Holy Spirit(New York: Fleming H. Revel, 1899)
- C. P. Wagner, Spiritual Power and Church Growth(Altamonte Springs, FL: Strang Communications Company, 1986)
- Cecil M. Robeck, Jr., The Azusa Street(Nashville: Thomas Nelson, 2006)
- Charles F. Parham, A Voice Crying in the Wilderness(Baxter Springs, KS: Apostolic Faith Bible College, 1944)
- Charles Parham, The Sermons of Charles Parham(New York: Garland Publishing, 1988)
- Charles Finney, Finney's Systematic Theology(Minneapolis, Minnesota: Bethany Fellowship, 1976)
- Christine Trevett, Montanism(Cambridge: Cambridge University Press, 1996)
- Conrad Cherry, The Theology of Jonathan Edwards: A Reappraisal(Bloomington and Indianapolis: Indiana University Press, 1990)
- Dana Robert, Occupy Until I Come: A. T. Pierson and Evangelization of the World(Grand Rapids, MI: Wm. B. Eerdmans Publishing, 2003)
- David du Plessis, A Man Called Mr. Pentecost: David du Plessis as Told to Bob Slosser(Plainfield, NJ: Logos International, 1977)
- David Harrell, All Things Are Possible: The Healing and Charismatic

Revivals in Modern American(Bloomington, Indiana: Indiana University Press, 1975)

- David Martin, Pentecostalism: The World Their Parish(Oxford, UK: Blackwell, 2002)

- David Wilkerson, The Cross and the Switchblade(New York: Geis, 1963)

- Demos Shakarian, The Happiest People on Earth(Old Tappan, NJ: Chosen Books, 1975)

- Dennis Bennett, Nine O' clock in the Morning(Gainesville, FL: Bridge-Logos, 1970)

- Donald Dayton, Theological Roots of Pentecostalism(Grand Rapids, MI: Baker Academic, 1987)

- Donald A. McGavran, Understanding Church Growth(Grand Rapids, MI: Wm. B. Eerdmans Publishing, 1990)

- E. Merton Coulter, College Life in the Old South(New York: The Macmillan Company, 1928)

- E. P. Ellyson, Doctrinal Studies(Kansas City, MO.: Nazarene Publishing House, 1936)

- Edith L. Blumhofer, The Assemblies of God(Springfield: Gospel Publishing House, 1989)

- Edward O' Connor, The Pentecostal Movement in the Catholic Church(Notre Dame, Ind.: Ave Maria Press, 1971)

- Elma White, Demon and Tongues(Bound Brook, NJ: Pentecostal Union, 1910)

- Estrelda Alexander, The Women of Azusa Street(Cleveland, Ohio: Pilgrim Press, 2005)

- Francis Sullivan, Charism and Charismatic Renewal(Dublin, Scotland: Gill and McMillan, 1982)

- Frank Bartleman, Azusa Street(New Kensington, PA: Whitaker House, 2000)

- Frank Bartleman, How Pentecost Came to Los Angeles(Los Angeles, CA, 1925)

- Frederick C. Copleston, Thomas Aquinas(New York: Barnes & Noble Books, 1976)
- Frederick A. Norwood, The Story of American Methodism(Nashville: Abingdon Press, 1974)
- Frederick Morgan Davenport, Primitive Traits in Religious Revivals(New York: The Macmillan Company, 1905)
- Gene Van Note and M. E. Redford, Rise of the Church of Nazarene(Kansas City, MO: Beacon Hill Press of Kansas City, 1985)
- Gerald Derstine, Following the Fire(Plainfield, NJ: Logos International, 1980)
- George Marsden, Fundamentalism and American Culture(New York: Oxford University Press, 1980)
- Grant Wacker, Heaven Below(Cambridge, MA: Harvard University Press, 2001)
- H. J. Stolee, Speaking in Tonuges(Minneapolis, MN: Augsburg Publishing House, 1963)
- Harris Franklin Rall, Modern Premillennialism and Christian Hope(New York: Abingdon, 1920)
- Harvey Cox, Fire from Heaven(Reading, Mass.: Addison-Wesley, 1994)
- Harvey Cox, Secular City(New York: MacMillan Company, 1965)
- Henry B. Swete, The Holy Spirit in the Ancient Church(London: Macmillan and Co., 1912)
- Henry Rack, Reasonable Enthusiast: John Wesley and the Rise of Methodism(Nashville: Abingdon Press, 1993)
- Jack Deere, Surprised by the Voice of God(Grand Rapids, MI: Zondervan, 1996)
- James S. Gale, Korea in Transition(New York: Eaton & Mains, 1909)
- James R. Goff. Jr., Field White Unto Harvest(Fayetteville and London: The University of Arkansas Press, 1988)
- James Mudge, Growth in Holiness Toward Perfection or Progressive Sanctification(New York: Hunt & Eston, 1985)

- James Rogers and William Rogers, The Cane Ridge Meeting-House(Kessinger Publishing, 2010)
- Jeremy Rifkin and Ted Howard, The Emerging Order(New York: Ballantine Books, 1979)
- John Alexander Mackay, Christian Reality and Appearance(Richmond, VA: John Knox Press, 1969)
- John A. Mourant, Introduction to the Philosophy of Saint Augustine: Selected Readings and Commentaries(University Park: Pennsylvania State University press, 1964)
- John Calvin, Institutes of the Christian Religion(Philadelphia: Westminster Press, 1960)
- John L. Gresham, Jr., Charles G. Finney's Doctrine of the Baptism of the Holy Spirit(Peabody, MA: Hendrickson Publishers, 1987)
- John L. Sherrill, They Speak with Other Tongues(Old Tappan, NJ: Spire Books, 1964)
- John MacArthur, Strange Fire(Nashville: Thomas Nelson Publisher, 2013)
- John Thomas Nichol, The Pentecostal(Plainfield, NJ: Logos International, 1966)
- John Wimber and Kevin Springer, Power Healing(San Francisco: HaperSanFransisico, 1991)
- Jonathan Edwards, A Faithful Narrative of the Surprising Work of God(Irvine, CA: Reprinted Servies Corp., 1992)
- Joseph E. Campbell, The Pentecostal Holiness Church, 1898~1948(Eugene, Oregon: Wipf and Stock Publishers, 2016)
- Joseph W. Williams, Spirit Cure: A History of Pentecostal Healing(New York: Oxford University Press, 2012)
- Kelso Carter, Pastor Blumhardt(Boston: Willard Track Repository, 1883)
- Kevin and Dorothy Ranaghan, Catholic Pentecostals(Paramus, NJ: Paulist Press, 1969)
- Kilian McDonnell, Presence, Power and Praise: Documents on the

Charismatic Renewal(New York: Paulist Press, 1980)
- Kilian McDonnell and George Montague, The Rites of Initiation and Baptism in the Holy Spirit: Evidence from the First Eight Centuries(Collegeville, Minn: Liturgical Press, 2000)
- Klaude Kendrick, The Promise Fulfilled: A History of the Modern Pentecostal Movement(Springfield: Gospel Publishing House, 1961)
- Larry Christenson, Charismatic Renewal among Lutherans (Minneapolis: Bethany House Publishers, 1976)
- Larry Christenson, Speaking in Tongues(Minneapolis: Dimension Book, 1968)
- Louis S. Bauman, The Modern Tongues Movement Examined and Judged(Long Beach, CA: Alan S. Pearce, 1941)
- Luke Tyerman, Wesley's Designated Successor: The Life, Letters and Literary Labours of the Rev. John William Fletcher Vicar of Madely(H & S, 1882)
- Maria Woodworth-Etter, Diary of Signs and Wonders(Tulsa, Okla.: Harrison House, 1919)
- Martin E. Marty and Kenneth L. Vaux eds., Health Medicine and the Faith Traditions: An Inquiry into Religion and Medicine(Philadelphia: Fortress Press, 1982)
- Michael Harper, The Twentieth Century Pentecostal Revival(Plainfield, NJ: Logos International, 1971)
- Michael Harper, Three Sisters(Wheaton, Illinois: Tyndale House, 1979)
- Morton Kelsey, Healing and Christianity(Minneapolis: Augsburg Books, 1995)
- Nicholas Cabasilas, The Life of Christ(Crestwood, NY: St. Vladimir's Seminary Press, 1997)
- Paul Conkin, Cane Ridge: America's Pentecost(Madison, WI, 1989)
- Paul Westphal Thomas & Paul Wm. Thomas, The Day's of Our Pilgrimage(Marion, Indiana: The Wesely Press, 1976)
- Perry Miller, The New England Mind: The Seventeenth

Century(Cambridge: Harvard University Press, Belknap Press, 1961)

- Peter Ranzano, Life of St. Vincent Ferrer, Bulter's Lives of the Saints(New York: Kennedy, 1956)
- Peter Wagner, Dominion(Grand Rapid, Michigan: Chosen Books, 2008)
- Peter Wagner, Look Out! Pentecostals Are Coming(Carol Stream, IL: Creation House, 1973)
- Peter Wagner, The Third Wave of the Holy Spirit(Ann Arbor: Servant Pubns, 1988)
- Philip Jenkins, The Next Christendom(New York: Oxford University Press, 2002).
- Phoebe Palmer, The Promise of Father
- Phoebe Palmer, The Way of Holiness
- Ray Strachey, Group Movements of the Past and Experiments in Guidance(London: Faber and Faber, 1934)
- Raymond L. Cox ed., The Four-Square Gospel(Los Angeles: Foursquare Publications, 1969)
- Reuben A. Torrey, The Baptism With the Holy Spirit(New York: Fleming H. Revell Company, 1897)
- Reuben A. Torrey, The Person and Work of the Holy Spirit(New York: Fleming H. Revell Company, 1910)
- R. A. Torrey, What the Bible Teaches(Grand Rapids: Fleming H. Revell, 1898)
- Richard K. Curtis, They Called Him Mister Moody(Garden City, New York: Doubleday, 1962)
- Richard Gilbertson, The Baptism of the Holy Spirit(Harrisburg, PA: Christian Publications, 1993)
- Richard M. Riss, A Survey of 20th Century Revival Movements in North America(Peabody, MA: Hendrickson Publishers, 1988)
- Robert I. Reymond, A New Systematic Theology of the Christian Faith(Nashville, Tenn.: Thomas Nelson Publishers, 1998)
- Robert M. Anderson, Vision of the Disinherited(Peabody,

Massachusetts: Hendrickson Publishers, 1979)

- Robert T. Palladius, The Lausiac History(Westerminster, Md.: Newman Press, 1965)
- Robert Wearmouth, Methodism and the Common People of the Eighteenth Century(London: Epworth Press, 1945)
- Sarah E. Parham, The life of Charles F. Parham: Founder of the Apostolic Faith Movement(Joplin, Mo.: Hunter Printing Company, 1930)
- Sidlow Baxter, The Divine Healing of the Body(Grand Rapids, MI: Zondervan, 1979)
- Stanley H. Frodsham, With Signs Following(Springfield, MO: Gospel Publishing House, 1946)
- Stanley M. Burgess edit, The New International Dictionary of Pentecostal and Charismatic Movements(Grand Rapids, MI: Zondervan, 2010)
- Thomas Ball Barratt, When the Fire Fell: An Outline of My Life(Oslo, Norway: Alfons Hansen & Sonner, 1927)
- Timothy L. Smith, Called Unto Holiness(Kansas City, Mo.: Nazarene Publishing House, 1962)
- Timothy L. Smith, Whitefield and Wesley on the New Birth(Grand Rapids: Zondervan, 1986)
- Vinson Synan, In the Latter Days(Ann Arbor, Michigan: Servant Books, 1984)
- Vinson Synan, The Holiness-Pentecostal Tradition(Grand Rapids, MI: W. B. Eerdmans, 1997)
- W. B. Godbey, Tongue Movement Satanic(Zarephath, NJ: Pillar of Fire, 1918)
- W. E. Boardman, The Great Physician(Boston: Willard Tract Repository, 1881)
- W. H. C. Frend, The Rise of Christianity(Philadelphia: Fortress, 1984)
- Walter Hollenweger, The Pentecostals(London: SCM press, 1972)
- W. A. Criswell, The Baptism, Filling & Gifts of the Holy Spirit(Ministry

Resources Library, 1966)

- Warren Lewis, Witnesses to the Holy Spirit(Valley Forge, Penn., 1978)
- Wayne A. Grudem ed., Are Miraculous Gifts for Today?(Grand Rapids, Michigan: Zondervan, 1996)
- Wesley Marsh Gewehr, The Great Awakening in Virginia, 1740~1790(Gloucester, Mass.: P. Smith, 1965)
- William Arthur, The Tongue of Fire or the True Power of Christianity(Columbia, S.C., 1891)
- William Barclay, And He had Compassion(Valley Forge, Penn: Judson Press, 1976)
- William Blair and Bruce Hunter, The Korea Pentecost and the Suffering Which Followed(Carlisle, PA: The Banner of Truth Trust, 1977)
- William Faupel, The Everlasting Gospel(Sheffield, UK.: Sheffield Academic Press, 1996)
- William Gould, ed., The Works of John Owen(Edinburgh: T. and T. Clark, 1862)
- William Menzies, Anointed to Serve(Springfield, MO.: Gospel Publishing House, 1971)
- William G. McLoughlin, Revivals, Awakening, and Reform: An Essay on Religion and Social Change in America, 1607~1997(Chicago: The University of Chicago Press, 1978)
- William S. Merricks, Edward Irving: The Forgotten Giant(East Peoria, Illinois: Scribe's Chamber Publications, 1983)
- William Seymour, The Azusa Street Papers(Foley, AL: Together in the Harvest Publication, 1997)
- William Seymour, Azusa Street Sermons(Joplin, Missouri: Christian Life Books, 1999)
- Willem Jan Kooiman, By Faith Alone: The Life of Martin Luther(New York: Philosophical Library, 1955)
- W. W. Sweet, The Story of Religion in America(New York: Harper & Brothers, 1950)